KB269284

미래를 여는 비즈니스 선교 전략

미래를 여는
비즈니스 선교 전략

초판 1쇄 인쇄일 2025년 9월 3일
초판 1쇄 발행일 2025년 9월 10일

지은이 구본성
펴낸이 양옥매
디자인 표지혜 송다희
마케팅 송용호
교　정 이원희

펴낸곳 도서출판 책과나무
출판등록 제2012-000376
주소 서울특별시 마포구 방울내로 79 이노빌딩 302호
대표전화 02.372.1537　**팩스** 02.372.1538
이메일 booknamu2007@naver.com
홈페이지 www.booknamu.com
ISBN 979-11-6752-662-5 (03230)

기업가 정신과 ET 모델로 설계하는 선교의 새로운 패러다임!

미래를 여는 비즈니스 선교 전략

구본성 지음

책과나무

김의원

목사, Ph.D. (전)총신대학교 총장, (현)AETA(Association of Educators and Trainers in All-tribes) 대표

20세기 후반부터 목회자들의 전유물처럼 여겨졌던 선교사역이 다변화되었다. 전문인 선교가 크게 일었고, 특히 21세기에 들어서면서 비즈니스 영역에서 평신도들의 참여가 두드러졌다. 우리는 많은 부분에서 이원론적 사고에 익숙하다. 교회와 세상, 곧 삶과 예배, 일과 사역 등을 이원화하려 하지만, 성경은 둘을 하나로 본다. 곧 동전의 앞뒷면처럼 하나이다. 세상을 통치하라는 창조 명령과 세상을 복음화하라는 선교 명령은 동일한 하나의 명령이다. 기능과 영역의 차이만 있을 뿐 크리스천 모두는 사역자이고 선교사이다.

일과 사역 중 어느 것이 먼저인가? 좋은 예를 요셉의 삶에서 찾을 수 있다. 그는 가나안에서 목자(경력)였고, 보디발의 집에서는 종(직업)이었으며, 애굽에서는 치리자(소명)였다. 요셉은 세속적 일을 통해서 그의 가족과 이웃을 구하도록 부름을 받았다(창45:5, 7-8; 50:19-20). 요셉은 삶의 의미를 하나님과의 관계에서 찾았다. 우리도 하나님께서 우리를 어떻게 인도하셨고, 또한 어떻게 우리를 사용하셨는지를 오랜 세월이 지난 후에야 깨닫게 될 수도 있다. 그때 우리도 "나를 이리로 보낸 자는 당신들이 아니요 하나님이시라"(창45:8)고 고백하게 된다. 요셉

은 목동이요 노예요 구원자였는데, 매번 하나님은 그와 동행했다. 이처럼 하나님은 우리의 삶 전체를 주권적으로 다스린다.

저자 구본성 교수는 30년 이상의 경영 컨설팅 경험과 비즈니스 선교(BAM)활동을 바탕으로, 창업과 신앙이 융합된 기업가적 선교 전략을 실천해 온 전문가다. 그리고 현재 ET(Entrepreneurial Transformation) 포럼의 대표로서 크리스천 비즈니스 리더를 양성하고 있다.

이 책은 신학과 실천, 학문과 현장을 창의적으로 연결하여 오늘날 선교의 새로운 지평을 여는 뛰어난 저작으로, 단순한 이론적 설명을 넘어 창업이라는 구체적이고 실질적인 도구를 통해 하나님의 나라를 확장하는 전략을 제시하고 있다. 또한, 성경적 세계관에 기반한 기업가 정신과 선교적 실천을 유기적으로 통합하고 있다. 이는 특히 목회와 선교 현장의 방향성과 깊이 연관되어 있어, 앞으로의 신학교육과 선교사훈련이 나아가야 할 중요한 통찰을 제공하고 있다.

또한, 창업이라는 새로운 언어로 복음을 전하고 선교의 패러다임 전환을 이끌어간다는 점에서 급변하는 세계 선교 환경 속에서 교회와 신학교, 선교 현장이 반드시 주목해야 할 필독서이다. 특히 수많은 사례는 일과 사역을 겸비했던 요셉과 같은 삶을 살아가려는 사역자 후보자들에게 큰 영감을 줄 것이다. 이에 신학생, 선교학자, 목회자는 물론 미래 세대를 준비하는 모든 사역자에게 강력히 추천하며 필히 일독을 권한다.

안창호 박사, Hope and Wonders Ministry 및 ET Forum 설립자, 「The Alignment」 저자

선교는 만남에서 이루어진다. 개인적인 만남, 그리고 교육이나 의료나 비즈니스를 통한 만남 등은 전형적인 선교의 방식이다. 21세기의 세계화는 선교 환경과 선교 방식에 커다란 변화를 요구하고 있다. 대부분의 나라에서 경제 개발을 추구하며 외국인의 투자를 환영하는 반면에, 선교사에 대해서는 배척하는 경향을 보이고 있기 때문이다. 2004년 태국 파타야에서 열린 로잔 대회는 이런 변화를 정확히 인식하고 '비즈니스 선교(BAM: Business as Mission)'을 핵심적인 선교 전략으로 선언했다. 그 후 많은 선교 단체가 비즈니스 선교를 적용하려는 노력을 해 왔지만 성공적인 사례는 그리 많지 않다. 그 이유는 여러 가지가 있지만, 특히 선교사의 비즈니스 경영 능력 및 리더십, 필요한 자본 조달이 가장 큰 장벽이 되어 왔다.

구본성 박사는 세계적인 'Price Waterhouse Coopers(PwC)'에서의 경영 컨설팅 전문가일 뿐 아니라, 실리콘 밸리에서 몇 번의 창업을 하고 성공과 실패를 모두 경험하면서 비즈니스 선교를 위해 특별히 준비된 하나님의 일꾼이다. 그는 비즈니스 선교에서 기업가적 정신과 창업을 강조하고 자금까지 지원하는 '기업가적 비즈니스 선교(ET: Entrepreneurial Transformation)'의 대표로서 ET Forum과 ET Workshop을 통해 선교사 지망생들과 선교사들이 비즈니스 선교를 능력 있게 할 수 있도록 돕고 지도하는 사역을 해 오고 있다.

그런 점에서 이 책은 성공적인 비즈니스 선교를 위한 나침반과 같다. 저자는 ET 사역의 특징인 비즈니스의 수익성 창출과 함께, 지속 가능성을 위한 구체적인 전략과 적용을 위한 모델·방향·사례를 제시한

다. 또한 비즈니스 사업 현장에서 맞닥뜨리는 도전들을 극복하는 전략도 제시한다. 따라서 선교에 헌신하는 사역자들과 사역자 후보자들에게 급변하는 세계 정세 속에서 하나님 나라의 확장을 향한 전략과 실천을 위한 필독서라 할 수 있다. 깊은 통찰력을 제시하는 이 책을 강력하게 추천한다.

김동건 선교사, GP 한국선교회 대표

최근 사무실 근처의 쇼핑몰에 '피자몰'이 새롭게 오픈했다는 광고가 붙었다. 가격은 한 판에 9,900원으로, 30년 동안 변함이 없다. 이랜드 박성수 사장은 자녀들이 피자를 좋아했지만 가격이 너무 비싸다고 생각하여, 1994년에 직접 '피자몰'을 런칭하게 되었다. 파격적인 가격 덕분에 폭발적 인기를 끌었고, 유명 브랜드들도 가격을 조정하게 되면서 한국에서 피자는 대중화되었다.

대전에는 1956년에 창립된 성심당이라는 유명한 빵집이 있다. 이곳의 사훈은 '모두에게 좋은 일을 하십시오'로, 주인과 손님뿐만 아니라 직원들도 모두 만족해야 한다는 철학을 담고 있다. 성심당은 좋은 재료와 뛰어난 맛 그리고 합리적인 가격으로, 단 4개의 지점만으로도 대기업을 능가하는 경영 성과를 이루어내고 있다.

진주 남성당한약방(1973년 개원)의 김장하 선생은 이렇게 말한다.

"똥은 쌓아두면 구린내가 나지만, 흩어버리면 거름이 되어 꽃도 피우고 열매도 맺는다. 돈도 마찬가지로 주변에 나누어야 사회에 꽃이 핀다."

기업가이자 교육자, 시민 활동가인 이분을 우리는 '어른 김장하'라고 부른다.

반도체 파운드리 기업인 대만의 TSMC(1987년 모리스 창 설립)의 사훈은 '고객과 경쟁하지 않는다' 이다. TSMC는 철저한 을(乙)의 자세로, 최고의 기술력으로 고객의 요구에 부합하는(때로는 뛰어넘는) 제품을 생산하고 있다.

나는 이들의 사업 정신이 모두 기독교적이고 선교적이라 놀라움을 금치 못한다. 여기서 우리는 미래를 여는 비즈니스 선교 전략이 무엇인지 가늠해 볼 수 있다. 구본성 박사님은 이번 저서에서 어렴풋이 추측하던 '기업가 정신'을 체계적으로 정리하여 명확하게 제시하고 있다. 이 정신은 비즈니스와 선교 두 영역에 모두에 적용될 수 있다.

저자는 오랜 글로벌 비즈니스 경험과 선교에 대한 헌신을 바탕으로, 단순한 개념 설명을 넘어 실제적인 접근 방식을 시도하고 있다. 이러한 접근법은 국제선교 현장에서 매우 필요한 방법이다. 특히 영적 · 사회적 · 경제적 통합을 지향하는 '총체적 영향력 모델'은 많은 선교 단체와 교회가 실천할 수 있는 전략으로서 큰 가치를 지닌다.

그런 면에서 이 책은 선교의 새로운 언어이자 도구로서 글로벌 선교 지도자들에게 깊은 통찰과 실질적인 방향성을 제공하고 있다. 비즈니스와 선교를 하나로 엮어 선교의 새로운 장을 열고 있다는 점에서 이 책을 적극 추천한다.

윤피터 Ph.D., 13년 동안 방글라데시에서 사역하며 현재 ET BAM을 준비 중인 선교사

저자를 처음 만난 것은 ET 포럼이었습니다. 비즈니스 컨설팅의 오랜 경험과 지식을 짧은 시간에 다 쏟아 주시는 가운데 커다란 배움과 더불어 그 열정에 또한 감동이 있었습니다. ET 포럼에서 배운 내용이 가물가물해질 무렵 이 책을 만난 것은 큰 기쁨이자 축복입니다.

이에 몇 가지 이유를 들어 이 책을 추천하고자 합니다.

첫째로, 저자의 기업가적 비즈니스 선교(ET BAM)를 성경적으로 잘 정리한 점이 인상 깊었습니다. 30년이 넘는 기간에 성경 교사로 활동한 저력이 드러난 결과라고 생각합니다. ET가 "하나님의 구원 사역에 적극 참여"하고 "하나님 나라의 가치를 드러내는 하나님 나라의 비전"을 실현하고자 하는, 선한 데는 지혜롭고 역동적이며 기존 관행에 대해서는 도전적이고 지속적으로 성찰하는 모습에 함께 눈이 뜨이고 주먹이 쥐어집니다.

둘째는 역시 실천 부분입니다. 신앙적 기조를 굳게 가지고 있으면서도 현장에 대한 통찰과 적용이 더 깊이 들어갑니다. 여기서 저자의 오랜 비즈니스 컨설턴트로서의 전문성이 드러납니다. ET가 가진 재정적 건전성과 지속 가능성 및 확장성의 추구는 앞으로 ET 기업이 미칠 영혼 · 지역사회 · 경제에 아우르는 총체적 영향력에 시발점을 제시합니다.

그런 의미에서 ET 기업가는 영적 헌신과 기업가적 열정이 결합된 그분의 부르심에 응답한 사람입니다. 2장을 보면서 개인적으로도 나만의 유익이 아닌 총체적 변화의 비전을 가진 ET 실천가로서의 소명을 다시금 되돌아보게 되었습니다.

마지막으로 저자의 10가지 사례조사와 본문 중에 제시된 실제 적용 사례는 ET에 대해 더 구체적인 그림을 그리게 해줍니다. 예를 들어, 신발 판매를 하면서 동시에 도움이 필요한 어린이에게 기부의 '1+1' 모델을 적용한 탐스 슈즈의 사례는 사회적 책임에 대한 헌신으로 도전적인 내용이었습니다. 그와 비슷한 관심을 가진 고객에게 어필하기도 하고 저 역시 적용하고 싶었으니까요.

이와 함께 저자가 묘사한 'ET 비즈니스 선교가 마주하게 되는 도전 과제'는 먼저 그 길을 가본 멘토가 이어서 달리고자 하는 후배들에게 이러한 어려움이 있으니 예상하고 준비하라는 친절한 가이드를 받은 느낌이었습니다. 이렇게 좋은 ET BAM의 멘토를 만나 기쁩니다.

특히 이 책은 창의적인 지역에서 돌파를 위해 애쓰는 분들, 현지인을 향해 영향력을 넓히며 사역적 적용을 함께 고민하는 분들에게 추천합니다. 또한 비즈니스 선교를 시작하거나 새롭게 다시 도전하려는 분들, 이런 분들이 첫 사업적 브레인스토밍에서 업그레이드된 도전을 위해 최적화된 책으로 적극 추천해 드립니다. 좋은 책 써주신 저자에게 감사드립니다.

김성일 선교사: GP 선교회, 중동 및 유럽

저는 이 책의 저자를 선교 현장에서 두 차례 세미나를 통해 만났습니다. 세 번째 만남에서는 직접 ET 팀을 초청하여 세미나를 주관하며 깊은 교류를 나눌 기회를 가졌습니다. 이러한 개인적인 만남을 통해, 저자의 비즈니스 선교에 대한 깊이 있는 통찰과 풍부한 경험을 더욱 선명하게 엿볼 수 있었습니다.

이 책은 비즈니스 선교의 핵심 전략을 다루며, 특히 '기업가적 비즈니스 선교'라는 혁신적인 모델을 중심으로 논의를 전개합니다. ET 사역의 성경적이고 신학적인 토대를 시작으로, 영혼의 변화, 지역사회의 회복, 경제적 자립을 아우르는 총체적 영향력 모델을 제시합니다. 또한 현장에서 직면하는 실제적인 도전과 이에 대한 창의적 대응 전략, 그리고 생생한 사역 사례 연구를 통해 비즈니스 선교 전반을 폭넓고 깊이 있게 조명하고 있습니다.

이 책을 읽는 독자들은 자신의 비즈니스가 어떻게 하나님의 나라를 확장하는 소중한 도구가 될 수 있는지를 깊이 이해하게 될 것이며, 비즈니스를 통한 선교적 삶이라는 의미 있는 여정을 시작하는 데 강력한 영감과 실질적인 도전을 받을 수 있을 것입니다. 따라서 비즈니스 선교에 대해 진지하게 고민하거나 새롭게 시작하려는 모든 분에게 이 책은 귀중한 지침서이자 강력한 동반자가 될 것이라고 확신합니다.

저자의 헌신적인 삶과 비즈니스 선교에 대한 전문성 그리고 풍부한 현장 경험이 담긴 이 책을 진심으로 추천합니다.

박요한 선교사: 중동, 북아프리카

선교 현장에서 비즈니스 선교(BAM)는 피할 수 없는 현실이자 절실한 필요입니다. 많은 이들이 BAM에 관심을 갖고 사역에 적용하려 하지만, 제대로 된 준비 없이 시작하면 마치 장님이 코끼리를 더듬는 것과 같습니다. 사업의 냉혹한 현실에 직면하고 나서야 아마추어의 한계를 절감하게 됩니다. 사역자로 살아오며 사업을 멀리서 관망할 때는 쉬워 보일지 모르지만, 막상 현실의 벽에 부딪히면 쉽게 '하나님이 해결해 주시겠지', '하나님이 형통하게 하실 거야'라는 안일한 기대에 머무르기 쉽습니다. 그러나 작은 사업 하나라도 직접 운영해 보면 자신의 무지와 부족함을 뼈저리게 느끼게 되며, 실패의 쓴 경험을 통해서야 비로소 그 근본적인 원인을 깨닫게 됩니다.

안타깝게도 피상적인 지식만으로는 성공적인 BAM을 이끌 수 없습니다. 기존의 익숙한 방식이나 안일한 생각으로 사업에 접근한다면, 결국 수많은 이들이 겪었던 실패의 전철을 밟게 될 뿐입니다. 바로 이러한 현실에서, 제가 경험했던 ET 워크숍은 BAM 사역자들에게 등불과 같은 새로운 지식과 통찰력을 제시해 주었습니다. 목회와 선교라는 익숙한 영역과는 전혀 다른 사업의 세계였지만, 놀랍게도 성공을 위한 핵심 원리들은 서로 깊이 연결되어 있었습니다. 복음 전도와 사업 영업, 이 두 영역은 모두 '어떻게 우리의 목표를 실현할 것인가'라는 동일한 질문에 대한 전략적인 접근을 요구합니다. 단순히 대상을 설정하는 것만으로는 아무것도 얻을 수 없으며, 구체적인 노력과 차별화된 전략만이 성공으로 이끌 수 있다는 것을 ET 워크숍을 통해 깨달았습니다.

이 귀한 깨달음을 동역자들과 나누고자 ET 워크숍을 적극적으로 권유했고, 많은 이들이 그 필요성에 공감하며 구본성 박사님이나 안창호 박사님과의 만남에 큰 기대를 걸고 있습니다. 간절한 마음으로 BAM 사역의 새로운 길을 모색하는 이들에게, 이 만남은 실질적인 해답을 제시해 줄 것입니다.

저는 현장의 모든 BAM 사역자들에게 간곡히 권합니다. 자신의 모든 것을 걸고 사업에 헌신하는 마음으로 임해야 성공을 거둘 수 있습니다. 피땀 흘려 일궈야 할 소중한 사업을 그저 월급 받는 직원의 업무처럼 안일하게 대한다면, 결국 실패를 맞이할 수밖에 없습니다. 제대로 배우고 준비해야만 진정으로 열매 맺는 BAM 사역을 펼칠 수 있습니다. 구본성 박사님의 뜨거운 열정과 깊이 있는 통찰이 담긴 이 책은 바로 그 길을 명확하게 제시해 줄 것입니다. 제가 직접 경험한 바에 따르면 이 책은 막연한 기대감을 넘어, 여러분이 가진 귀한 자원을 효과적으로 활용하여 지속 가능한 BAM 사역을 구축하도록 이끄는 최고의 정보서가 되어줄 것이라고 확신합니다.

5년 전, 저는 패혈증으로 생사의 기로에 섰던 순간이 있었습니다. 그러나 하나님께서 저를 다시 살려주시고 제2의 삶을 허락해 주셨습니다. 그 은혜가 있었기에 지금 이 자리에 설 수 있었고, 이 책을 집필할 수 있었습니다. 무엇보다도 저를 지켜주신 하나님의 은혜에 깊은 감사를 드립니다.

이 책은 결코 한 사람의 노력만으로 완성된 결과물이 아닙니다. 각 페이지마다 하나님의 세밀한 인도하심과 보이지 않는 곳에서 드려진 수많은 기도, 그리고 헌신적인 사랑과 수고를 아낌없이 나누어 주신 동역자들의 흔적이 깊이 새겨져 있습니다. 지난 8년간 '기업가적 비즈니스 선교(ET)'라는 이름 아래, 때로는 감동으로, 때로는 눈물로 가득했던 놀라운 여정을 함께 걸어온 모든 분께 진심으로 감사의 마음을 전합니다.

무엇보다도, 항상 곁에서 사랑으로 함께해 준 아내 우희경 집사에게 깊은 감사를 전합니다. 수많은 도전과 어려움 속에서도 묵묵히 기도하며 헌신적으로 제 곁을 지켜주었기에, 이 사역을 감당할 수 있었습니다. 당신의 믿음과 인내, 그리고 사랑이 없었다면 이 책은 결코 세상에 나올 수 없었을 것입니다. 당신은 제 인생에서 가장 소중한 선물이자, 갚을 수 없는 하나님의 은혜입니다.

사랑스러운 두 딸, 윤미와 윤영, 그리고 이제는 가족이 된 자랑스러운 두 사위 윌리스와 다니엘에게도 깊은 감사를 전합니다. 아버지의 사역을 이해하고 따뜻한 격려로 함께해 준 너희는 내 삶의 가장 큰 기쁨이며, 이 시대를 향한 변함없는 희망입니다. 또한 하나님께서 선물로 보내주신 손녀 올리비아와 페니, 손자 웨슬리가 믿음 안에서 하나님의 뜻을 이루는 귀한 일꾼으로 자라나길 기도합니다.

언제나 한국에서 저를 위해 뜨겁게 기도해 주신 사랑하는 누님, 구선희 님께도 깊은 감사와 존경을 드립니다. 누님의 변함없는 사랑과 격려로 힘든 순간마다 제 영혼은 쉼과 위로를 얻었고, 그건 하나님께서 저에게 베푸신 따뜻한 손길이었습니다.

ET 포럼 수료자들로 구성된 Hope & Wonders 선교회와 모든 소중한 회원 여러분, 지난 8년 동안 ET 포럼과 워크숍, 그리고 다양한 현장 사역에서 흘린 땀과 눈물이 있었기에 오늘의 결실을 볼 수 있었습니다. 특히 사역의 비전을 품고 흔들림 없이 동역해 주신 여러분의 삶은 이 시대 선교의 가장 아름다운 찬가입니다. 진심으로 감사와 존경의 마음을 전합니다.

또한, 저의 영원한 동역자이자 존경하는 안창호 박사님께 특별한 감사를 드립니다. 함께한 시간은 제 인생의 큰 영광이었고, 박사님께서 언제나 탁월한 통찰력과 따뜻한 사랑으로 사역의 방향을 밝혀주신 헌신은 저에게 지울 수 없는 깊은 감동으로 남아 있습니다.

바쁜 일정 속에서도 기꺼이 ET 사역에 함께해 주신 사랑하는 친구, 조차희 박사님께 깊은 감사를 드립니다. 박사님의 진심 어린 우정과 헌신은 저에게 큰 힘이 되었고, 포럼의 빛나는 순간마다 박사님의 따

뜻한 발자취가 남아 있습니다. 함께한 소중한 여정에 진심으로 감사
드립니다.

이 모든 여정 속에서 하나님의 섭리로 만나게 된 모든 분들이 생각납
니다. 사랑하는 가족, 신실한 친구들, 헌신적인 동역자들, 그리고 따
뜻한 믿음의 공동체까지 그 각각의 만남은 하나님의 큰 그림 속에서 소
중한 조각이었습니다. 이 책은 바로 그분들의 수고와 헌신 위에 세워졌
으며, 모든 영광을 살아계신 하나님께 온전히 올려드립니다.

"여호와의 눈은 온 땅을 두루 감찰하사 전심으로 자기에게 향
하는 자들을 위하여 능력을 베푸시나니" (역대하 16:9)

우리가 온 마음을 다해 드린 헌신이 새로운 비즈니스 선교의 물결을
일으키는 계기가 되기를 바라며, 이 책을 영원히 살아계신 주님께 겸손
히 바칩니다.

2025년 9월
버지니아 챈틸리에서 구본성

ET 스타트업,
비즈니스 선교의 길을 열며

수년간 저는 선교사들과 선교에 헌신한 크리스천 기업가들이 성공적인 비즈니스 운영에 어려움을 겪는 이유에 대해 궁금해했습니다. 여러 선교지를 방문하며 비즈니스를 운영하는 선교사들과 현지 크리스천 사업가들을 만나 그들이 사업을 시작하게 된 동기와 방식을 알게 되었고, 마침내 이 질문에 대한 답을 찾을 수 있었습니다. 대부분의 선교사는 사업 분야에 대한 전문 지식이나 경험이 부족했으며, 일부 사업체는 고객 접근성이 떨어지는 외딴 지역에 위치하거나 수익을 창출하지 못하는 상황에 부닥쳐 있었습니다.

현장에서 비즈니스 선교가 실패하는 사례들을 접하며 안타까움을 느끼고, 동시에 해결책을 모색해야겠다는 강한 의지를 다지게 되었습니다. 이러한 실패를 줄이고 성공적인 비즈니스 선교 사역을 이끌어내기 위해서는 어떻게 해야 할까? 8년 전, 저의 신실한 동역자이며 성공한 기업가이자 독실한 크리스천인 안창호 박사가 '기업가적 비즈니스 선교

(Entrepreneurial Transformation Business as Mission) 포럼 및 워크숍'을 공동 개최하자고 제안했을 때, 저는 이 기회를 통해 선교사들과 기업가들이 실패할 가능성을 최소화할 수 있도록 훈련하는 데 헌신하기로 결심했습니다.

선교사 및 예비 선교사들을 대상으로 진행한 ET 포럼과 워크숍에서 비즈니스 선교(Business as Mission)에 대한 질문을 던졌을 때, 거의 모든 참가자가 비즈니스 선교에 대한 이해가 부족하거나 잘못된 정보를 가지고 있었으며, 실제적인 실행 준비가 되어 있지 않다는 사실에 놀라움을 금치 못했습니다.

2000년대 초반부터 비즈니스 선교에 관한 신학적 관점의 훌륭한 저서들이 많이 출간되었지만, 아쉽게도 제가 지속적으로 접하는 실질적인 질문들에 대한 해답을 제시하는 책은 거의 없는 상황입니다.

전 세계에서 활동하는 선교사들과 크리스천 사업가들은 비즈니스 선교에 대한 깊은 관심이 있으며, 이를 실천하고자 하지만 어디서부터 시작해야 할지, 어떻게 실행해야 할지 막막함을 느끼는 경우가 많습니다. 이러한 고민을 덜어드리고자 이 책을 집필하게 되었습니다.

몇 년 전, 과테말라에서 선교에 헌신한 젊은 기업가이자 선교사의 이야기를 읽은 적이 있습니다. 선교사이자 사업가인 사라의 비즈니스 선교 여정을 담은 이 감동적인 이야기는 저에게 항상 깊은 영감을 주었습니다.

사라의 비즈니스 선교 여정은 과테말라의 빈민가에 있는 활기찬 장터에서 시작되었습니다. 낡은 건물 하나는 대부분의 사람에게 쇠퇴와

잊힌 꿈의 상징으로 여겨졌지만, 사라는 그 안에서 무한한 잠재력을 발견했습니다. 그곳은 가능성과 변화를 꿈꿀 수 있는 백지와도 같았습니다. 이 버려진 건물은 그녀에게 재건의 상징이자 변화를 촉진하는 공간으로 탈바꿈할 운명이었습니다.

그곳에서 그녀는 가난 속에서도 꺾이지 않는 기업가 정신의 회복력을 목격했습니다. 과테말라 빈민가에서의 경험은 그녀의 영혼에 기업가 정신의 불꽃을 지폈고, 사업이 단순한 이윤 추구의 수단이 아니라 믿음과 희망을 바탕으로 지속적인 변화를 만들어낼 수 있는 비즈니스 선교 스타트업임을 깨닫게 해주었습니다. 이는 그녀의 사업 경력을 완전히 새로운 방향으로 이끄는 결정적인 계기가 되었습니다.

사라가 비즈니스 선교(BAM: Business as Mission) 벤처를 구축해 나가는 여정은 미지의 바다를 항해하며 기존의 통념에 도전하고, 인간 삶의 가장 어려운 부분들을 포용하는 험난한 길이었습니다. 그녀는 믿음과 이익을 상반된 개념으로 여기는 회의론자들, 엄격한 규정을 내세우는 관료주의자들, 그리고 그녀의 결의에 의심을 품는 사람들과 끊임없이 싸워야 했습니다. 그런데도 사라의 마음속에는 꺼지지 않는 불씨가 타오르고 있었습니다. 그것은 그녀가 목격한 희망의 얼굴, 그녀가 들었던 잠재력의 속삭임, 그리고 가장 절망적인 상황에서도 하나님의 뜻이 이루어질 수 있다는 흔들림 없는 믿음이었습니다.

이 책은 성공을 보장하는 지도가 아닙니다. 사라의 여정을 통해 ET 스타트업의 탄생 과정을 독자 여러분과 함께 경험하도록 초대하는 글입니다. 믿음과 기업가 정신이 충돌하고, 도전이 가능성과 어우러지며, 희망의 씨앗이 선교라는 풍성한 열매를 맺는, 남들이 가지 않은 길을 탐색하는 여정을 안내하는 로드맵입니다.

독자 여러분, 이제 페이지를 넘겨 혁신의 잠재력이 모든 거래의 중심에 숨 쉬는 시장으로 함께 들어가 보시기 바랍니다. 선교를 지향하는 성공적인 사업을 창출하는 것은 더 밝은 미래를 향한 혁신의 시작입니다. 마음을 열고, 가슴 뛰는 소리를 따라 ET의 여정을 함께 시작해 주시기를 바랍니다.

제1부

비즈니스 선교,
새로운 패러다임을 열다

제1장   왜 지금 기업가적 비즈니스 선교인가?

제4부

현장에서 배우다

제7장　사례를 통해 살펴보는 ET 비즈니스 선교의 현황

비즈니스 선교,
새로운 패러다임을 열다

ENTREPRENEURIAL
TRANSFORMATION
OPENING UP NEW PATHS
FOR MISSION

제1장

왜 지금 기업가적 비즈니스 선교인가?

"사업은 단순히 사역을 위한 플랫폼이 아니다. 사업 자체가 사역이다. 하나님이 시장속에서 구원을 이루시는 수단이다. 사업의 목적은 섬기는 것이다. 이익은 수단일 뿐, 목적이 아니다."

— 켄 엘드레드Ken Eldred(Living Stones Foundation 대표, 『God is at Work』의 저자)

이 장에서는 기업가적 비즈니스 선교와 관련된 용어와 개념을 소개하고 BAM(Business as Mission) 체계 내에서 기업가적 비즈니스 선교(Entrepreneurial Transformation Business as Mission)의 성경적 뿌리와 BAM 운동의 역사적 발전을 살펴보며, 기업가적 비즈니스 선교의 핵심 원칙들을 제시하려고 한다.

따라서 여기서는 독자들이 기업가적 비즈니스 선교의 개념을 깊이 이해할 수 있도록 기초와 원칙을 탐구하고, 관련 용어와 주요 개념을 살펴본다. 이를 통해 비즈니스로서의 사명에 대한 심층적이고 포괄적인 이해에 유익하고, 미션 중심의 비즈니스 선교에서 영감을 받아 기업가적 비즈니스 선교의 여정을 성공적으로 시작할 수 있도록 돕는 내용을 담고 있다.

이 글에서 새롭게 소개되고 정의된 개념을 더 정확하게 이해하고 용어 사용을 일관되게 하도록, '기업가적 혁신적 비즈니스 선교'는 '기업가적 비즈니스 선교(ET)'로 하고, 'Business as Mission'은 '비즈니스 선교(BAM)'로 사용하기로 한다.

비즈니스 선교의 정의

현재 비즈니스 선교(BAM: Business as Mission)라는 용어는 전통적인 선교사가 접근하기 어려운 지역에 진출할 수 있는 새로운 방법으로, 선교와 교회 내에서 유행하는 용어로 자리 잡은 것 같다. 그동안 비즈니스 선교라는 개념은 기독교 공동체 내에서 다양한 의미로 해석됐다. 때로는 '선교로서의 비즈니스', 때로는 '선교를 위한 비즈니스', 또 때로는 '선교 안에서의 비즈니스' 등 여러 방식으로 표현되었다. 이러한 다양한 해석이 비즈니스 선교에 대한 많은 관심을 불러일으켰지만, 실제로는 구체적인 행동으로 이어지는 경우는 많지 않은 상황이다.

비즈니스 선교의 새로운 전환점이 된 중요한 행사는 2004년 태국 파타야에서 열린 세계 전도대회 로잔 포럼이었다. 이 포럼에서 BAM 실무 그룹(BAM Working Group)이 결성되었으며, 이 그룹에서 비즈니스와 선교 간의 무한하고 다양한 연결 가능성에 대해 논의하고 BAM의 핵

심 특징을 다음과 같은 7가지로 정리하였다.[1]

- BAM은 전체론적 사명 원칙에 기초한다.
- BAM은 하나님의 나라 관점에서 하나님의 나라를 위한 사업을 진행하는 것이다.
- BAM은 직장 사역, 텐트 메이킹이나 선교 사업과는 다소 다르지만, 이들과 관련성이 있다.
- BAM은 비사업적이거나 비선교적인 활동을 허용하지 않는다. 실제 사업과 선교가 동시에 이루어져야 한다.
- BAM은 이익을 추구한다.
- BAM은 다양한 형태와 크기로 존재한다.
- BAM은 단순히 직업이나 돈에 관한 것이 아니다. BAM의 궁극적인 목표는 하나님의 영광을 위한 것이다("*ad majorem Dei gloriam, for the greater glory of God*").

로잔 포럼의 BAM 실무 그룹에서 정의한 BAM의 7가지 특징은 Mat Tunehag가 제시한 비즈니스 선교(BAM)의 원칙에 잘 요약되어 있다.

"선교로서의 비즈니스는 사람과 사회를 영적으로, 경제적으로, 사회적으로, 환경적으로 변화시켜 하나님의 큰 영광을 이루는 것이다."[2]

Tunehag는 이후 BAM의 정의에 대해 더 자세히 설명하고 있다.

"BAM은 그리스도의 기도가 사업 안에서 그리고 사업을 통해 응답받아 물리적·사회적·정서적·경제적·영적 필요가 해결되고 충족되는 것이다."[3]

　로잔 포럼과 Tunehag의 정의를 바탕으로 BAM의 특징을 다음 네 가지로 요약할 수 있다.

(1) 비즈니스 선교는 수익을 창출하고 지속 가능성을 유지하기 위해 영리적인 목적을 가져야 한다.
(2) 비즈니스 선교의 궁극적인 목표는 하나님 나라의 실현이며, 이를 통해 모든 사람과 나라에 긍정적인 영향을 미치는 것이다.
(3) 비즈니스 선교는 경제 · 사회 · 환경 · 영적 분야에서 긍정적인 영향을 미쳐 변화(Transformation)를 이끌어낸다.
(4) 비즈니스 선교는 미전도 종족과 가난한 사람들, 그리고 취약한 공동체에 중점을 둔다.

　따라서 비즈니스 선교는 모든 나라에서 하나님과 사람들을 섬기는 전통적인 방법을 대체하려는 것이 아니라, 사업을 통해 선교에 참여하는 것을 목표로 하고 있다. 비즈니스 선교는 단순한 기금 모금 방법이 아니며, 사업에 교회 관련 활동을 결합하는 것도 아니다. 비즈니스 선교는 기독교인(전문 선교사이든 평신도이든)이 주도하며, 하나님의 선교를 위해 비즈니스가 사용되도록 의도적으로 헌신하는 것이다. 이는 국내 외의 다양한 문화적 환경에서 운영되는 영리 목적의 상업적 사업 벤처로 폭넓게 정의될 수 있다.

기업가적 비즈니스 선교란?

"기업가적 비즈니스 선교"라는 용어는 2017년 12월 글로벌 파트너스(Global Partners) 선교회의 기업가적 변혁 협의회(Council of Entrepreneurial Transformation)에서 시작된 진취적인 노력에서 유래되었다. 비즈니스 선교라는 개념은 2004년 로잔 포럼에서 소개된 이후, 많은 선교 단체와 교회, 그리고 크리스천 사업가들 사이에서 큰 관심을 받아왔다. 그러나 실제로 이를 실행에 옮겨 성공한 사례는 그리 많지 않은 상황이다. 이러한 현상에는 여러 이유가 있겠지만, 대체로 네 가지로 요약할 수 있다.

첫째, BAM이 정확히 무엇을 의미하는지 정의하기가 어렵고, 실제 사역에 따라 다르게 해석되는 경우가 많아 BAM에 대한 통일되고 명확한 개념 정의가 부족하다. 둘째, 많은 사람들이 BAM의 개념에 매력을 느끼지만, 실제로 이를 어떻게 실행해야 하는지 이해하는 사람은 거의 없다. 셋째, BAM 이니셔티브를 이해하고 수행하려는 사람들은 실제로 BAM 이니셔티브를 시작하는 데 드는 비용을 끊임없이 계산하다 보니 결국 실천에 옮기지 못하는 경우가 많다. 넷째, BAM 사업을 실행에 옮기더라도 철저한 준비 없이 시작하여 실패하는 경우가 대부분이다.

BAM 사역이 직면한 문제를 해결하고, 더 영향력 있고 성공적인 글로벌파트너스의 BAM 사역을 실현하기 위해 기업가 정신과 선교 중심의 접근 방식을 효과적으로 결합한 혁신적인 방법으로 ET(기업가적 비즈니스 선교)를 도입하게 되었다.[4] 기업가적 비즈니스 선교는 새로운 개념이 아니라, Mat Tunehag가 정의한 비즈니스 선교(BAM)의 원칙을 반영하여 비즈니스의 본질에 통합된 BAM의 연장선에 있는 개념이다. 따라서 기업가적 비즈니스 선교는 선교에 대한 소명과 킹덤 비즈니스(Kingdom Business) 원칙에 응답하여 "하나님께 영광을 돌린다"라는 신조를 바탕으로 미전도 종족과 취약한 지역 공동체의 영적 · 경제적 · 사회적 변화를 목표로 하고 있다. 이를 위해 하나님의 나라를 위한 목적을 가지고 영리 목적의 지속 가능한 기업을 설립하고 성장시키는 것을 지향한다.

기업가적 비즈니스 선교는 현대 기업가 정신을 바탕으로 성공의 개념을 재정의하고, 기업가들이 선교라는 더 높은 목표를 비즈니스의 본질에 통합하도록 도전하고 있다. 이는 선교의 비전을 가진 기업가들이 자신의 기업을 사회적, 환경적, 경제적, 그리고 영적 변화를 위한 포괄적인 변화의 수단으로 인식하도록 유도하고 있다.

ET의 독특한 점은 창업을 통한 선교라는 팀 사역의 본질에 있다. 이는 기업가 정신을 바탕으로 세상을 바라보고, 창업을 통해 예수님의 제자들이 하나님의 나라를 위해 헌신하는 것을 의미한다. ET는 재정적 후원자, 기도 지원 그룹, 전문가로 구성된 자문 그룹, 그리고 지역 사역 파트너 등 다양한 지원 네트워크 간의 협력이 중요하다는 점을 강조하고 있다.

ET 기업에서 이루어지는 모든 상거래는 단순히 이윤을 창출하는 것을 넘어, 삶과 지역사회에 긍정적인 변화를 불러오는 것을 궁극적인 목표로 삼고 있다. ET 기업은 재정적 지속 가능성을 달성하면서도 영적 · 사회적 · 환경적 측면에서의 긍정적인 변화를 이끌어내는 신성한 사명을 수행하는 이중적인 목적을 가지고 있다. 제조·농업·의료·기술 등 다양한 시장 부문에 참여하는 이들의 동기는 단순한 수익 추구 그 이상이다. ET 기업가들은 자신의 사업을 하나님의 왕국 건설을 위한 플랫폼으로 인식하며 고용 기회를 창출하고 빈곤을 완화하며 정의를 증진하고 복음의 혁신적인 메시지를 공유함으로써 지역사회에 긍정적인 영향을 미치고 있다.

● 기업가적 비즈니스 선교의 두 가지 목표

기업가적 비즈니스 선교의 핵심은 비즈니스의 경제적 지속 가능성과 선교라는 두 가지 목적을 완벽하게 통합하는 것이다. 무엇보다도 이익 극대화를 우선시하는 전통적인 기업과는 달리, ET 벤처는 재정적 성공뿐만 아니라 사회에 중요한 긍정적 영향을 미치는 거시적인 접근 방식을 채택하고 있다.

ET 비즈니스는 건전한 경제 원칙에 따라 운영되어 지속 가능성과 장기적인 성공을 채택하는 것이 본질이다. 재정적 건전성은 이러한 벤처 기업이 선교 지향 목표를 설정할 수 있는 중요한 기반을 제공한다. 그러나 재정적 성공은 선교라는 대전제 아래에서 높은 사명을 달성하기 위한 수단 중 하나에 불과하다.

일반적인 비즈니스와 비교할 때, 선교가 접목된 ET 비즈니스는 뚜렷한 차별성을 지니고 있다. ET의 핵심은 비즈니스를 하나님 나라의 확장을 위한 도구로 활용하는 데 있다. ET 기업은 사회적 문제를 해결하고 정의를 증진하며 지역사회에 힘을 실어주기 위해 시장에 진출한다. 이들의 전략과 의사 결정에는 변화를 이끌어내고자 하는 깊은 헌신이 담겨 있으며, 기존의 비즈니스 환경을 총체적인 변화를 위한 플랫폼으로 변화시키고 있다.

ET 벤처의 이중적인 초점은 경제적 생존 가능성과 사회적 영향력이 공존하며 서로를 강화하는 독특한 역동성을 만들어낸다. 이는 기업이 더 큰 공익에 이바지하면서도 번창할 수 있음을 입증하는 모델로, 재무 건전성 지표뿐만 아니라 세상에 가져오는 실질적이고 긍정적인 변화를 통해 성공을 측정하는 기업가 정신의 비전을 실현한다.

● **두 가지 목적의 다양한 사례들**

ET의 두 가지 목적은 전통적인 비즈니스 목표를 넘어 선교 중심의 정신을 수용하는 혁신적인 이니셔티브를 통해 드러난다. 이러한 이중 목적이 실제 사례를 통해 어떻게 성공적으로 실현되고 있는지를 살펴본다.

먼저, 사회 재생과 개인 치유의 촉매제로서 커피숍의 사례를 살펴보자. 분쟁 피해 지역에 있는 커피숍은 공정 무역 원칙을 준수하고 지역 농민을 지원하며, 고객에게 이야기가 담긴 고품질 커피를 제공함으로써 단순한 음료 제공자의 역할을 넘어서고 있다. 이 커피숍은 지역 청소년을 위한 취업 기회, 직업 훈련, 트라우마 치유 세션을 제공하는 커뮤니티 센터로 발전하였으며, 기업이 사회 재생과 개인 치유를 이끌어낼 가능성을 보여주고 있다. 단순히 이익을 추구하는 비즈니스 이상의 의미를 지니고 있다.

소외 계층의 삶의 질을 향상시키는 의료 클리닉의 사례도 있다. 외딴 지역의 의료 클리닉은 단순히 의료 서비스를 제공하는 것 이상의 역할을 수행한다. 이들은 희망과 연민의 등대 역할을 하며, 정신적 및 정서적 지원을 포함한 전인적 치료로 서비스를 확장하여 지역사회의 포괄적인 건강 요구를 충족시킨다. 이러한 이니셔티브는 기업이 소외 계층의 삶의 질을 향상할 방법을 제시하며, 클리닉이 치유의 장소일 뿐만 아니라 지역사회 복지의 중심 역할을 할 수 있음을 보여준다.

또한, 개발도상국에서 기술 격차를 해소하는 기술 스타트업의 사례가 존재한다. 이 스타트업은 사용하기 쉬운 의사소통 도구를 개발하여 혁신적인 기술에 더 쉽게 접근할 수 있도록 하며, 모든 과정과 기반 시설에 대한 접근 방식을 민주화하여 목적 지향적인 혁신의 전형적인 사례를 보여준다. 이들은 디지털 활용 능력을 우선시함으로써 정보와 교육에 대한 장벽을 허물고, 경제적 역량 강화와 사회적 발전을 촉진한다. 이러한 사례는 선교 중심의 목표를 비즈니스 모델에 통합하는 것이 가져오는 혁신적인 영향을 잘 보여주며, 디지털 격차를 해소하고 포용성을 증진하는 스타트업의 중요성을 드러낸다.

ET 벤처 내에서 전통적 비즈니스와 선교라는 두 가지 목적을 다양하게 조합함으로써 선교 중심 접근 방식이 얼마나 유연하고 큰 영향을 미칠 수 있는지를 잘 보여준다. 각 사례는 경제적 성공과 사회적 개선을 위한 헌신 덕분에 기업이 기존의 기대치를 초월할 수 있다는 개념을 강조한다. 의도적이고 목적이 있는 실행을 통해 ET 벤처는 기업이 포괄적인 사회 변화에 어떻게 크게 이바지할 수 있는지를 보여주는 모범사례가 되며, 진정한 기업가적 성공은 수익성과 의미 있는 사회적 영향을 모두 포함한다는 원칙을 실현한다.

BAM 운동의 역사

비즈니스 선교(BAM) 운동의 역사적 기원을 탐구하는 것은 기업가적 비즈니스 선교(ET)의 발전으로 이어지는 진화를 이해하는 데 매우 중요하다. BAM 운동의 역사는 신학적 통찰력, 경제적 변화, 그리고 신앙과 직업적 노력을 결합하려는 개인들의 확고한 의지가 얽혀 있다.

BAM의 기원은 초기 개척자들이 그들의 영적 신념과 사업 활동을 조화롭게 결합하려고 했던 데서 비롯된다. 이 초기 단계는 BAM 운동의 정신을 정의했을 뿐만 아니라, 기업이 더 광범위하고 선교 중심적인 목표를 달성할 수 있는 잠재력을 강조했다.

BAM의 역사적 윤곽을 탐구하면서 우리는 혁신, 적응성, 그리고 비즈니스에 목적을 부여하는 심오한 추진력으로 특징지어지는 유산을 발견하게 된다. 이 여정은 단순히 과거의 사건을 회고하는 것이 아니다. 그보다는 오히려 지속적인 헌신, 경제적 회복력, 그리고 신앙을 바탕으로 한 기업가들의 변혁적인 영향력에 관한 이야기이다. BAM의 풍부한 역사적 맥락을 이해함으로써, 우리는 비즈니스를 총체적인 변화와 영적 참여를 위한 통로로 활용하고자 하는 연장선상에서 ET의 출현을 높이 평가할 수 있다.

● **BAM 운동의 초기 단계(1970년대~1990년대)**

BAM 운동의 시작은 1970년대와 1980년대에 활발히 진행되었던 선교학적 논의의 역동적인 시기로 거슬러 올라간다. 이 시기에 데이비드 마이어스(W. David Myers)와 빌 월시(Bill Walsh)와 같은 저명한 인물들이 신성한 영역과 세속적인 영역 간의 전통적인 경계에 도전하며, 세상에서 하나님의 더 높은 목적을 이루기 위한 비즈니스의 변혁적 잠재력을 지지하는 신학적 기반을 마련했다.[5,6]

신학자들의 선교학적 논의와 함께 BAM 운동은 세계적인 변화와 추세에 따라 더욱 깊이 뿌리내리고 있다. 세계화의 영향과 개발도상국의 빈곤에 대한 인식이 높아짐에 따라 BAM이 자리 잡을 수 있는 훌륭한 토대가 마련되었다. 전통적인 선교 모델을 넘어 사회적·경제적 필요를 해결하고자 하는 열망에 자극받은 기업가들은 비즈니스와 선교를 결합할 독특한 기회를 발견하게 되었다.

이즈음 래리 샤프(Larry Sharp)와 마이크 베어(Mike Baer)와 같은 선구적인 목소리가 등장했다. 이들은 신앙을 비즈니스 관행에 자연스럽게 통합하려고 했다. 선교사 출신인 샤프는 전통적인 "식업적 선교" 모델이 사라지고 있다고 주장하며, 자신의 신앙을 일상적인 직장 생활에 통합하는 "전문적 선교"라는 새로운 접근 방식을 제안했다.[7] 이들의 주장은 영감의 등대가 되어 다른 사람들이 따라갈 수 있는 길을 밝혀주었고, 초기 BAM 운동에 이바지했다.

1970년대부터 1990년대는 BAM의 씨앗이 싹트고 뿌리를 내리는 중요한 시기였다. 이 시기에는 신학적 성찰, 글로벌 역동성, 그리고 선구자들의 목소리가 결합하여 신앙과 비즈니스의 교차점을 재정의하는 패러다임 전환을 촉진하는 데 이바지했다. 또한 이 시대는 아이디어의 탄력성과 현상 유지에 과감히 도전한 개인들의 변혁적 힘이 뚜렷하게 드러났으며, 이는 향후 BAM 운동의 강력한 성장을 위한 토대를 마련하는 데 중요한 역할을 했다.

● **BAM 운동의 성장과 번영 시기(1990년대~2000년대)**

1990년대부터 2000년대까지는 BAM 운동이 전 세계적으로 영향력을 확대하고 심화하는 성장의 시기였다. 이 시기에는 중추적인 네트워크와 자원의 등장, 여러 분야에 걸친 BAM 운동의 다양화, 그리고 실천을 위한 견고한 기반을 제공하는 이론적 체계의 발전이 두드러졌다.

1990년대는 BAM 운동을 위한 필수 자원과 네트워크를 구축하는 데 중요한 기여를 했다. IBAMF(International Business as Mission Fellowship)와 글로벌 크리스천 기업을 위한 로잔 포럼과 같은 이니셔티브가 등장하면서 지식 교환과 네트워킹, BAM 운동을 지원하기 위한 활발한 플랫폼이 마련되었다. 이러한 포럼은 실무자들이 통찰력과 전략 등을 공유할 수 있도록 BAM 관련 실천 커뮤니티를 육성하는 데 중요한 역할을 했다.

이 기간에 BAM 운동은 기존 산업의 경계와 지리적 한계를 초월하여 놀라운 다양화와 확장을 이루었다. 의료·기술·농업 등 다양한 분야의 기업들이 BAM 원칙을 기업 운영에 통합함으로써, 다양한 비즈니스 상황에 영향을 미칠 수 있는 BAM의 다양성과 잠재력을 입증하였다.

또 다른 중요한 발전은 학자들과 연구자들이 BAM의 관행과 영향을 탐구하면서 BAM에 대한 학문적 관심이 증가했다는 점이다. 이러한 관심은 귀중한 이론적 틀과 실증적 연구에 기여하여 BAM 운동의 신뢰성을 높이고 그 실천에 대한 정보를 제공하는 데 큰 역할을 했다.

2000년대로의 전환은 BAM 운동의 활력, 혁신, 그리고 성장 가능성을 입증하는 중요한 계기가 되었다. 지원 네트워크의 구축, 다양한 산업으로의 확장, 그리고 이론적 기반의 강화를 통해 BAM 운동은 신앙 기반 기업가 정신 분야에서 그 존재감과 영향력을 확고히 했다. 이 시기는 BAM의 지속적인 발전·신앙·사업의 융합에 대한 영향력을 키우는 성장 단계로 자리 잡았다.

● 번영과 변혁의 10년(2010년대부터 현재까지)

현재 BAM 운동은 그 영향력이 확대되고 있으며, 지속적인 도전에 직면하는 등 역동적인 진화를 겪고 있다. 지난 10여 년 동안 BAM 운동은 비즈니스 세계와 기독교 공동체 모두에서 가시성과 인지도가 크게 향상되었다. 수많은 BAM 기업들이 등장하여 운동의 효과성과 실용성을 입증하는 구체적인 사례로 자리 잡았으며, 이들 기업은 수익 창출과 선교를 결합하는 시너지 효과를 강조함으로써 BAM을 틈새 개념에서 널리 인정받는 접근 방식으로 발전시키는 데 중요한 역할을 해왔다.

현재의 BAM 운동은 젊은 세대의 기업가와 전문가들이 참여함으로써 더욱 활기를 띠고 있다. 이 새로운 참여자들은 혁신적인 아이디어와 다양한 관점을 제시하여 BAM 운동을 더욱 풍부하게 만들고, 지속적인 관련성을 확고히 하고 있다. 이들의 기여는 BAM 운동이 현대의 도전과 기회에 적응하며 지속적인 성장과 혁신을 이루는 데 필수적인 역할을 하고 있다.

이러한 성과에도 불구하고 BAM 운동은 여전히 여러 장애물에 직면해 있다. 지속 가능한 재정 목표와 가장 중요한 선교 활동 간의 균형을 맞추는 것은 여전히 복잡하며, 이를 위해 지속적인 전략적 통찰력이 필요하다. 또한 모든 비즈니스 전반에 걸쳐 건전성을 유지하고 윤리적 고려 사항을 최우선으로 두고 운영하는 데 어려움을 겪고 있다. BAM 이니셔티브의 총체적인 영향을 정확하게 측정하고 전달하는 것은 이러한 기업이 창출하는 가치와 변화를 입증하는 데 필수적인 지속적인 도전 과제로 남아 있다.

BAM 운동의 현재 단계는 더 넓은 영향력을 달성하려는 성공과 앞으로의 도전 과제를 잘 보여준다. 인지도가 높아지고 새로운 역동적인 기여자들이 참여함에 따라 BAM 운동의 회복력과 쇄신 능력이 드러나고 있다. 장애물에 직면하고 이를 극복하면서 BAM 운동은 지속적으로 접근 방식을 개선하고 있으며, 신앙과 비즈니스 관행을 통합하려는 노력을 강조하고 있다. 이 시대는 선교 중심 비즈니스가 실제로 구현되는 미래를 향한 BAM의 여정을 반영하며, 변화하는 글로벌 비즈니스 환경에서 BAM의 지속적인 힘과 적응력을 보여준다.

● **시대에 따른 BAM의 발전 과정**

BAM 운동은 지속적으로 진화하는 움직임으로, 그 근본적인 뿌리에서부터 현재의 광범위한 영향력과 미래의 잠재력에 이르기까지 끊임없이 발전하고 있다. 이 운동은 신앙과 일의 교차점에서 깊은 흔적을 남기고 있다. BAM이 미지의 미래 영역을 탐색함에 따라, 선교의 목적이 중심이 되는 비즈니스를 통해 세상에 긍정적인 변화를 불러올 가능성은 여전히 낙관적이고 설득력 있는 전망으로 남아 있다. 이러한 맥락에서 '기업가적 비즈니스 선교'라는 새로운 움직임이 등장하여 비즈니스 선교와 기독교 기업가 정신의 광범위한 영역 내에서 뚜렷한 틈새를 개척하고 있다.

개념적인 논의에 따르면 BAM 운동의 여정은 비즈니스 세계에서 인정받는 흐름이며 역동적으로 진화한다는 것을 알 수 있다. 처음에는 신학적 논쟁 속에서 성장하였으나, 세계적인 추세에 적응하고 산업 전반에 걸쳐 확장하면서 신성한 것과 세속적인 것 사이의 경계를 재정의하는 방향으로 발전하였다. 이처럼 급성장하는 비즈니스 네트워크, 지원 시스템, 그리고 학문적 통찰력 덕분에 BAM이 주류의 주목을 받게 되는 계기가 되었다.

BAM은 뿌리에서부터 성장하여 영향력 있는 혁신적 잠재력의 최전선에 서 있으며 사명과 목적에 기반한 비즈니스를 통해 글로벌 변화를 이끌어내는 등대가 되고자 한다. 이익과 목적의 조화를 추구하는 이러한 노력 덕분에 BAM은 사회적·환경적·정신적 개선과 함께 경제적 성공을 옹호하는 포괄적인 변화를 위한 강력한 주체로 자리매김하고 있다.

지속적인 진화 속에서 신앙과 비즈니스의 융합이라는 새로운 영역을 정의하는 기업가적 비즈니스 선교(ET)가 등장하고 있다. 이는 세상에 긍정적인 변화를 일으키기 위해 의도적으로 영향력을 행사하는 비즈니스로의 전환을 나타낸다. ET는 비즈니스 성공을 추구하는 과정이 전 세계적으로 사회적·환경적 복지를 증진하려는 사명과 결합한 기독교 기업가 정신의 진일보한 단계를 의미한다.

BAM 운동은 계속해서 발전하고 있으며, 수익성뿐만 아니라 목적 지향적인 비즈니스를 통해 미래를 재구성하겠다는 지속적인 약속을 담고 있다. ET의 출현은 혁신과 타당성을 위한 BAM의 역량을 강조하며, 기업가적 열정과 신앙, 그리고 변혁적 행동에 대한 헌신이 강하게 결합한 모습을 보여준다. BAM과 ET의 움직임은 풍부한 잠재력과 성과를 지니고 있으며, 기업이 전 세계적인 변화를 이끌어내는 중추적인 플랫폼 역할을 하는 비전에 대해 지속적으로 영감을 주고 있다.

ET의 성경적 기초

기업가적 비즈니스 선교는 성경적 원칙과 비즈니스 관행을 융합하여 신앙 중심의 기업가 정신을 위한 견고한 프레임워크를 제공한다. 이 접근 방식은 성경의 핵심 개념에 뿌리를 두고 있으며, 선교를 바탕으로 한 비즈니스의 본질을 잘 상기시켜 준다. BAM의 핵심 원리와 역사적 맥락을 살펴본 후, 이제 ET의 성경적 기초에 대해 논의해 보기로 한다.

● 창조 명령

창세기 1장 28절에 나타난 창조 명령은 ET의 중요한 성경적 기초 역할을 한다. 본문에서 하나님은 인류에게 "생육하고 번성하여 땅에 충만하고, 땅을 정복하라. 바다의 고기와 공중의 새와 땅에 움직이는 모든 생물을 다스리라"라고 명령하신다.

아담에게 주어진 이 명령은 동산의 흙을 일구고 동물의 이름을 짓는 등의 일이었지만, 이 명령은 모든 인류에게 확장되어 우리가 어떤 형태의 일을 하든지 창조를 유지하는 데 참여할 때 그 의미가 완성된다.

이 지시는 인류에게 지구를 관리하고 자원을 최적화하며 번영하는 세상을 만드는 중대한 책임과 관련 있다. 하나님께서는 모든 피조물을 돌보고 보살피라는 창조의 명령을 실현하기 위한 수단으로 사업이라는 제도와 관행을 확립하셨다.

ET는 이러한 임무를 수용하고 비즈니스를 중요한 사회·환경 문제를 해결하기 위한 강력한 수단으로 활용하여 세상에 유익한 영향을 미치고자 하고 있다.

● 봉사의 소명

마태복음 25장 35~40절에서 강조된 예수님의 가르침은 배고프고 목마르며 아프고 갇힌 사람들, 나그네와 같은 소외된 이들을 섬기는 것의 중요성을 일깨워 준다. 참된 크리스천의 삶은 단순한 말에 그치지 않고, 실제로 이웃에게 사랑을 나누며 궁핍한 이들을 돕는 실천적인 섬김의 삶을 살아가는 것이다.

이러한 섬김의 소명은 ET의 정신에 깊이 뿌리내리고 있으며, 기본적인 비즈니스 전략에 사회적 영향력을 포함하고 있다. ET는 경제적 역량 강화를 촉진하고 소외된 지역사회의 필수적인 필요를 해결함으로써, 예수님의 자비롭고 봉사 지향적인 가르침을 반영하는 긍정적인 변화의 주체로서 활동하고 있다.

● 소명으로서의 일

골로새서는 노동을 신성한 소명으로 바라보는 새로운 관점을 제시한다. 골로새서 3장 23~24절에서는 신자들에게 "무슨 일을 하든지 마음을 다하여 주께 하듯 하고 사람에게 하듯 하지 말라. 이는 너희가 기업의 유업을 주께 받을 줄 앎이라"라고 권면하고 있다. 이어서 "너희가 섬기는 이는 주 그리스도이니라."라고 강조하고 있다. 이 구절은 노동을 단순한 직업으로 여기는 전통적인 관념에 도전하며, 일을 하나님께 대한 예배와 봉사의 행위로 재정의하고 있다. 사도 바울의 전도 여행을 통해, 선교의 사명을 수행하기 위해 노동을 통해 생활비를 충당한 사례를 확인할 수 있다.

사도 바울의 전도 여행을 살펴보면, 2차 전도 여행 중 데살로니가에서 육체노동을 하였고(살전 2:7-12), 3차 전도 여행 기간에는 에베소에 머물며 생활비를 벌기 위해 항상 일을 했다(고전 9:6, 12:15). 또한, 바울과 함께 사역했던 아굴라와 브리스길라도 사도 바울과 마찬가지로 텐트를 만들고 수선하는 일을 통해 사역을 수행했다는 것을 볼 수 있다(사도행전 18:1-4). ET는 이러한 패러다임을 전심으로 받아들이며, 비즈니스를 하나님께 영광을 돌리고 그분의 창조 세계에 의미 있는 영향을 미치기 위한 거룩한 노력으로 인식하고 있다.

● 달란트의 비유

마태복음 25장 14~30절에 등장하는 달란트의 비유는 주인에게서 달란트를 받은 세 하인의 이야기를 통해 중요한 교훈을 전달하고 있다. 재능을 부지런히 활용하여 증식시킨 종은 칭찬과 보상을 받지만, 재능을 숨긴 종은 책망을 받는다. 이 이야기는 자원을 신중하게 관리하고 사회에 긍정적으로 기여하는 것의 중요성을 강조하고 있다.

ET는 이러한 정신을 실천하여 기업이 경제적 이익뿐만 아니라 의미 있는 사회적 영향력을 창출하도록 촉구하고 있다. 이를 통해 재정적 성공과 긍정적인 변화를 동시에 이루어내는 두 가지 역할을 수행할 수 있도록 한다.

● 하나님의 나라

복음서에서 예수님은 정의·평화·사랑이 가득한 하나님 나라의 비전을 명확히 제시하신다. 마태복음 5:3-10에 나오는 팔복은 하나님 나라의 가치와 축복을 잘 설명하고 있다. 누가복음 4:18-19에서는 예수님께서 지상 사역의 핵심인 해방·치유·정의를 선포하면서 이 비전을 더욱 자세히 설명하신다.

ET는 하나님의 구원 사역에 적극 참여함으로써 하나님 나라의 비전을 실현하고자 한다. 윤리와 지속 가능성을 바탕으로 한 실천, 빈곤 퇴치를 위한 노력, 제도적 불의에 맞서기 위한 헌신을 통해 ET는 오늘날의 사업과 사역 현장에서 하나님 나라의 가치를 드러내기 위해 힘쓰고 있다.

청지기 정신, 동정심, 정의라는 성경적 원직을 핵심 운영에 통합함으로써 ET는 재정적 생존 가능성을 추구할 뿐만 아니라 개인과 지역 사회가 번영할 수 있는 환경을 조성한다. 미가서 6장 8절과 같은 성경 구절은 하나님 앞에서 정의·자비·겸손을 요구하며, ET의 비즈니스 접근 방식에 영감을 준다. 이는 하나님 나라의 변혁적 원칙을 구현하기 위해 이익을 초월하는 능동적이고 헌신적인 참여를 촉구한다. 이러한 활동을 통해 ET는 하나님 나라의 생생한 증인이 되어 현대 비즈니스의 경쟁 분야에서 하나님의 가치에 따라 재창조된 세상을 엿볼 수 있게 된다.

● 청지기 정신과 책임

성경은 청지기 직분이라는 주제를 일관되게 강조하며, 인류가 하나님의 창조물을 돌보는 책임을 맡고 있음을 가르친다. 창세기 2장 15절에서 하나님께서 아담을 에덴동산에 두시고 **"땅을 일구고 돌보라"** 하신 말씀은 인간이 지구의 자원을 지혜롭게 관리해야 할 의무가 있음을 강조하고 있다. 또한, 베드로전서 4장 10절에서는 신자들에게 **"각각 은사를 받은 대로 하나님의 여러 가지 은혜를 맡은 선한 청지기같이 서로 봉사하라"**고 권면하고 있다.

ET는 청지기 직에 대한 성경적 명령을 내재화하여 책임 있는 재정 관리, 환경 지속 가능성, 그리고 윤리적인 비즈니스 관행을 중요시한다. 당장의 이익보다 장기적인 지속 가능성을 선택함으로써 ET 기업은 현대의 청지기 역할을 수행하고 있다. 이들은 하나님에 대한 책임을 다할 뿐만 아니라, 글로벌 커뮤니티와 지구의 복지에 대한 헌신을 보여주며, 운영의 모든 측면에서 성경적 청지기 정신을 반영하고 있다.

● 변화와 혁신

성경은 세상을 변화시키고 새롭게 하려는 하나님의 의지를 일관되게 드러낸다. 로마서 12장 2절에서는 신자들이 이 세대를 본받지 말고 마음을 새롭게 하여 변화되어야 한다고 촉구하는 주제가 잘 나타나 있다. 또한, 요한계시록 21장 5절에서는 하나님께서 만물을 새롭게 하신다고 말씀하며 회복과 쇄신에 대한 신성한 주도권을 강조하고 있다. ET는 이러한 성경의 주제에 맞춰 세계의 복잡한 사회·환경 문제에 대한 혁신적인 해결책을 모색하고 있다.

기업가적 노력으로 빈곤과 불의의 악순환을 끊을 수 있다는 확신을 바탕에 두고 ET는 스스로를 혁신적 변화의 도구로 자리매김하고 있다.

이러한 접근 방식은 자신을 표현할 수 없는 사람들을 대변하고 가난하고 궁핍한 이들의 권리를 옹호하라는 잠언 31:8~9의 말씀과 정의롭게 행동하고 인자를 사랑하며 겸손하게 하나님과 동행하라는 미가서 6:8의 가르침을 반영하고 있다.

ET의 프레임워크 내에서 운영되는 기업들은 하나님의 지속적인 회복의 사명에 적극적으로 이바지하기 위해 혁신적인 전략을 활용한다. 이들은 각 기업가적 벤처를 정의·평화·사랑이라는 하나님 나라의 가치를 실질적으로 구현하여, 새롭게 회복된 창조 세계에 대한 광범위한 성경적 비전에 동참한다. 이러한 참여를 통해 ET 비즈니스는 재정적 지속 가능성을 추구할 뿐만 아니라 세상에서 하나님의 변혁적인 사역의 대리인이 되라는 성경적 명령에도 부합한다.

● 증인과 증언

마태복음 5장 16절에서 예수님은 제자들에게 "너희 빛이 사람 앞에 비치게 하여 그들로 너희 착한 행실을 보고 하늘에 계신 너희 아버지께 영광을 돌리게 하라"고 가르치셨다. ET 기업은 이 말씀을 마음에 새기고 윤리적이며 모범적인 비즈니스 실행을 통해 신앙의 등대 역할을 하고 있다. 이들의 노력은 신앙과 비즈니스를 통합하는 힘에 대한 생생한 증언으로 작용하며, 하나님 나라의 가치에 부합하는 비즈니스 실행이 가져오는 변화의 영향력을 보여준다.

ET 기업은 재정적 번영을 추구하는 것뿐만 아니라 "오직 정의를 행하며 인자를 사랑하며 겸손하게 네 하나님과 함께 행하라"는 미가서 6장 8절에 담긴 뜻대로 하나님의 성품을 반영하는 원칙을 실천하는 데 전념하고 있다. 이러한 기업들은 운영을 통해 사회에 긍정적인 기여를 하며, 연민과 정의를 바탕으로 필요와 문제를 해결함으로써 사업과 선교 현장에서 하나님께 영광을 돌리고 있다.

ET의 기업 운영 원칙은 믿음을 바탕으로 한 기업가 정신이 단순한 말에 그치지 않고 행동으로 나타나도록 하여, 하나님의 사랑과 공의에 대한 실질적인 증거를 제시한다. 선교와 이익 추구의 모든 면에서 탁월함을 추구함으로써 성실성, 연민, 그리고 깊은 목적의식을 가지고 사업을 수행하는 방법을 제시한다. 이를 통해 하나님 아버지께 영광을 돌리고 세상에 지속적인 영향을 미칠 수 있는 길을 밝혀준다.

ET의 신학적 기반

ET의 복잡한 영역에서 그 신학적 토대는 성경의 직접적인 언급을 넘어 현대의 도전 과제를 해결하기 위한 다양한 프레임워크와 얽혀 있다. 이러한 신학적 차원은 비즈니스 관행을 이끌 뿐만 아니라 우리 시대의 다각적인 선교 문제에 대한 ET 사역자의 접근 방식을 형성한다. 주권 신학과 총체적 선교를 포함한 프레임워크는 실무자들에게 해석적 렌즈로 작용하여 직업적 소명과 업무의 광범위한 영향력에 대한 통찰력을 제공한다.

● 주권 신학(Dominion Theology)

이 관점은 창세기 1장 28절에 명시된 대로, 하나님께서 인류에게 창조물을 책임감 있게 관리하라는 명령을 주신 것과 깊이 연관된다. 이 지배권은 착취를 위한 허가가 아니라, 하나님의 정의와 지혜, 돌보심을 반영하여 창조물을 책임감 있게 다스리라는 부르심이다. 따라서 모든 기독교인은 성경의 원칙에 따라 정치·경제·문화와 같은 사회 구조에 영향을 미치고 변화를 끌어낼 수 있도록 부름을 받았다. 이는 그리스도의 주권 아래 도덕적·사회적·환경적 정의를 촉진함으로써 인류에 대한 하나님의 원래 의도를 회복하는 것을 강조한다.

이러한 통치 신학의 신학적 프레임워크는 지속 가능하고 윤리적인 비즈니스 관행의 개발을 지원하여 ET 기업이 환경 관리 및 자원 관리에 긍정적으로 기여하도록 유도한다. 즉, 통치 신학의 원칙을 실천함으로써 ET 기업은 지속 가능성과 윤리적 완전성에 대한 헌신을 반영하며, 하나님의 창조물을 돌보는 데 있어 자신의 역할을 인식하게 된다.

통치 신학은 ET의 선교 활동에서 중요한 역할을 한다. 하나님 왕국의 사명을 발전시키며, 기독교인들이 사회 내에서 변화를 이끌어내는 활동에 참여하도록 동기를 부여하는 틀을 제공한다. 이 프레임워크는 모든 기독교인이 창조의 청지기로서 행동하고, 세계의 갱신에 적극적으로 참여하며, 인간의 필요를 해결하도록 격려한다.

선교의 맥락에서 통치 신학은 전인적 변화를 강조하며, 전도와 사회 참여가 함께 이루어져야 한다고 주장한다. 이 프레임워크는 개인의 영적 개종에만 초점을 맞추는 것이 아니라, 선교 현장을 영적·사회적·문화적·생태적 삶의 모든 측면에서 하나님의 통치를 드러낼 기회로 간주한다. 예를 들어 교회 개척 노력은 예배 공동체를 형성하는 것에 그치지 않고, 교육·의료·경제 발전을 촉진하는 것을 목표로 하여,

하나님 왕국의 포괄적인 성격을 반영한다.

ET 선교 프로젝트는 종종 인간의 번영을 저해하는 체계적인 문제를 해결함으로써 통치 신학의 원칙에 부합한다. 도시 환경에서는 노숙자 퇴치, 공교육 개선, 저렴한 주택 공급 등의 이니셔티브를 구축하며, 동시에 복음 메시지를 전파하는 활동을 포함할 수 있다. 농촌선교의 경우, 지역 농민들이 지속 가능한 농업 관행을 활용하도록 지원하는 교육 프로그램이 포함될 수 있으며, 이는 물질적 및 영적 양식을 모두 제공한다.

이러한 행동은 창조 세계의 갱신에 참여하는 것이 대사명을 완수하는 데 필수적이라는 믿음을 나타낸다. 또한 정의·연민·회복의 행위를 통해 하나님의 나라를 드러내며, 통치 신학은 선교 활동의 범위를 확장할 뿐만 아니라 세상에서 실천되는 신앙의 가시적인 영향력을 보여준다. 이러한 통치 신학의 구조는 복음이 개인과 사회를 변화시킨다는 믿음에 뿌리를 두고 있으며, ET 선교 사역이 지속적인 변화를 이루도록 장려한다. 영적 변화와 사회 갱신을 통합함으로써 ET 선교 전략을 강화하고, 하나님의 나라를 이 땅에 발전시키기 위한 더 포괄적이고 영향력 있는 전략을 수립하는 데 이바지한다.

● **총체적 선교(Holistic Mission)**

총체적 선교는 종종 '통합적' 또는 '통전적 선교(Integral Mission)'라고 불리며, 기독교 선교의 접근 방식 중 하나로 복음의 포괄적인 본질을 강조한다. 이 접근법은 신앙이 삶과 사업의 모든 측면에 원활하게 통합되도록 주장한다. 총체적 선교는 선교 사역에서 영적인 필요와 함께 인간의 전인적인 필요를 모두 아우르는 선교와 사회 활동의 불가분 관계를 강조하는 신학적 틀이다.

복음은 인간의 삶 전체를 다루는 것이라는 믿음에 뿌리를 두고 있으며, 구원의 메시지를 선포하는 동시에 사회 구조의 변화에 적극적으로 참여하고 인간의 필요를 해결하고자 한다. 이러한 접근 방식은 하나님의 나라가 영적 갱신과 실질적인 정의를 모두 포함한다는 성경의 가르침을 반영한다.

이사야 1:16-17과 같은 구절은 정의를 추구하고 취약한 사람들을 돌보는 것의 중요성을 강조한다. 신자들은 하나님과 이웃을 사랑하라는 대계명(마태복음 22:37-40)과 모든 민족을 제자로 삼으라는 지상명령(마태복음 28:19-20)에서 이러한 가르침의 근거를 찾을 수 있다. 이는 영적인 가르침과 함께 치유, 굶주린 자를 먹이고 소외된 자를 옹호했던 예수님의 사역(누가복음 4:18~19)과도 일치하며, 선한 사마리아인의 비유(누가복음 10:25-37)는 이러한 총체적인 사역의 명확한 예로 볼 수 있다.

사도 바울의 가르침 역시 이러한 틀을 지지하고 있다. 예를 들어 갈라디아서 2장 10절에서 바울은 가난한 사람들을 기억하는 것이 중요하다고 강조하며, 영적 양육과 함께 육체적 필요를 돌보는 통합적인 사역 접근 방식을 보여주고 있다.

복음주의 선교학의 핵심 문서인 로잔 언약(The Lausanne Covenant)은 사회적 책임이 선택이 아닌 교회의 사명에 필수적인 요소임을 확실히 하여 이 신학을 강화한다. 이러한 관점은 르네 파딜라(René Padilla)에 의해 지지 받았으며 1974년 로잔 대회(Lausanne Congress)에서 확인되었다. 파딜라는 영적 구원과 사회적 책임을 분리하는 것을 비판하며, 복음의 선포와 봉사, 정의의 실천을 통해 하나님의 사랑을 드러내는 통합된 선교 접근법을 주장했다. 이러한 포괄적인 신학적 틀은 지역 교회, NGO, 정부와의 파트너십을 통해 글로벌 선교 관행을 형성하고 지속 가능하며 상황에 적합한 영향력을 발휘하는 데 중요한 역할을 해왔다.

이러한 접근 방식은 기독교 기업가 정신이 사회 정의, 지역사회의 풍요로움, 그리고 영적 복지를 증진하는 실천을 통해 복음의 포괄적인 메시지를 구현해야 한다는 생각을 지지한다. 총체적 선교를 수용함으로써 ET 비즈니스는 복음의 변혁적인 힘을 보여주는 플랫폼이 되어 선교 사역 현장뿐만 아니라 비즈니스 영역과 사회 전반에 긍정적인 영향을 미치게 된다.

이러한 신학적 틀의 적용을 통해 ET 사역자들은 세계 시장과 하나님 나라 안에서 자신의 위치에 대한 깊은 이해를 얻게 된다. 이 신학적 기반은 그들의 전략적 결정, 운영 모델 및 커뮤니티 상호 작용에 영향을 미치며 비즈니스의 상업적 성공을 넘어 더 큰 목적을 달성하도록 보장한다. 이를 통해 ET 비즈니스는 행동하는 신앙의 생생한 표현이 되어 현대 사회에서 신앙과 일 사이의 대화에 의미 있게 기여하고 있다.

● **ET의 성경적 토대의 역할**

ET의 성경적 토대는 심오한 지침과 목적, 동기를 제공한다. 성경은 기업의 핵심 나침반 역할을 하며 신앙과 사회적 영향력을 기업 운영에 원활하게 통합하도록 이끌고 있다. ET 사역자들은 성경의 가르침에 자신의 노력을 뿌리내림으로써 도덕적 지침을 발견할 뿐만 아니라 마음속 깊이 자리한 사역에 대한 목적도 찾게 된다. 지속적인 신학적 성찰은 하나님의 영원한 가치인 사랑·정의·번영에 공감할 수 있도록 비즈니스 관행을 끊임없이 조정하는 데 중요한 도구 역할을 한다.

지속적인 신학적 성찰에 참여하고 신앙과 일에 대한 포괄적인 접근 방식을 채택함으로써 ET 사역자들은 긍정적인 변화의 촉매제 역할을 하고 있다. 세계화, 기술 혁신, 환경 지속 가능성을 탐구하는 이들의 행동은 우리 시대의 시급한 문제를 해결하는 데 있어 신앙과 비즈니스의 통합이 지닌 혁신적인 잠재력을 보여주고 있다. 빠르게 변화하는 환경 속에서 ET 비즈니스는 운영의 모든 측면에서 복음의 원칙을 구현하며 두각을 나타내고 있다.

이러한 기반은 ET 기업가들이 자기 일을 신성한 소명으로 인식할 수 있도록 힘을 실어준다. 이들의 벤처는 책임감 있는 청지기 정신, 지역 사회에 대한 봉사, 그리고 하나님께 영광을 돌리는 플랫폼으로 자리 잡아 궁극적으로 긍정적인 변화를 끌어낸다. 성경에 뿌리를 둔 ET 기업은 기독교 사업 관행을 통해 하나님의 비전을 실현하는 선교 중심 기업가의 정신을 모범적으로 보여주고 있다.

BAM 운동의 성장을 촉진한 경제 트렌드

BAM 운동은 그 성장과 발전을 총체적으로 촉진한 경제 동향에 발맞추어 번창해 왔다. 여기서는 로잔 대회 이후 지난 20년 동안 선교·일·협력·구제 등 다양한 분야에서 패러다임 전환을 이끌 글로벌 운동으로 폭넓게 성장하고 있는 BAM 운동의 성장 촉진 원인에 대해 살펴보려고 한다.

● 크리스천 비즈니스 커뮤니티의 발전

크리스천 비즈니스 기업가를 위한 네트워크와 지원 시스템의 확장이 이루어짐에 따라 BAM 운동이 크게 강화되었다. 이 생태계는 공유된 기독교 가치를 바탕으로 재정적 지침, 전략적 조언, 도덕적 지원 등 다양한 자원을 제공한다. 또한 기업가들이 경험을 나누고, 파트너십을 형성하며, 공통의 과제에 대한 해결책을 공동으로 개발할 수 있는 협업 플랫폼을 제공한다. 이러한 환경은 기존의 크리스천 비즈니스 기업가들의 결의를 더욱 강화해, 더 많은 크리스천 사업가가 BAM 벤처를 시작하는 데 매력을 느끼게 해준다.

신앙과 비즈니스를 통합하여 글로벌 난제를 해결하는 공동의 목표를 가진 커뮤니티에 소속되어 있다는 것은 강력한 촉매제가 된다. 이를 통해 더 많은 사람들이 기독교적 신념을 바탕으로 한 기업가적 여정을 시작하도록 이끌고 있다. 이러한 공동의 성장은 전도서 4장 9~10절의 성경 원리를 반영하며 협업의 중요성을 강조한다.

"두 사람이 한 사람보다 더 나은 것은 협력하므로 일을 효과적으로 할 수 있기 때문이다. 만일 두 사람 중 하나가 넘어지면 다른 사람이 그를 도와 일으킬 수 있으나 혼자 있다가 넘어지면 그를 도와 일으켜 주는 자가 없으므로 그는 어려움을 당하게 된다."(현대인의 성경)

● 자본 접근성 향상

벤처 캐피털 회사, 소액 금융 기관, 엔젤 투자자 네트워크를 포함한 금융 생태계의 발전으로 특히 BAM 벤처 기업가들에게 진입 장벽이 크게 낮아졌다. 이러한 자금 조달의 민주화로 크리스천 기업가들이 자신의 비전을 실질적인 사업으로 전환할 힘을 부여받고 있다.

사회적 사명과 상업적 목표를 동시에 추구하는 BAM 벤처는 다양한 자금원을 활용할 수 있다. 그 덕분에 많은 스타트업이 겪는 재정적 생존을 위한 끊임없는 투쟁 없이도 두 가지 목표를 동시에 달성할 수 있다. 이러한 금융 채널은 필요한 자본뿐만 아니라 지도와 멘토링도 제공하여 사회적 목적을 추구하는 비즈니스의 전략적 요구와 재정적 지원을 일치시키고 있다.

이러한 추세는 마태복음 25장 14절에서 30절까지의 달란트의 비유와 일맥상통하며, 자원을 충실히 관리하여 성장과 영향력을 창출하도록 장려한다. 이익과 긍정적인 변화를 추구하는 벤처 기업에 대한 자본 흐름을 촉진함으로써, 금융 환경은 BAM 이니셔티브의 성장과 확장을 위한 비옥한 토양이 되고 있다. 그 결과, 이 운동의 추진력과 영향력에 크게 기여하고 있다.

● 의식 있는 소비의 증가

의식 있는 소비주의의 출현은 단순히 가격과 편의성에만 의존하지 않고, 윤리적이며 지속 가능한 관행을 우선시하는 구매 결정의 중요한 변화를 반영하고 있다. 이러한 추세로 인해 윤리적으로 생산되고 환경 친화적인 고품질 제품과 서비스에 대한 수요가 증가하고 있다. 기독교적 가치와 사회적 영향력에 대한 강한 의지를 바탕으로 하기에 BAM 비즈니스는 본질적으로 이러한 변화에 부합하고 있다. 즉, 소비자들에게 자신의 가치를 반영하고 사회에 긍정적으로 기여하고자 하는 선호가 생겼는데, 이를 충족시키는 제품을 공급할 수 있는 것이다. 이러한 의식 있는 소비주의의 원칙에 부합하는 BAM 비즈니스는 경쟁 우위를 확보하여 무결성, 지속 가능성, 사회적 책임을 중시하는 충성도 높은 고객층을 유치할 수 있도록 돕는다. 이러한 추세는 창세기 2장 15절에서 인류에게 지구를 돌보라는 성경의 청지기적 소명을 떠올리게 하며, 윤리적이고 책임감 있는 삶에 대한 신성한 명령을 반영하여 오늘날의 의식 있는 소비자들에게 공감을 불러일으키고 있다.

● **공급망의 세계화**

공급망의 세계화는 전 세계 기업들에게 도전과 기회를 동시에 제공하고 있다. 공급망이 점점 더 복잡하고 광범위해짐에 따라 BAM 벤처는 책임 있는 조달 및 공정 거래 관행을 구현할 새로운 가능성에 직면하게 되었다. 이러한 관행을 통해 BAM 비즈니스는 핵심 윤리 기준에 부합하는 제품을 공정하고 유익하게 확보할 수 있게 되었다. 공정 거래 관행을 운영에 통합함으로써 BAM 벤처는 세계 시장에서 효과적으로 경쟁하면서도 윤리적인 비즈니스 행동에 대한 헌신을 유지할 수 있다.

이러한 전략적 접근 방식을 통해 윤리적 비즈니스 관행의 선두 주자로 자리매김하여 투명성, 공정성, 지속 가능성을 중시하는 소비자와 파트너들에게 매력적으로 다가갈 수 있게 되었다. 책임 있는 조달과 공정 무역 관행에 대한 헌신은 잠언 11장 1절에서 강조된 정의와 형평성의 성경적 원칙을 반영한다. 이 구절은 기만적인 관행을 비난하고 거래 시 정직과 진실성을 강조하고 있다. BAM 기업이 확보한 복잡한 글로벌 공급망은 그들의 가치를 실천으로 보여줄 기회 요인이다. 이를 통해 국제화된 세계에서 윤리적이고 지속 가능한 비즈니스의 선구자 역할을 더욱 확고히 할 수 있는 기회이다.

● 임팩트 투자의 발전

임팩트 투자의 부상은 재무적 수익을 추구하면서 동시에 긍정적인 사회적·환경적 결과를 창출하고자 하는 열망이 결합한 것으로 투자 환경의 중대한 변화를 의미한다. 이러한 추세는 수익성과 목적의 조화를 목표로 하는 BAM 벤처에 새로운 자본 조달의 기회를 제공하고 있다. 임팩트 투자로 인해 개인 투자자부터 기관 투자자에 이르기까지 다양한 투자자를 끌어모았으며, 자신의 투자가 사회와 환경의 실질적인 개선에 기여하기를 희망하고 있다.

BAM 기업의 경우 이는 성장을 촉진하고 선교 중심 접근 방식을 검증하는 자본에 대한 접근을 의미한다. 투자 자본이 BAM 벤처의 가치와 목표에 부합할 경우, 혁신과 확장 역량을 강화하여 영향력을 더욱 확대할 수 있다. 임팩트 투자와 BAM 벤처 간의 시너지 효과는 누가복음 12장 33절의 말씀처럼 윤리적 자본주의를 향한 광범위한 움직임을 반영하며, 사회적·환경적 측면에서 책임 있는 투자의 영원한 가치를 나타내는 윤리적 자본주의를 향한 더 넓은 흐름을 보여준다.

● 신흥 시장과 기업가적 환경

개발도상국의 경제적 역동성은 기업가적 노력을 위한 다양한 기회를 제공하고 있다. BAM 기업가들에게 이러한 신흥 시장은 비즈니스 확장을 위한 새로운 기회의 장일 뿐만 아니라, 자신의 신념을 상업적으로 실현할 공간이기도 하다. 이 지역의 급속한 경제 성장, 변화하는 시장의 요구, 그리고 해결되지 않은 사회적 문제들이 결합하여 BAM 벤처가 자원과 혁신, 신앙에 기반한 원칙을 실현할 수 있는 절호의 기회를 만들어주고 있다. BAM 기업은 이러한 시장에 진출함으로써 윤리적인 비즈니스 관행을 준수하면서도 긴급한 요구를 충족하는 제품과 서비스를 제공하여 지역 개발 노력에 기여할 수 있다.

더욱이 이들 지역의 기업가적 환경은, 지속적이고 긍정적인 영향을 창출하려는 사명으로 동기 부여된 BAM 벤처의 민첩성과 회복력 덕분에 큰 혜택을 얻고 있다. 이러한 접근 방식은 잠언 19장 17절에서 언급된 가난한 사람들을 섬기고 그들을 일으켜 세우라는 성경의 요청과 잘 어우러진다. 또한, 가난한 사람들을 돕는 것이 주님께 빌려주는 것과 유사하다는 점을 강조한다. BAM 기업가들은 신흥 시장에서 활동을 통해 새로운 비즈니스 기회를 활용하고 지역 문제를 해결하며, 지속 가능한 발전에 기여함으로써 더 큰 목적을 달성하고 있다.

● 위에 제시된 경제 트렌드에서 비롯되는 다양한 기회

위에서 살펴본 몇 가지 경제적 트렌드는 BAM 운동이 전 세계적으로 확산하는 데 중요한 촉진제가 되어 왔다. 크리스천 비즈니스 네트워크의 증가와 자본 접근성의 향상은 BAM 벤처의 성장을 가속했다. 그러나 이러한 벤처들은 복잡한 기업 환경을 극복해야 하는 과제를 안고 있다. 재정적 지속 가능성, 윤리적 관행, 시장 경쟁력 간의 균형을 맞추기 위해서는 신중한 계획 혁신적인 해결책, 그리고 핵심 가치에 대한 확고한 헌신이 필요하다.

다행히도 현재 광범위한 경제 트렌드로 인해 다양한 기회가 제공되고 있다. 의식 있는 소비, 세계화, 임팩트 투자, 신흥 시장은 BAM의 사명인 신앙적·상업적·사회적 영향력과 잘 어우러진다. 이러한 추세는 재정적 기회를 창출하며, BAM 벤처가 성장과 더 깊은 영향력을 추구하는 데 필요한 도전을 활용할 수 있도록 돕고 있다. BAM 벤처는 복잡한 환경을 전략적으로 탐색하고 이러한 트렌드를 활용함으로써 비즈니스 환경을 변화시켜 더 윤리적이고 포용적이며 영향력 있는 기업으로 발전할 수 있다.

기업가적 비즈니스 선교의 핵심 원칙

앞서 ET의 모태가 되는 비즈니스 선교(BAM)의 성경적 기초와 역사적 배경, 그리고 ET의 성경적·신학적 기초에 대해 살펴보았다. 그러면 이 지점에서는 기업가적 비즈니스 선교(ET)의 기본 원칙에 대해 살펴보기로 한다. 이러한 원칙은 기업이 수익을 넘어 혁신적인 영향력을 발휘하도록 이끄는 정신을 나타낸다. ET는 추상적인 개념에서 벗어나 살아있는 철학으로 진화하여 더 높은 목적에 전념하는 기업을 위한 전략적 로드맵을 제공한다.

● **신앙과 일의 통합**

ET의 핵심은 신앙과 일의 원활한 통합이다. 이 분야의 기업가들은 자신의 사업 계획을 신성한 소명으로 여긴다. ET 기업은 신앙, 혁신적인 기업가 정신, 긍정적인 사회적 영향력의 독특한 융합을 나타내며, 경제적 생존력과 선교 중심의 변화를 두 가지 주요 목표로 강조하는 독특한 기업이다.

기존 비즈니스는 주로 수익과 주주 가치 창출에 중점을 두지만, ET 벤처는 선교와 비즈니스 통찰력을 통합하여 경제적 지속 가능성을 추구하고 명확한 영적 변화 및 긍정적인 사회적 변화를 이루려는 더 깊은 목적을 가지고 운영된다. 이러한 사업 접근 방식은 비즈니스 활동과 하나님의 나라를 확장하며 지역사회의 총체적인 변화를 촉진한다는 핵심 사명을 엮어 ET 비즈니스 환경의 근간을 형성한다.

따라서 ET 비즈니스의 성공은 단순히 경쟁이 치열한 시장을 탐색하는 것에 그치지 않고, 기업의 선교라는 미션과 비즈니스 목표 간의 조화로운 조율을 이루는 데 있다. 이러한 미션과 비즈니스를 성공적으로 통합하기 위해서는 다음과 같은 영역들이 효과적으로 통합되어야 한다.

1) 비즈니스 현장에서의 미션

ET 비즈니스 환경에서 하나님의 나라를 확장하고 총체적인 변화를 이끌어내는 미션은 모든 의사 결정의 기준이 된다. 윤리적 행동, 사회 정의, 환경 보호와 같은 ET 기업의 핵심 가치에 대한 확고한 신념은 기업의 모든 측면을 형성한다. 이러한 가치는 비즈니스 관행에서 적극

적으로 실천되며, 모든 의사 결정 과정에서 필수적인 요소로 강조되고
있다.

즉, ET 기업은 모든 수준에서 사람과 사회적 선을 우선시하며 모든
제품, 서비스 및 운영 전략은 긍정적인 사회적·환경적 영향을 창출할
수 있는 잠재력을 기준으로 평가된다. 미션과 비즈니스의 통합이 실제
ET 비즈니스 현장에서 어떻게 적용될 수 있을까? 예를 들어, ET 비즈
니스는 다음과 같은 영역들을 우선시할 수 있다.

- 윤리적 행동: ET 비즈니스는 공급망에서 공정 거래 관행을 도입
  하여 근로자에게 공정한 임금을 지급하고 존엄한 대우를 보장할
  수 있다. 예를 들어 분쟁 없는 자재를 확보하고 공정한 노동 관행
  으로 스마트폰을 생산하는 페어폰(Fairphone)이 있다. 윤리적 공급
  업체를 선택하고 장기적인 지속 가능성을 위해 제품을 설계함으
  로써 페어폰은 윤리적 행동을 핵심 가치로 구현하고 있다.
- 사회 정의: ET 벤처는 빈곤이나 교육 접근성과 같은 제도적 문제
  를 해결하는 데 집중할 수 있다. 잘 알려진 예로 개발도상국의 빈
  곤층, 특히 여성에게 소액 대출을 제공하는 소액 금융 기관인 비
  전펀드(VisionFund International)가 있다. 비전펀드는 소외된 지역
  사회가 번영할 기회를 제공함으로써 사회 정의에 대한 헌신을 반
  영하는 경제적 역량 강화를 목표로 하고 있다.
- 제품의 영향력: 청정에너지 솔루션이나 친환경 제품을 제조하는
  기업은 단순히 비용 절감이나 이익 극대화에만 집중하는 것이 아
  니라 환경에 미치는 영향과 장기적인 사회적 혜택 측면에서도 제

품을 평가할 수 있다. 따라서 이러한 기업은 고객에게 서비스를 제공하는 것뿐만 아니라, 서비스가 부족한 지역의 탄소 발자국을 줄이는 데 기여하는 태양열 발전 제품을 사업의 핵심 제품으로 우선시할 수 있다.

- 지역사회 참여: ET 기업은 전체적인 변화를 추진하려는 사명에 부합하는 교육 프로그램이나 취업 기회를 제공함으로써 실업·빈곤·교육과 같은 사회적 문제를 해결하는 데 적극적으로 나설 수 있다.

- 환경 보호: 환경을 우선시하는 기업은 운영 과정에서 생태 발자국을 최소화하고 제품이나 서비스가 지구에 긍정적으로 기여하도록 노력한다. 야외 스포츠 의류와 장비를 디자인하고 판매하는 회사인 파타고니아(Patagonia)는 전통적인 의미에서 ET 기업은 아니지만 친환경 소재 사용과 재활용 촉진 등 환경 옹호에 대한 헌신을 통해 이러한 원칙을 구현하고 있다. 이 회사는 이익의 일부를 환경적 원인에 기부하고, 공급망에서 지속 가능성을 적극적으로 홍보하여 핵심 가치가 사업 성공에 어떻게 필수적인지를 보여주고 있다.

실제 사례로는 Sole Hope와 같은 BAM 이니셔티브가 있다. Sole Hope는 우간다의 어린이들에게 신발을 제공하여 빈곤과 건강 문제를 해결하려는 비영리 단체이다. 이 조직의 사명은 맨발로 걷는 것에 의해 발생하는 질병을 예방하는 것이다. 재료 조달에서 지역 장인 고용에 이르기까지 모든 결정은 아프리카 지역 어린이들의 건강을 유지하는 데 필요한 모든 사항을 해결하는 것에 초점을 맞춘다. 동시에 지속 가능한 고용을 창출하려는 열망에 의해 이루어진다. 이는 미션이 실용적인 비즈니스 선택에 어떻게 영향을 미치는지를 잘 보여준다.

2) 사역 도구로서의 이점

ET 프레임워크 내에서 이익은 비즈니스의 지속 가능성을 위해 중요하지만, 궁극적인 목표는 아니다. ET 기업에서 수익성은 사업의 영향력을 확장하고 도움이 필요한 더 많은 사람들에게 다가갈 수 있도록 미션을 추진하는 데 필요한 도구로 간주한다. 따라서 이익은 ET 기업의 사명과 일치하는 이니셔티브에 전략적으로 재투자되어 선교를 확장하는 데 활용된다. 여기에는 제품 라인 확장, 직원 교육 강화 또는 커뮤니티 프로젝트 자금 지원이 포함될 수 있다.

개발도상국의 빈곤층 특히 여성에게 소액 대출을 제공하는 그라민 은행(Grameen Bank)과 같은 소액 금융 부문의 BAM 사업을 예로 들어 보자. 그라민 은행의 사업 목표는 개인이 자신의 사업을 시작할 수 있는 자본에 대한 접근성을 제공하여 빈곤의 악순환을 끊는 것이다. 소액 대출에서 발생한 이익은 추가 대출을 자금 지원과 프로그램을 새로운 지역으로 확장하는 데 사용된다. 또한 그라민 은행의 지속 가능성은 기부금이나 외부 자금에 의존하지 않고도 장기적으로 지역사회를 계속 지원할 수 있음을 보장한다.

또 다른 예로, 베트남의 BAM 프로젝트인 뱀부 빌리지(Bamboo Village)는 친환경 대나무 제품을 생산하는 동시에 지역 장인들을 교육하고 있다. 판매로 창출된 수익은 지역사회에 재투자되어 교육 프로그램과 지속 가능한 농업 이니셔티브에 자금을 지원한다. 이러한 수익과 재투자의 순환은 사업을 지속할 뿐만 아니라 경제적 · 사회적 · 환경적 영향에 대한 사명을 확대한다.

위의 실제 사례에서 보았듯이 이익은 조직이 자립하고 사회적 영향을 확대하는 데 도움을 준다. 즉, 과도한 재정적 이익을 추구하느라 미션에 제약이 생기는 것이 아니라, 이익을 통해 사업이 확장됨에 따라 차이를 만들 수 있는 능력이 배가되어 더 큰 전체적인 변화를 주도하는 선순환을 형성한다.

3) 일 · 예배 · 봉사의 통합된 관점

ET 벤처에서 선교의 통합은 모든 일을 하나님의 더 큰 계획의 일부분으로 인식하는 신학적 관점으로 연결된다. 이는 일과 예배를 모두 의미하는 히브리어 '아보다(avodah)'로 가장 잘 표현된다. 성경적 이해에서 일은 단순히 월급을 받기 위해 하는 일이 아니라, 예배의 행위이자 다른 사람을 섬기는 수단이며 하나님의 주권 아래에서 이루어지는 사역의 한 형태로 인식한다.

히브리어 '아보다'에서 볼 수 있듯이 일과 예배, 봉사의 일치를 강조함으로써 ET 기업의 원활한 선교 통합을 더 자세히 살펴볼 수 있다. 따라서 이러한 일 · 예배 · 봉사가 통합된 ET의 비즈니스에 대한 관점은 성–세속 이분법에 도전하며 모든 형태의 일을 예수 그리스도의 주권 아래에서 예배 · 봉사 · 사역의 행위로 인식된다.

BAM 운동의 리더인 마이크 배어(Mike Baer)는 비즈니스 활동을 포함한 우리 존재의 모든 측면이 하나님의 영광에 공명한다고 말하며,[8] 일이 예배와 봉사의 한 형태임을 강조한다(고린도전서 10:31). 이러한 통합은 모든 소명이 하나님으로부터 온 것임을 언급하며(로마서 12:1-2), 그리스도를 따르는 모든 사람은 다양한 일의 영역으로 부름을 받았고, 모든 소명은 높고 완전하며 거룩한 것임을 강조한다.

ET 기업에서 리더와 직원들은 자기 일을 하나님께 드리는 제물로 여긴다. 제품을 만들든, 서비스를 제공하든, 사업을 운영하든, 모든 행동은 하나님께 영광을 돌릴 기회로 간주한다. 이는 일반적인 성스러운 것과 세속적인 것의 구분을 넘어 모든 형태의 업무가 하나님의 목적에 부합할 때 성스러운 것이 될 수 있음을 잘 보여준다.

또한 ET 기업에게 비즈니스란 다른 사람들, 특히 가난하고 소외된 이들에게 봉사할 기회로 여겨진다. 직원, 고객, 비즈니스 리더는 회사의 제품이나 서비스를 통해 다른 사람들에게 봉사하기 위해 함께 일하는 사역의 파트너로 간주한다. ET 벤처는 종종 자원봉사 기회를 제공하고 직원들이 지역 또는 글로벌 선교 활동에 참여하도록 장려한다.

위에서 살펴본 바와 같이 ET 기업에서 미션과 이익을 일치시키는 것은 역동적이고 다면적인 과정이다. 미션을 최전선에 두고, 이익 확장을 위한 중요한 도구로 인식하며, 포괄적인 이해관계자 중심의 접근을 수용함으로써 ET 기업은 비즈니스 목표와 사회적 영향 간에 강력한 시너지를 창출할 수 있다. 이러한 통합은 조직의 지속 가능성뿐만 아니라 의미 있는 변화를 촉진하여 비즈니스가 실제로 선교 사역에 긍정적인 영향을 미칠 수 있음을 보여준다.

● **총체적 영향력**

총체적 영향은 ET의 기본 원칙으로, 수익률이나 시장 점유율과 같은 전통적인 비즈니스 성과에만 초점을 두지 않고 재정적 성공과 사회적·환경적·영적 영역 전반에 걸쳐 커뮤니티 육성과 함께 지속 가능하며 총체적인 영향력을 창출하는 데 우선순위를 둔다. 이는 ET 기업이 그들이 서비스하는 커뮤니티의 사회적·문화적 역학과 긴밀하게 연결되어 있기 때문이다.

이러한 접근 방식은 누가복음 10장 27절에 나오는 "**네 마음을 다하고 목숨을 다하고 힘을 다하고 뜻을 다하여 주 너의 하나님을 사랑하고 네 이웃을 네 몸과 같이 사랑하라**"는 성경의 요청에 따라 전심을 다해 봉사하는 것을 기본으로 한다. 이 계명에서 영감을 받은 ET 기업은 지역사회의 다양한 요구를 해결하고 경제적 번영을 넘어 복지를 촉진하며 광범위한 변화를 위한 촉매제 역할을 한다.

예를 들어 ET 기업가가 설립한 청정에너지 회사는 지속 가능한 에너지 해결책을 제공하고, 소외된 지역에 일자리를 창출하며, 환경 보호에 대한 지역 사회 교육에 주력할 수 있다. 이러한 접근 방식은 예레미야 29장 7절의 "**성읍의 평화와 번영을 구하라**"는 말씀을 반영하여 환경적 사명이 사회적·경제적 향상을 가져올 수 있도록 보장한다.

개발도상국에서 의료 서비스를 제공하고 영적 돌봄 및 지역사회 구축 활동을 통합하는 의료 이니셔티브는 또 다른 ET 벤처가 될 수 있다. 이는 요한삼서 1장 2절의 "**네 영혼이 잘 됨 같이 네가 범사에 잘되고 강건하기를 내가 간구하노라**"라는 말씀과 일치한다. 의료 서비스를 영적 지원 및 사회적 참여와 통합함으로써, 이 계획은 건강에 대한 총체적인 접근 방식의 또 다른 예를 보여준다.

이 사례들은 ET 비즈니스가 지역사회 생활의 모든 측면에서 긍정적인 결과를 창출하기 위해 어떻게 깊이 헌신하고 있는지를 보여준다. ET 기업은 사회적·환경적·영적 필요를 고려하는 전략을 채택함으로써 인간 존재의 모든 측면에 대한 하나님의 사랑과 보살핌을 반영하는 기업가 정신의 모델을 구현하고 있다.

● 소외된 지역사회에 집중

ET 기업은 지역사회의 성공이 중요하다는 것을 잘 알고 있다. 지역 참여와 개발을 우선시함으로써 ET 기업은 운영하는 지역의 사회적·경제적 구조에 지속적인 영향을 미칠 수 있다. 고용 창출, 교육, 환경 복원 등을 통해 기업은 지역사회를 향상시키고 장기적인 회복력에 투자하고자 한다.

많은 ET 이니셔티브의 경우 빈곤, 자원 부족, 제한된 기회에 대한 접근성 등으로 어려움을 겪는 지역에서 큰 영향을 미칠 수 있다는 점을 인식하고 소외된 지역사회를 대상으로 한다. 이러한 지역사회는 전통적인 비즈니스 모델에서는 종종 간과되었는데, ET 벤처가 "이들 중 가장 작은 자"(마태복음 25:35-40)를 섬기라는 성경적 부르심에 따르며 혁신적인 프로젝트를 구현하려고 할 때 필수적인 공간이 된다. 이러한 맥락에서 기업을 운영함으로써 ET 벤처는 다음과 같은 일들을 할 수 있다.

첫째, 중요한 필요를 직접 해결한다. 벤처 기업은 의료, 청결한 물, 교육과 같은 필수 서비스를 제공하여 빈곤의 근본 원인을 직접적으로 해결할 수 있다. 이때 청결한 물 사업은 요한복음 4장 14절의 "내가 주는 물을 마시는 사람은 영원히 목마르지 않을 것이다"라는 예수님의 말씀에서 영감을 얻을 수 있다. 이처럼 그리스도께서 제공하시는 영적 자양분을 얻은 벤처는 청결한 물에 대한 접근성을 제공함으로써, 마을 사람들의 중요한 신체적 필요를 충족해주게 된다.

둘째, 희망과 기회를 제공한다. ET 벤처는 종종 직업 훈련과 교육을 통해 개인이 새로운 기술을 습득하고 고용 가능성을 향상시킬 수 있도록 지원한다. 이러한 접근 방식은 빌레몬서 1장 6절에서 바울이 "그대가 우리와 더불어 누리는 믿음의 사귐이 효력을 내어서, 우리가 그리스도께 가까이 나아갈 때 우리가 받게 되는 복이 무엇인지를 그대가 충분히 알게 되기를 바랍니다."(표준 새 번역)라고 말씀하신 것처럼 적극적으로 믿음을 나누도록 격려한다.

셋째, 실질적인 사랑과 관심을 보여준다. 이러한 소외된 지역사회에 참여함으로써 ET 기업은 기독교적 가치를 실천하고 행동을 통해 사랑과 관심을 나타낸다. 이는 요한일서 3장 18절의 "말과 혀로만 사랑하지 말고 오직 행함과 진실함으로" 하라는 권고에 잘 나타나 있다. 소외된 지역의 ET 의료 클리닉은 의료 서비스를 제공할 뿐만 아니라 자비로운 치료와 보살핌을 통해 실질적이고 영향력 있는 방식으로 그리스도의 사랑을 보여준다.

소외된 지역사회에서 운영되는 ET 벤처는 사회 정의, 경제적 역량 강화 및 영적 복지에 대한 복음의 소명을 구현한다. 이들은 즉각적인 필요를 해결하고 지속 가능한 개발을 위해 노력하여 지역사회가 빈곤과 의존의 악순환을 끊을 수 있도록 돕는다. 그렇게 함으로써 이들은 행동하는 믿음의 강력한 증인 역할을 한다.

● 지속 가능성 및 확장성

지속 가능성과 확장성은 ET 기업의 기반을 형성한다. 마태복음 7장 24~27절에 나오는 견고한 반석 위에 집을 짓는 지혜로운 건축업자의 비유를 반영하듯, ET 벤처는 건전한 비즈니스 관행과 장기적인 영향력에 대한 헌신을 바탕으로 기반을 구축한다. 재정적 건전성과 사회적 이익에 중점을 두는 것은 이러한 벤처 기업이 장기적으로 성장과 지속적인 영향력을 발휘할 수 있기 때문이다.

ET 기업이 지속 가능하고 확장할 수 있는 기업이 되기 위해서는 효과적인 비즈니스 모델을 갖추어야 한다. 탑을 쌓기 전에 비용을 계산하는 것의 중요성을 강조한 누가복음 14:28-30의 원칙을 바탕으로, ET 기업은 재정적 건전성을 최우선으로 삼는다. 이들은 금융 거래의 투명성을 유지하고, 신중하게 자원을 관리하며, 윤리적이고 선교 중심의 가치에 부합하는 자금 조달을 모색한다.

또한 성장할 수 있는 역량과 어려운 환경을 이겨낼 수 있는 회복력을 갖추어야 한다. 사역의 다양한 도전에 적응했던 사도 바울의 회복력에서 영감을 받은 ET 스타트업은 팀의 성장에 투자하고 전략적 파트너십을 구축한다. 이들은 조직의 탄력성을 강화하여 불확실성을 극복하고 성장 기회를 활용할 수 있도록 하는 데 중점을 둔다. 지속적인 학습과 적응력을 키우는 문화를 조성함으로써 이러한 벤처 기업은 장기적으로 사명을 지속할 수 있다.

외딴 지역사회를 위한 저렴한 청정에너지 해결책을 개발하는 한 기술 스타트업을 예로 들어보자. 이 벤처 기업은 수익성과 접근성의 균형을 맞추고 투명성과 성실성을 바탕으로 재정을 관리하며 변화하는 환경과 시장 상황에 적응하기 위해 지속적으로 기술을 혁신하고 있다. 이를 통해 지속 가능한 에너지를 공급하고 지역사회에 경제적 힘을 실어주고 있다.

ET 벤처는 지속 가능성과 확장성에 대한 헌신을 통해 비즈니스 비전을 실현한다. 이들은 창조주의 청지기(창세기 2:15)가 되어 도시의 복지를 추구하라는 성경의 요청(예레미야 29:7)을 반영하여 포괄적인 사회 재생을 위한 플랫폼으로서의 운영을 구상하고 있다.

● 윤리적이고 투명한 사업 운영

ET는 윤리적이고 투명하며 책임감 있는 사업 운영에 깊이 뿌리를 두고 있으며, 성경적 가치를 반영하는 청렴성과 책임에 대한 기준을 설정한다. ET 기업은 지역사회의 성공이 중요하다는 것을 잘 알고 있다. 지역 참여와 개발을 우선시함으로써 ET 기업은 운영하는 지역의 사회적·경제적 구조에 지속적인 영향을 미칠 수 있다. 고용 창출, 교육 또는 환경 복원을 통해 기업은 지역사회를 향상시키고 장기적인 회복력에 투자하고자 한다. 이러한 윤리적 약속은 비즈니스 영역에서 다음과 같은 실질적인 행동으로 이어진다.

첫째, 공정한 임금과 근로 조건을 보장한다. ET 기업은 직원 복지를 최우선으로 생각하며 직원들이 존엄성과 존중을 바탕으로 대우받도록 보장한다. 이러한 노력은 골로새서 4장 1절의 말씀을 떠올리게 한다.

"주인이 되신 여러분, 정당하고 공정하게 종들을 대우하십시오. 여러분도 하늘에 주인을 모시고 있다는 사실을 아시기를 바랍니다."(표준 새 번역)

이러한 기업은 공정한 보상을 제공하고 안전한 근무 환경을 유지함으로써 고용주와 직원 간의 관계에서 정의와 형평성이라는 성경적 원칙을 준수한다.

둘째, 책임감 있는 구매 관행과 환경 보호를 실천한다. 하나님께서 사람을 에덴동산에 두어 "그것을 가꾸고 돌보게" 하셨다는 창세기 2장 15절에 따라, ET 기업은 대외 구매와 환경에 미치는 영향에 대해 양심적인 태도를 취한다. 윤리적 기준을 준수하고 지속 가능한 자원 관리를 위해 노력하는 공급업체를 선택함으로써 이들은 하나님의 창조 세계에 대한 청지기 정신을 구현한다.

셋째, 투명성과 책임을 강조한다. 잠언 11장 3절은 "정직한 사람은 성실하게 살아, 바른길로 가지만, 사기꾼은 속임수를 쓰다가 제 꾀에 빠져 멸망한다."고 강조한다(표준 새 번역). 이러한 지혜를 반영하여 ET 비즈니스는 열린 의사소통, 정직한 보고, 원칙에 입각한 의사 결정을 통해 이해관계자와의 신뢰를 구축한다.

예를 들어 수공예품에 중점을 두고 현지 장인에게 공정한 임금을 지급하며 책임감 있게 자재를 조달하고, 비즈니스 관행을 고객 및 파트너와 공개적으로 공유하는 ET 기업이 있다. 이러한 벤처 기업은 지역 경제를 풍요롭게 하고 기독교 윤리와 비즈니스를 통합하는 힘을 입증하는 역할을 한다.

넷째, 투명성과 책임성을 실천하는 방법으로 명확하고 투명한 영향력 성과 보고를 들 수 있다. ET 벤처가 일반 기업과 가장 다른 점 중 하나는 미션의 성과를 매우 명확하게 설명한다는 것이다. ET 기업은 자신들의 활동이 수익 측면과 아울러 사회적·환경적 측면에서 더 큰 선(greater good)에 어떻게 이바지했는지를 정기적으로 보고한다.

예를 들어, 개발도상국의 저소득층 가정을 위해 집을 짓는 비영리 단체인 뉴스토리(NewStory)는 주택 건설과 지역 기반 시설 개선에 얼마나 많은 자금이 투입되었는지에 대한 자세한 보고서를 발행한다. 또한 가족의 성공 사례를 추적하여 건강, 교육 및 소득 수준에서 측정할 수 있는 개선 사항을 보여준다.

또한 저개발 국가나 빈곤한 지역의 취약한 어린이들을 교회와 연결하여 아동 빈곤을 종식하기 위해 어린이 후원 프로그램을 운영하는 컴패션 인터내셔널(Compassion International)은 기부자의 재정적 기여와 프로그램의 실질적 결과를 자세히 설명하는 정기적인 영향력(impact) 보고서를 발행하고 있다. 이러한 책임성에 대한 헌신은 이해관계자와의 신뢰를 구축할 뿐만 아니라 노력의 실제적 영향을 보여줌으로써 조직의 사명을 강화한다.

투명성과 책임성을 실천하는 또 다른 방법으로 미션에 대한 책임감을 들 수 있다. ET 벤처의 책임감은 재무 보고에만 그치지 않고, 그들이 지원하는 지역사회와 대의에 대한 책임감도 포함된다. 여기에는 수혜자의 피드백을 적극적으로 경청하고 필요에 따라 조정하는 것이 포함될 수 있다. 빈곤 지역에 나무를 심는 에덴 조림(Eden Reforestation) 프로젝트는 심은 나무의 수, 조림 지역, 지역사회에 미친 영향에 대한 상세한 진행 보고서를 발행하여 책임을 다하고 있다.

이처럼 ET 기업은 투명성과 책임성을 유지함으로써 직원·고객·투자자 등 모든 이해관계자가 조직의 재무적 성과와 사회적·환경적·정신적 영향에 대한 정보를 지속적으로 제공받을 수 있도록 한다.

이러한 윤리적 기준을 구현함으로써 ET 기업은 기독교 원칙을 고수하면서 기업이 어떻게 성공적으로 운영되는지를 보여주는 모범적 사례가 된다. 이러한 윤리적 접근 방식으로 더 건강한 비즈니스 환경에 기여하고 신앙을 실질적으로 적용하는 역할을 하며 시장에서 기독교 가치의 변혁적인 힘을 드러낸다.

ET의 여정 시작하기

ET는 기존의 한계를 뛰어넘어 모든 전문 분야, 지리적 위치 및 산업 전반에 적용할 수 있는 보편적인 청사진을 제시한다. 이 모델은 선교사·기업가·기독교인 등 의미 있는 변화를 추구하는 사람들이 자신의 노력에 신앙 기반의 원칙과 가치를 불어넣을 수 있도록 장려한다.

따라서 ET는 광범위한 긍정적 변화를 위한 촉매제 역할을 한다. 신앙에 기반한 기업가 정신을 직업 생활에 접목함으로써 영향력을 확대하고 지역사회 전반에 파급효과를 주어 정의, 지속 가능성 및 연민을 중시하는 세상을 위한 길을 열어 간다.

혁신 정신을 장려하는 ET는 적응력 있는 원칙을 적용하여, 개인이 기존의 성공적인 모델을 활용하거나 용감하게 새로운 영역을 개척하도

록 독려한다. 기존에 확립된 관행에서 영감을 얻거나 전례 없는 이니셔
티브를 추진하는 등, ET는 특정 환경과 목표에 맞는 독특하고 목적 있
는 영향력을 발휘할 수 있도록 해준다.

ET 원칙의 보편성을 수용하고 뿌리 깊은 믿음과 가치에 맞춰 경력을
조정함으로써, 여러분은 자기 능력의 범위를 훨씬 뛰어넘는 긍정적인
변화의 파급효과를 기대할 수 있다. ET는 나침반 역할을 하며 주변 세
계에 지속적인 유산을 남길 수 있도록 해준다.

제2장

부르심과 동기:
당신은 왜 이 길을 가려 하는가?

"우리는 단순히 사업을 하고 선교에 기부하기 위해 부름받은 것이 아닙니다. 우리는 사역으로서의 사업을 하기 위해 부름받았습니다."

— Mats Tunehag, BAM Global 리더

이 장에서는 기업가적 비즈니스 선교(ET)의 혁신적 여정을 안내하기 위한 내용을 다룰 것이다. 비즈니스 선교를 실천하기 위해 필요한 ET 기업가 정신을 정의하는 영적 깊이, 다양한 소명, 그리고 ET 사역을 시작하게 하는 내적 및 외적 동기를 살펴보려고 한다. 이는 다른 사람이 만들어 놓은 지도를 따르는 것이 아니라, 개인적인 탐구에 대한 초대이다. 호기심과 결단력으로 무장한 여러분은 무한한 가능성의 영역에서 자신만의 고유한 소명을 향해 뛰어들게 될 것이다.

인디아나 존스(Indiana Jones)와 같은 탐험가의 역할을 맡아 자신만의 독특한 소명의 보물을 발견하기 위해 탐험을 떠난다고 상상해 보라. 이 보물은 혁신적인 변화를 위해 시장을 활용하거나, 사회적 혁신 벤처를 선도하거나, 창의적인 에너지를 집중시켜 성장을 촉진하는 역할을 할 수 있을 것이다. ET의 여정은 더 넓은 세상과 관계를 맺고, 여러분의 사명과 영향력, 그리고 변화를 추구하는 더 큰 목적을 연결하는 복잡한 미로를 탐색하는 것임을 잊지 말아야 한다.

ET 기업가 정신의 영적 차원

● ET 기업가 정신의 소명과 목적

ET 기업가 정신의 영적 차원은 기업가적 여정에 심오한 깊이를 제공하며 믿음 · 가치 · 선교라는 더 깊은 목적을 기업의 구조에 접목해 특히 소명에 대한 중요성을 강조한다. 이러한 영적 차원은 단순한 부가적인 요소가 아니라 ET 기업가 정신의 핵심이며 벤처를 구상하고 개발하며 성장시키는 방식을 근본적으로 형성하는 원동력이다. 이는 기업을 소명으로 전환하여 시장과 더 넓은 커뮤니티 내에서 이윤 추구를 영향력 추구로 승화시킨다.

1) 신성한 소명

기업가적 비즈니스 선교의 핵심은 신성한 소명에 대한 깊은 인식이다. 이 소명은 자신의 은사를 봉사의 수단으로 활용하여 기업가 정신을 발휘하려는 더 깊은 직업적 이끌림을 의미한다.[1] ET 기업가들은 자신의 기업가적 기량과 재능을 활용하여 긴급한 필요를 충족하고 지역 사회를 고양하며 세상에 긍정적인 영향을 미치라는 하나님의 부르심을 받았다. 이러한 신성한 소명 때문에 독특한 동기를 얻게 되고, 의미 있는 변화를 만들어내기 위해 헌신하는 벤처로 나아가게 된다.

2) 선교 중심 사명

ET 벤처의 본질은 선교 중심의 사명에 요약되어 있다. 전략적 계획부터 일상적인 운영에 이르기까지 사업의 모든 측면에는 이윤 추구보다 훨씬 더 중요한 목적이 내재되어 있다. 이 사명은 연민(compassion), 정의, 섬김과 같은 기독교적 덕목에 깊이 뿌리를 두고 있으며, 덕분에 기업가들은 이러한 핵심 가치에 공감하는 결정을 내릴 수 있게 된다. 따라서 ET 벤처의 목적은 경제적으로 번창할 뿐만 아니라 사회와 환경 개선에 크게 이바지하는 기업을 만들어, 사랑과 봉사에 대한 기독교적 소명을 구현하는 것이다.

3) 신앙과 일의 통합

ET 기업가들에게 사업과 신앙은 떼려야 뗄 수 없는 관계이다. 이들은 기업가적 노력을 기독교적 신념과 가치가 생생하게 구현되는 역동적인 무대로 여기며, 신앙의 중요한 표현으로 간주하고 있다. 사업에 대한 이러한 총체적인 접근 방식은 윤리적 비즈니스 관행과 직원에 대한 공정한 대우는 물론, 사회적·환경적 책임에 대한 확고한 약속까지 사업의 모든 측면에 신앙이 스며들도록 해준다. 신앙과 일의 통합은 성스러운 것과 세속적인 것 사이의 전통적인 이분법에 도전한다는 의미가 있다. 그런 점에서 ET 기업은 실질적이고 영향력 있는 방식으로 신앙을 실천할 수 있는 의미 있는 플랫폼으로 제시된다.[2]

요약하자면 ET 기업가의 여정은 신성한 소명, 목적 중심의 사명, 신앙과 일의 완벽한 통합이라는 독특한 융합으로 특징지어진다. 이 세 가지 요소는 ET 벤처의 DNA를 형성하며, 기업가들이 전통적인 사업 목표를 넘어 더 높은 소명을 향해 나아갈 수 있도록 이끈다.

ET 기업가들은 그들의 벤처를 통해 하나님의 사랑과 정의를 시장에 반영하고, 사업의 변혁적 힘을 활용하여 세상에 지속적이고 긍정적인 변화를 일으키고자 한다. 이러한 접근 방식은 사업의 성공을 재정의할 뿐만 아니라 기업가의 영적 여정을 풍요롭게 해준다. 그렇게 벤처의 모든 측면을 예배와 봉사의 행위로 만든다.

● 인도하는 힘(Guiding Force)으로서의 믿음

ET 기업가들에게 믿음은 기업 전체를 지탱하는 기반이다. 즉, 믿음은 그들의 결정을 이끌고, 윤리적 관행을 형성하며, 변혁적 사명을 추진하는 원동력이다. 여기서 성경의 가르침과 실제 사례를 통해 ET 환경에서 신앙이 어떻게 행동에 심오한 영향을 미치는지 살펴보자.

1) 의사 결정의 나침반

사업 운영에서 의사 결정을 내리는 데는 많은 어려움이 따르기 때문에 기업가들은 종종 힘든 선택을 해야 한다. ET 사업을 운영하는 기업가들에게 믿음은 잠언 3:5-6의 지혜를 반영하는 내비게이션 역할을 한다.

"너는 마음을 다하여 여호와를 신뢰하고 네 명철에 의지하지 말라. 너는 범사에 그를 인정하라. 그리하면 네 길을 지도하시 리라."

이 성경 말씀은 개인적인 판단보다 하나님의 인도하심에 의지하는 것이 중요하다는 점을 강조하고 있다. 예를 들어, 비윤리적인 노동 관행을 통해 비용을 절감하려는 유혹에 직면한 의류 사업가는 하나님 앞에서 정의·자비·겸손을 강조하는 미가서 6장 8절에서 방향을 찾을 수 있다.

"사람아 주께서 선한 것이 무엇임을 네게 보이셨나니 여호와 께서 네게 구하시는 것은 오직 정의를 행하며 인자를 사랑하며 겸손하게 네 하나님과 함께 행하는 것이 아니냐."

이를 통해 공정한 노동 기준을 준수하는 공급업체를 선택함으로써 신앙에서 영감을 받은 윤리적 비즈니스 관행에 대한 헌신을 보여준다.

2) 윤리적 관행 및 진실성(Integrity)
골로새서 3장 17절에 강조된 원칙인 정직과 공정성은 ET 벤처의 핵심 가치이다.

"또 무엇을 하든지 말에나 일에나 다 주 예수의 이름으로 하고 그를 힘입어 하나님 아버지께 감사하라."

남미의 한 커피 농부가 신앙에 따라 수확량 감소가 예상됨에도 불구하고 유기농 농법을 선택한 사례는 그 생생한 예시이다. 이들의 결정은 이윤 극대화보다 환경 보전을 우선시하는 것으로 지구의 청지기 정신을 강조하는 창세기 2장 15절에 뿌리를 두고 있다. 이러한 윤리적 약속은 기업 운영의 지속 가능성을 보장할 뿐만 아니라 소비자들 사이에서 신뢰와 충성도를 높여, 믿음에 기반한 비즈니스 관행의 지속적인 가치를 보여준다.

3) 사업을 통한 변화

ET 기업가들은 자신의 사업을 예수님의 치유 사역(누가 9:11)을 본받아 긍정적인 변화를 위한 도구로 여긴다. 치유와 봉사에 대한 성경의 부르심에 감동하여 외딴 마을에 이동 진료소를 설립하고 접근할 수 있는 의료 서비스와 보건 교육을 제공하는 의료 서비스 제공자를 생각해 보자.

예수님의 모범에서 영감을 받은 이들은 소외된 사람들을 섬기고 희망을 주는 원칙을 실천하며 의료의 절실한 필요성을 해결하고 있다. 이 사업은 지역사회에 생명줄이 되어 신앙에서 영감을 받은 행동이 어떻게 사회에 큰 영향을 미칠 수 있는지 보여주고 있다.

앞서 언급된 사례들을 통해 신앙이 ET 기업가들의 의사 결정 과정, 윤리적 실천, 혁신적 목표에 깊은 영향을 미친다는 사실이 더 분명해진다. 이들은 영적 신념을 사업 운영의 근본으로 삼아 벤처의 성공과 성실성을 보장할 뿐만 아니라 그들이 봉사하는 지역사회의 복지에도 기여하고 있다.

이러한 신앙과 비즈니스의 통합은 기업가 정신에 대한 총체적인 접근 방식을 보여주며, 성공은 재정적인 측면과 아울러 사회에 미치는 긍정적인 영향과 성경적 원칙 준수로 측정된다.

● **영적 리더십과 영향력**

ET 벤처는 개인 영성을 넘어 모든 팀원의 영적 성장과 웰빙을 증진하는 일터를 조성한다. 이러한 포괄적인 접근 방식은 성경의 가르침에서 영감을 받아 신앙과 업무가 자연스럽게 어우러지는 기업 문화를 형성한다.

1) 믿음으로 가득 찬 일터 만들기

믿음으로 가득 찬 일터를 조성하는 것은 ET 벤처의 핵심이며, 데살로니가전서 5장 11절의 말씀을 바탕으로 한다.

"그러므로 피차 권면하고 서로 덕 세우기를 너희가 하는 것 같이 하라"는 바울의 격려를 구현한다.

기술회사에서 아침을 공동 묵상으로 시작하고, 프로젝트와 도전에 공감할 수 있는 성구를 묵상하는 시나리오를 생각해 보자. 이러한 관행을 통해 직원들은 자신의 신앙과 전문적 역할을 통합하여 목적, 단결, 공유 가치를 기반으로 한 업무 환경을 조성할 수 있게 된다.

2) 직장을 넘어 믿음의 영향력을 확장하기

ET 벤처 신앙은 고객·파트너·이해관계자로 구성된 더 넓은 커뮤니티로 확장된다. 잠언 31장 26절의 "입을 열어 지혜를 베풀며 그의 혀로 인애의 법을 말하며"라는 말씀에 비추어 볼 때, 기업가들은 자신의 가치와 그것이 사업 운영에 미치는 영향에 대해 공개적이고 정직하게 소통하고자 하는 동기를 부여받게 된다. 예를 들어, 윤리적 제조에 전념하는 패션 브랜드는 고객에게 공정 무역 관행의 중요성과 영향을 교육함으로써 정보에 기반한 가치 중심의 구매 결정을 내리도록 장려할 수 있다.

3) 사업 관행을 통한 증거

ET 벤처 기업은 마태복음 5:16의 말씀에서 강조된 것처럼 신앙의 산 증인이 되도록 부름을 받았다.

> "너희 빛이 사람 앞에 비치게 하여 그들로 너희 착한 행실을 보고 하늘에 계신 너희 아버지께 영광을 돌리게 하라."

환경 보호에 우선순위를 두는 한 제조 기업이 실질적인 모범이 되고 있다. 이 기업은 지속 가능한 관행을 구현하고 장려함으로써 환경 보존에 기여할 뿐만 아니라, 더 넓은 커뮤니티 내에서 책임 있는 행동으로 영감을 주는 역할을 하고 있다. 이러한 노력은 창세기 1장 28절에 나오는 하나님의 창조물을 돌보라는 명령을 반영하고 있다.

4) 영향력과 영감

ET 벤처는 그들의 행동을 통해 신앙으로 시장을 밝히고, 영적 참여를 촉진하는 환경을 조성한다. 또한, 주변을 넘어 가치를 확장하고, 구체적인 방식으로 신념을 실천한다. 이러한 다차원적인 사업 접근 방식을 통해 단순히 성공적인 벤처 기업을 만드는 데 그치지 않고, 변화를 불러일으키며 규범에 도전하고 세상에 지울 수 없는 영향을 미친다.

기업이 신앙·봉사·변화의 통로가 될 수 있음을 보여줌으로써 신앙에 기반한 기업가 정신이 다른 사람들에게 영감을 주고 사회에 지속적인 변화를 일으킬 수 있는 엄청난 잠재력을 지니고 있음을 입증한다.

● 개인과 공동체의 성장

ET 기업가의 여정은 개인의 변화와 지역사회의 풍요로움을 위한 도구가 된다. 이 여정은 회복력, 믿음, 청지기 정신에 대한 성경 말씀을 반영하며, 성경에서 발견되는 영원한 교훈과 현대의 유사점을 제공한다.

1) 믿음을 바탕으로 한 인내와 우수성

제빵에 대한 열정과 기술로 번창하는 제과점을 만든 한 제빵사의 이야기를 생각해 보자. 그녀는 마태복음 25장 14~30절의 달란트 비유에서 영감을 받고는, 하나님이 주신 재능과 자원을 사업에 투자하여 성공뿐 아니라 자기 영향력을 배가시키기를 열망한다.

값싼 대량 생산 제품을 판매하는 업체와의 경쟁에 직면했을 때, 그녀는 잠언 22장 29절의 "네가 자기의 일에 능숙한 사람을 보았느냐. 이러한 **사람은 왕 앞에 설 것이요 천한 자 앞에 서지 아니하리라**"라는 말씀에서 힘을 얻는다. 품질, 윤리적 조달, 공정한 노동 관행에 대한 그녀의 확고한 헌신으로 결국 충성도 높은 고객층을 형성하여 그녀의 제과점을 시장에서 정직과 우수성의 모범 사례로 만들었다.

2) 사도행전의 정신으로 서로 돕는 커뮤니티 육성하기

ET 생태계는 사도행전 2장 42~47절에 묘사된 초기 기독교 공동체처럼 교제, 식사 나눔, 기도를 통해 서로를 지원하는 독특한 교제를 육성한다. 오늘날에는 다양한 분야의 기업가들이 서로 연결되어 지혜와 격려, 자원을 공유하고 있다. 예를 들어, 청정 기술 분야의 숙련된 기업가가 소외된 지역에 태양광 솔루션을 제공하려는 신흥 혁신가를 지도할 수 있다. 이러한 멘토링과 협업은 초대 교회의 공동체적 성장을 반영하는 상호 교화와 집단적 역량 강화를 위한 정신을 나타낸다.

3) 충실한 청지기의 살아있는 증거

ET 기업가들은 베드로전서 1장 15~16절에서 촉구하는 대로 모든 일에 거룩하게 행하며, 행동으로 하나님의 성품을 반영하라는 신앙을 실질적으로 실천하기 위해 노력하고 있다. 한 의류 제조업체는 신명기 24장 14~15절의 가르침에 따라 공정한 임금과 안전한 근무 환경을 보장함으로써 이를 모범적으로 실천하고 있다.

이러한 윤리적 헌신은 그들의 신앙을 드러낼 뿐만 아니라 직원들을 고양시키고 업계 규범에 도전하며 성경적 원칙과 사업 관행을 통합하는 것이 얼마나 큰 영향을 미치는지 보여주고 있다.

"곤궁하고 빈한한 품꾼은 너희 형제든지 네 땅 성문 안에 우거하는 객이든지 그를 학대하지 말며 그 품삯을 당일에 주고 해진 후까지 미루지 말라. 이는 그가 가난하므로 그 품삯을 간절히 바람이라 그가 너를 여호와께 호소하지 않게 하라. 그렇지

앓으면 그것이 네게 죄가 될 것임이라.”

4) 선교 중심 기업의 다양한 모자이크

ET 사역은 신앙에 기반한 기업가 정신의 다양한 표현과 접근 방식이 특징이다. 각 기업가의 여정은 고유한 소명, 성격, 그리고 그들이 해결하고자 하는 구체적인 필요에 따라 다를 수 있다. 예수님의 섬김의 리더십 모델(요한복음 13:15)에서 영감을 받아 지역사회 봉사를 위한 플랫폼을 만드는 기술 혁신가부터 양심적인 제빵사, 윤리적 의류 제조업체에 이르기까지, ET 벤처의 다양한 조합은 영향력 있는 노력의 스펙트럼으로 이 운동을 더욱 풍성하게 하고 있다.

이러한 다면적인 양상은 믿음이 혁신을 고취하고, 지원 네트워크를 육성하며, 지속 가능한 변화를 촉진할 수 있는 다양한 방법을 보여준다. ET 기업가들은 자신의 길을 탐색하면서 사명·연민·긍휼·정의의 씨앗을 뿌려 개인과 지역사회, 더 넓은 세상에 이로운 변화의 수확을 거두고 있다. 이들의 여정은 깊은 영적 신념과 기업가적 야망을 통합하는 변혁의 힘을 강조하며, 비즈니스 영역에서 신앙의 지속적인 유산을 강화하고 있다.

ET 기업가의 다면적인 소명

앞서 살펴본 바와 같이 ET 기업가의 길은 신성한 소명감에서 출발한다. 이 소명은 기존의 직업 선택을 넘어, 깊은 영적 헌신과 기업가적 열정이 결합한 사명을 시작하라는 신성한 초대로 자리 잡는다. 또한, 이 소명은 이타심과 겸손, 그리고 타인의 복지를 우선시하는 예수님의 서번트 리더십(servant leadership) 정신을 받아들여야 한다.

닐 존슨(Neal Johnson)은『비즈니스 선교』(2009)에서 비즈니스 선교를 수행하기 위해서는 하나님의 보편적 소명, 비즈니스에 대한 소명, 그리고 비즈니스를 통한 선교에 대한 하나님의 소명 등 세 가지 유형의 소명이 중요한 역할을 한다고 강조하고 있다.[3] 한 사람의 삶에 대한 하나님의 부르심은 신학적으로나 개인적으로 이해하기 어려운 주제일 수 있지만, 이 세 가지 소명은 ET 기업가의 여정을 종합적으로 안내하고 형성하는 데 매우 중요하므로 구체적인 소명에 대해 살펴보도록 한다.

● 그리스도를 따르라는 보편적 소명

ET의 핵심에는 기존의 직업과 봉사의 경계를 넘는 뿌리 깊은 소명이 자리하고 있다. 흔히 그리스도를 따르라는 보편적인 부르심으로 묘사되며 ET 기업가들의 정체성·가치관·행동을 심오하게 형성하는 기반 역할을 한다. 이는 신앙이 삶의 모든 측면에 스며든 제자도의 삶으로 초대하는 것으로, 기업가들이 직업과 개인 생활에서 사랑과 은혜, 겸손에 대한 그리스도의 가르침을 실천하도록 이끈다.

1) 하나님의 부르심의 우선성

오스 기네스(Os Guinness)와 찰스 스탠리(Charles Stanley) 같은 저명한 기독교 사상가들은 기독교 신학에서 일차적 소명과 이차적 소명을 구분하는 것의 중요성을 강조하고 있다. 특히 기네스는 그의 저서『소명:

인생의 중심 목적 찾기와 성취』(2018)에서 이 개념을 설득력 있게 설명하고 있다. 우리 삶의 궁극적인 기초가 되는 하나님의 부르심의 본질을 강조하며, 이 일차적인 소명 때문에 개인을 구원과 제자도를 특징으로 하는 하나님과의 관계로 초대된다고 말한다.[4] 이는 다른 모든 노력과 소명을 위한 기초를 마련해 준다.

일차적 소명은 '누군가'를 향한 부르심으로, 구원과 제자도의 중심성을 강조하며, 신과의 인격적 관계 형성을 중요시하는 소명이다. 하나님의 소유가 되고, 그분의 주권 아래 살며, 그리스도를 닮아 성장하라는 부름이다.

반면에 '무언가를 하라는' 이차적 소명은 개인이 봉사·소명·선행을 통해 신앙을 실천하는 다양한 방식과 관련이 있다. 여기에는 ET 벤처를 추구하는 것을 포함하여, 신앙을 행동으로 옮기는 여러 표현이 포함된다.

2) 보편적 소명의 성경적 기초

그리스도를 따르라는 보편적인 부르심은 그 범위와 본질, 의미를 설명하는 여러 주요 성경 구절에 의해 뒷받침된다.

마태복음 22:14에서 "부름을 받은 자는 많으나 택함을 받은 자는 적으니라"라는 구절은 하나님이 모든 인류를 향해 얼마나 넓은 범위로 부르심을 주셨는지를 강조한다. 이 말씀은 하나님이 우리를 향한 은혜로운 계획을 가지고 계심을 나타내지만, 동시에 그 부르심에 귀 기울이고 응답할 마음의 필요성도 암시하고 있다.

요한복음 15:16에서 예수님은 "너희가 나를 택한 것이 아니요 내가 너희를 택하여 세웠나니 이는 너희로 가서 열매를 맺게 하고 그 열매가 항상 있게 하려 함이라"라고 말씀하신다. 여기서 강조되는 점은 신성한 선택과 임명이며, 우리의 소명은 세상에서 지속적으로 열매를 맺기 위해 선택받는 것이라는 사실을 일깨워 준다.

에베소서 2:10은 다음과 같이 말씀하신다.

> "우리는 그가 만드신 바라 그리스도 예수 안에서 선한 일을 위하여 지으심을 받은 자니 이 일은 하나님이 전에 예비하사 우리로 그 가운데서 행하게 하려 하심이니라."

이 구절은 소명의 개념을 구원과 제자로의 부르심을 넘어 확장하여, 우리 각자가 세상을 향한 하나님의 구속 계획에서 해야 할 독특한 역할을 가지고 있음을 시사한다. 또한, 이 구절은 우리의 삶에 목적이 있으며, 우리의 행동과 소명을 통해 하나님의 영광을 드러낼 수 있음을 확언하고 있다.

3) ET에서 기본 소명 실천하기

ET 기업가들에게 이 기본적인 소명은 사업의 모든 측면에 영향을 미치는 생생한 현실이다. 이 소명은 그들이 신앙과 사업을 통합하여 상업적 성공을 이루는 것뿐만 아니라 정의, 봉사, 청지기 정신이라는 하나님 나라의 가치를 반영하고 발전시키도록 한다.

베드로전서 2장 9절은 이를 잘 요약하고 있다.

"그러나 너희는 택하신 족속이요 왕 같은 제사장들이요 거룩한 나라요 그의 소유가 된 백성이니 이는 너희를 어두운 데서 불러내어 그의 기이한 빛에 들어가게 하신 이의 아름다운 덕을 선포하게 하려 하심이라."

ET 기업가를 포함한 크리스천들은 복음의 원리로 시장을 비추며 하나님의 은혜를 증언하는 삶을 살도록 부름을 받았다.

본질적으로 그리스도를 따르는 보편적인 소명은 ET 기업가 정신의 핵심이다. 이는 기업가들이 사업을 통해 하나님의 목적을 이루기 위한 순례의 여정으로 나아갈 수 있도록 안내한다. ET 기업가들은 신앙에서 영감을 받아 윤리적 실천, 지역사회에 미치는 영향력, 영적 성장과 직업적 소명이 조화를 이루는 일터를 육성하기 위해 헌신하는 리더로 성장할 수 있도록 이끌어 준다.

(a) 직업으로서의 비즈니스에 대한 소명

비즈니스를 소명으로 여기는 신학적 토대에는 하나님을 섬기고 인류를 위해 하는 모든 일이 본질적으로 신성하다는 깊은 이해가 내재되어 있다. 이러한 소명의 개념은 세속적인 것과 성스러운 것의 경계를 넘어, 비즈니스 또한 하나님을 섬기고 이 땅에서 하나님의 나라를 확장하고 발전시키는 중요한 수단이라는 점을 전제한다.

(b) 신학적 기초와 성경적 근거

찰스 스탠리(Charles Stanley)의 '이차적 소명(secondary calling)'에 대한

논의는 모든 직업, 특히 사업이 하나님에 대한 헌신과 인류에 대한 연민을 표현하는 중요한 경로임을 강조한다.[5] 이러한 관점은 우리의 일차적 소명이 그리스도를 본받는 것이며, 이차적 소명은 각자의 고유한 재능과 소명을 통해 다른 사람을 섬기는 것이라는 성경적 주장을 잘 반영하고 있다.

골로새서 3장 23~24절은 일의 신성함을 강조하며, 크리스천들이 그리스도께 봉사하는 마음으로 성실하고 탁월하게 자신의 직업을 수행할 것을 촉구하고 있다. 이 구절은 기업 활동의 영적 차원을 부각시켜 단순한 상업적 거래를 넘어 예배와 봉사의 행위로 승화시킨다.

진 에드워드 베이트 주니어(Gene Edward Veith Jr.)는 모든 믿음의 사람들에게 사제직 개념을 더욱 명확히 설명하며, 시장에서의 일도 포함한 모든 형태의 일이 신성한 소명으로 승격된다고 주장하고 있다.[6] 이러한 신학적 관점은 비즈니스 전문가를 하나님의 계획에 필수적인 존재로 인정하며, 기존의 목회자와 동일한 신성한 사명을 부여받았음을 강조하고 있다.

● ET 기업가를 위한 실질적인 시사점

ET 기업의 CEO와 기업가에게 이러한 소명은 비즈니스 관행을 하나님의 원칙과 일치시키겠다는 약속을 포함하며, 몇 가지 핵심 영역이 있다. 첫째, 모든 비즈니스 거래에서 청렴성과 투명성을 수용하여 윤리적 원칙이 의사 결정과 운영을 이끌 수 있도록 하여 윤리적인 비즈니스 관행을 확립한다. 둘째, 비즈니스를 긍정적인 사회 변화를 위한 수단으로 활용하여 빈곤 감소, 환경 보존, 지역사회 복지 증진과 같은 이니셔티브에 집중한다. 셋째, 이해관계자에 대한 공정한 대우를 보장하여 직원, 고객, 공급업체 및 지역사회와 공정하고 존중하는 상호 작용을 통해 모든 개인의 고유한 가치를 인정한다.

성경에는 비즈니스 성공과 신실한 그리스도인으로 사는 삶이 공존할 수 있음을 보여주는 사례가 풍부하게 담겨 있다. 예를 들어, 사도행전 1장 1~3절에서는 바울의 선교 활동을 지원했던 천막 제작에 관해 설명하며 직업과 영적 사역이 어떻게 원활하게 통합될 수 있는지를 보여준다. 또한 예수님이 요셉의 목수 집에서 성장하신 것은 메시아의 지상 생애에서 사업이 차지하는 중요성을 잘 나타내고 있다.

따라서 ET 프레임워크 내에서 비즈니스를 소명으로 여기는 것은 기업가들이 자신의 노력을 영적 봉사의 의미 있는 표현으로 인식하도록 촉구한다. 이러한 인식은 비즈니스 리더들이 세속과 신성의 경계를 넘어, 신앙과 직업적 행동이 어떻게 결합하여 사회 변화와 영적 성장을 이끌어낼 수 있는지를 보여준다.

이러한 통합을 통해 ET 벤처 기업은 경건한 원칙과 선교적 목적을 중심으로 운영되는 비즈니스가 세상에 큰 영향을 미칠 수 있다는 살아있는 증거가 되며, 시장에서 소금과 빛이 되라는 성경의 명령을 잘 반영하게 된다.

● **직업적 판단력**

기독교 신앙에서 직업적 분별은 단순히 진로를 선택하는 것을 넘어 자신의 은사, 열정, 인생 경험을 하나님의 목적에 맞추는 몰입적인 여정이다. 이 과정은 다양한 삶의 단계에서 하나님의 나라를 효과적으로 섬기는 방법을 발견하고, 하나님의 중요한 계획에 이바지하는 의미 있는 활동을 하는 것을 포함한다.

성경은 고린도전서 12:4-11에서 하나님께서 각 개인에게 하나님 나라를 세우기 위해 의도된 고유한 은사와 재능을 부여하신다는 사실을 생생하게 드러내고 있다. 로마서 12장 6~8절에서는 신자들이 서로를 섬기기 위해 다양한 은사를 활용하도록 장려하며, 이러한 은사들이 더 높은 목적을 위해 사용되고 우리의 직업적 소명과 밀접하게 연결되어 있음을 강조한다. 이러한 성경적 통찰은 우리의 재능과 능력이 우연히 주어진 것이 아니라 하나님의 위대한 계획 안에서 특정한 역할을 수행하도록 신실하게 배정되었음을 보여준다.

폴 스티븐스(Paul Stevens)는 직업적 분별을 자신의 열정, 동기, 영적 은사, 삶의 상황, 그리고 심지어 직접적인 신의 인도 등 다양한 요소에 의해 형성되는 여정으로 설명하고 있다. 이 탐구의 핵심은 하나님께서 우리 안에 심어주신 독특한 열정과 동기, 즉 "하나님이 주신 마음의 배선(God-given heart wiring)"을 이해하는 것이다.[7] 이는 종종 우리의 직업적 소명의 방향을 제시해 줄 수 있다. 잠언 4장 23절은 우리의 가장 깊은 열정과 동기의 근원으로서 마음의 중요성을 강조하며, 하나님께서 우리 안에 품으신 소망을 통해 우리의 직업적 길이 드러날 수 있음을 시사한다.

스티븐스는 영적 은사와 타고난 재능을 구분한다. 그는 영적 은사를 하나님 나라 사업을 위한 특별한 능력으로 설명하며, 이 두 가지 모두 청지기와 봉사에 매우 중요하다고 강조한다. 영적 은사와 타고 난 재능은 조화롭게 작용하여 우리를 직업적 소명으로 이끌어 준다.

우리의 소명은 전도서 3장 1절에 언급된 것처럼 삶의 변화하는 계절을 반영하는 지속적인 진화로 특징지어진다. 이러한 역동적인 특성은 우리의 소명이 새로운 환경·도전·기회에 적응할 수 있음을 의미하며, 하나님의 인도하심에 유연하고 열린 자세를 유지하는 것이 중요하다는 점을 강조한다.

직업 선택의 과정에서 내리는 결정은 항상 기회비용을 동반하므로, 기도하는 마음으로 신중하게 고려하고 하나님의 인도를 받아야 한다. 모든 선택이 우리 삶에 대한 하나님의 궁극적인 목적에 가까워지거나 멀어질 수 있음을 인식하는 것이 중요하다. 이러한 결정에 분별력 있는 마음으로 접근하고 하나님의 뜻과 일치를 추구하는 것이 필수적이다.

그리스도인의 삶에서 직업적 분별은 고정적이고 변하지 않는 소명을 찾는 것이 아니라 지속적인 섬김의 여정에 참여하는 것이다. 이 과정에는 하나님이 주신 재능과 열정에 깊이 참여하고, 삶의 변화에 적응할 준비를 하며 온몸으로 하나님의 나라를 섬기겠다는 헌신이 포함된다.

이 길을 탐색하면서 우리는 직업적 소명이 그리스도 안에서 우리의 영적 성장과 정체성과 밀접하게 연결되어 있으며, 우리의 삶의 모든 면에서 충실히 섬기도록 우리를 부르고 있음을 깨닫게 된다.

● ET에 대한 구체적인 소명

ET의 소명은 전통적인 사업 목표를 넘어서는 독특한 의미를 지니고 있다. 이는 기업가적 사명과 이 땅에서 하나님의 일을 이루겠다는 분명한 목표를 통합하고 있다. 이 특별한 소명은 기업을 지역사회 내에서 중요한 사회적·경제적·영적 변화를 이끌어내는 수단으로 활용하며,

특히 소외되거나 복음을 접하지 못한 이들에게 초점을 맞추고 있다.

ET 기업은 사업적 통찰력과 선교적 열정이 결합하여 다른 기독교 봉사 단체들과 차별화되고 있다. 이 기업은 시장을 선교의 플랫폼으로 활용하여 지속 가능한 일자리 기회를 창출하고 다문화적이며 어려운 상황 속에서 경제 발전을 촉진하는 것을 목표로 하고 있다.

1) ET의 독특한 특징

ET 벤처는 본질적으로 문화적 경계를 초월하여 운영되며, 선교 목표와 사업 운영을 통합하여 진행된다. 이는 사역과 상업 활동을 명시적으로 결합하지 않는 전통적인 비즈니스나 텐트 메이킹(tentmaking) 활동과는 차별된다. 또한 ET 사역은 시장 사역(marketplace ministry)이나 NGO 주도의 기업 개발과도 구별된다.

시장 사역은 기존 지역사회 내에서 영적 아웃리치에 중점을 두지만, ET는 영적 변화를 목표로 하는 것은 물론, 특히 기업가적 벤처를 통한 일자리 창출과 빈곤 완화를 목표로 한다. 더불어 소규모 기업을 강조하는 NGO 주도의 이니셔티브와 달리, ET는 확장 가능하고 일자리를 창출하는 사업을 선교 영향력의 주요 메커니즘으로 우선시한다.

ET에 부름을 받은 기업가들은 문화적 차이, 언어 장벽, 외국의 정치 · 경제 · 법률 시스템에서 운영해야 하는 복잡한 상황을 극복해야 한다. 따라서 ET의 소명에는 여러 어려움이 따른다.

첫째, 타 문화권에서 수익과 사명을 동시에 추구하다 보니 시장의 변동성, 문화적 민감성, 현지 경제 및 법률 시스템의 미세한 차이에 적응할 수 있는 능력이 필요하다.

둘째, 언어 장벽을 극복하고 서로 다른 비즈니스 관행 등 문화적 차이를 넘어서는 과정에서 호스트 문화에 대한 깊은 이해와 존중이 요구된다.

셋째, 개인과 가족의 희생이라는 어려움이 있다. 특히 국제적인 환경에서 ET 벤처에 헌신하는 것은 개인적·가족적 희생을 동반할 수 있다. 기업가는 문화적 적응, 잠재적인 고립, 인간관계에 미치는 부담감 등 다양한 현실에 대비해야 한다.

2) ET 기업가를 위한 성경적 지침

ET의 여정은 매우 보람 있지만 신중한 고려와 철저한 준비가 필수적이다. 성경의 지혜는 ET의 여정을 고민하는 이들에게 중요한 지침을 제공한다. 누가복음 14장 28절에서 예수님은 탑을 쌓기 전에 비용을 계산해 보라고 말씀하셨다. 이는 잠재적인 ET 기업가들에게 가슴 아픈 교훈이 되며, ET의 소명을 추구하는 과정에서 마주할 도전과 희생을 현실적으로 평가하는 것이 얼마나 중요한지를 강조한다.

또한, 디모데후서 2장 3절에서 바울은 그리스도 예수의 훌륭한 군사로서 고난을 견디라고 격려한다. 이는 ET 소명의 복잡성과 도전을 극복하기 위해, 필요한 회복력과 인내의 중요성을 일깨워 준다.

ET에 대한 구체적인 소명은 신앙과 기업가 정신을 통합하는 힘의 증거로 시장뿐만 아니라 전 세계 지역사회의 구조에 변화를 가져오는 것을 목표로 하고 있다. 기업가들은 이 소명을 받아들임으로써 사업이라는 경로를 통해 하나님의 사랑과 목적을 구체적으로 표현하는 도전적이면서도 큰 성취감을 느낄 수 있는 여정을 시작하게 될 것이다.

3) 특정 소명 구별하기

ET 여정은 다양한 소명의 모자이크로 구성되어 있으며, 각 소명은 고유한 목적을 지닌 실로 엮여 더 큰 사명으로 이어진다. 이러한 다양한 환경 속에서 자신의 구체적인 소명을 분별하기 위해서는 개인의 재능과 열정을 하나님의 나라를 위해 헌신하고 봉사하는 기회와 일치시켜야 한다. 이를 통해 전 세계적으로 긍정적인 변화를 실현할 수 있다. 이러한 분별 과정은 개인이 신앙을 바탕으로 하여 영향력 있는 기여를 할 수 있도록 안내하는 중요한 역할을 한다.

(a) 기도와 성찰

구체적인 소명을 분별하는 첫 번째 단계는 기도하는 마음으로 묵상하는 것이다. 이 과정에서는 여러분의 고유한 은사와 열정이 하나님의 신성한 목적과 어떻게 연결되는지 이해하기 위해 하나님의 인도를 구하는 것이 포함된다. 예레미야 29장 11~13절은 하나님께서 우리의 복지와 미래를 위한 계획을 세우고 계시다는 사실을 상기시켜 주며, 마음을 다해 하나님을 찾으라고 촉구하는 방식으로 깊은 격려를 한다.

"여호와의 말씀이니라. 너희를 향한 나의 생각을 내가 아나니 평안이요 재앙이 아니니라. 너희에게 미래와 희망을 주는 것이니라. 너희가 내게 부르짖으며 내게 와서 기도하면 내가 너희들의 기도를 들을 것이요, 너희가 온 마음으로 나를 구하면 나를 찾을 것이요, 나를 만나리라."

이 성경 말씀은 하나님께서 우리의 욕망과 열망을 알고 계실 뿐만 아니라 그분의 뜻에 맞는 성취의 길로 우리를 인도하는 데 적극적으로 개입하신다는 사실을 확신시켜 준다.

(b) 하나님께서 주신 재능 파악하기

자신의 소명을 분별하는 데 있어 중요한 것은 자신의 재능과 열정에 대해 기도하는 마음으로 자기 평가를 하는 것이다. 로마서 12장 6~8절에서는 하나님께서 주신 다양한 은사를 찬양하며, 서로를 섬기는 데 그 은사를 활용할 것을 권장하고 있다.

자신에게 어떤 재능이 있는지를 깊이 살펴보고 이러한 재능이 시장과 더 넓은 커뮤니티 내의 필요를 어떻게 충족시킬 수 있는지 깊이 이해할 필요가 있다. 이는 당신이 하나님의 나라를 가장 효과적으로 섬길 수 있는 방향을 더욱 명확히 파악하는 데 도움을 준다. 이러한 성찰은 당신이 가장 큰 변화를 이끌어낼 수 있는 분야를 식별하고, 전문적인 추구를 영적 소명과 일치시키는 데 기여한다.

(c) 현명한 조언 구하기

잠언 15장 22절에서 언급된 것처럼, 분별력을 기르는 과정에서 경험이 풍부한 멘토, 영적 지도자, 동료들에게 조언을 구하는 것은 매우 중요하다. 이러한 참여는 다양한 관점을 제공하고, 지원과 검증을 통해 여러분의 결정을 더욱 확고히 하며, 때로는 여러분의 소명에 대해 건설적인 도전을 제시하기도 한다.

이러한 상호 작용은 여러분의 여정이 고립되지 않고, 공동체의 집단적 지혜를 통해 더욱 풍성해질 수 있도록 도와준다. 이 단계에서는 비슷한 길을 걸어온 사람들의 통찰력에 마음을 열고, 그들의 경험과 지침이 여러분의 직업적 방향을 결정하고 형성하는 데 기여할 수 있도록 하는 것이 중요하다.

⒟ 신성한 방향에 기회 맞추기

소명을 실현할 기회를 연결하는 과정은 매우 중요하다. 이러한 조율은 새로운 벤처를 시작하거나 기존 비즈니스의 방향을 보다 선교 중심적인 목표로 전환하거나, 영향력 있는 사역과 사회적 이니셔티브를 비즈니스 모델에 통합하는 방식으로 나타날 수 있다.

성경의 한 예로 사도행전 16장 10절에 등장하는 마케도니아 사람에 대한 바울의 환상은 특정 봉사 분야에 대한 하나님의 인도를 보여준다. 바울이 마케도니아로 사역을 확장하라는 지시를 받은 것처럼, 현대의 기업가들도 하나님의 인도를 구하며 자신의 소명에 부합하는 기회를 식별하거나 창출함으로써 사업 활동이 더 넓은 하나님 나라의 목적에 부합하도록 할 수 있다.

⒠ 그리스도를 닮은 서번트 리더십에 대한 헌신

ET 소명을 받아들이기 위해서는 마가복음 10장 45절에 나타난 그리스도의 섬기는 리더십 모델을 본받아야 하며, 이를 위해 영적 성숙을 위한 지속적인 여정이 필요하다. 이 리더십 스타일은 겸손함, 타인을 섬기려는 확고한 헌신, 그리고 모든 비즈니스 이해관계자의 복지를 우선시하는 것이 특징이다.

이러한 리더십 자질을 키우기 위해서는 신앙이 성장하고 예수님이 가르치신 가치와 원칙을 실천하기 위한 의도적인 노력이 필요하다. 이러한 영적 성장은 비즈니스 관행과 결정이 하나님의 사랑과 정의를 반영하도록 하여 기업 문화와 더 넓은 커뮤니티에 깊은 영향을 미치도록 해준다.

(f) 지원과 책임의 커뮤니티 구축

ET 사역을 지속적으로 이어가기 위해서는 서로를 지지하고 지원하는 네트워크를 구축하는 것이 중요하다. 이를 위해 하나님 나라를 지향하는 사업에 대한 공통의 비전을 공유하는 팀을 구성하거나 신앙과 사업을 통합하는 독특한 도전과 기회를 이해하는 동료 크리스천 기업가들과 교류하는 것이 필요하다.

히브리서 10:24-25절은 사랑과 선행을 촉진하기 위해 상호 격려와 책임감의 중요성을 강조한다. 이러한 커뮤니티는 격려의 원천이 될 뿐만 아니라 책임감을 부여하여 각자의 소명과 사명에 충실할 수 있도록 도와준다.

ET 사역의 동기 부여 요인

ET 사역으로의 여정은 단순한 고립된 소명에서 시작되는 것이 아니라 내적 열정과 외부 동기의 상호 작용에서 비롯된다. 내적 동기와 외적 영향의 역동적인 조화를 통해 기업가들은 시장 내에서 심오한 목적

의식을 실현하게 된다.

하나님이 부여한 이 소명은 기업을 ET 기업으로 이끄는 촉매제 역할을 할 뿐만 아니라 영감과 회복력의 지속적인 원천으로 작용한다. 신실한 믿음이 있으면 기업가들이 자신의 신앙을 비즈니스 관행에 통합하는 복잡한 과정을 헤쳐 나가는 데 힘이 생기며, 섬세한 균형을 유지하는 데 필요한 도전정신이 자극되고 복잡성을 극복할 영감을 얻게 된다.

● 전통적인 선교사를 위한 특별한 동기 부여 요인

많은 전통적인 선교사들은 마태복음 24장 14절에 언급된 대로 종교적 자유에 대한 제약을 극복하고 지상명령을 이행하려는 전략적 욕구로 인해 '기업가적 비즈니스 선교(ET)'에 이끌리고 있다. 이 구절은 복음을 전파해야 하는 전 세계적인 사명을 강조하며, 복음 전파가 법적 · 사회적 장벽에 부딪히는 지역에서는 그 임무가 더욱 복잡해진다. 동기 부여의 이유는 다양할 수 있지만, ET를 추구하는 사람들이 가장 자주 언급하는 주요 이유는 다섯 가지이다.[8]

1) 접근 권한 확보의 어려움

많은 국가에서 종교 활동에 대한 제한이 있어 전통적인 선교사 비자를 받기가 어렵거나 불가능한 상황이다. 이러한 제한은 정부의 규제, 사회적 압력, 심지어 전도에 대한 법적 금지로 이어지고 있다. 이는 사도행전 4장 17~18절에서 사도들이 "예수의 이름으로 말하거나 가르치지 말라"는 명령을 받았던 초대 교회의 박해 경험을 반영하고 있다. 그럼에도 불구하고 초대 교회는 끈질기게 메시지를 전파할 창의적인 방법을 찾아 계속해서 노력했다.

역설적으로 이들 국가 중 일부는 해외 투자를 적극적으로 유치하고 글로벌 무역에 참여하고 있다. 이는 특별한 기회를 창출하고 있는데, 선교사 비자와 달리 비즈니스 비자는 쉽게 발급받을 수 있기 때문이다. 어떤 이들에게는 앞서 언급한 것처럼 ET가 '창의적 접근(creative access)' 전략으로 작용하기도 한다. 이를 통해 전통적인 선교 활동이 제한된 국가에서 발판을 마련할 수 있게 되었다.

선교에 대한 열정을 가진 부부가 종교의 자유가 제한된 나라에서 커피숍을 운영할 경우, 그들은 사업을 통해 수익을 창출할 뿐만 아니라 자연스럽고 유기적인 방식으로 관계를 구축하고 신앙을 나눌 수 있게 된다.

다만, 선교 목적으로 비즈니스 비자를 취득하는 경우 윤리적인 고려 사항이 제기될 수 있다. 성경에서는 모든 거래에서 정직과 성실함을 강조하고 있다(잠언 12:22). 비즈니스 비자를 취득하는 것이 본질적으로 잘못된 것은 아니지만, 비즈니스가 합법적이고 진정한 경제적 목적에 부합하는지를 확인하는 것이 중요하다.

종교 활동을 위한 위장 수단으로 사업을 이용하는 것은 ET의 핵심 가치를 훼손하고 선교 활동 전반의 평판에 부정적인 영향을 미칠 수 있다. ET를 통한 접근 방식을 결정할 때는 자신의 소명과 핵심 가치에 부합하는지를 기도하는 마음으로 신중하게 고려해야 한다. 비즈니스를 선교의 도구로 활용하는 합법적인 방법은 여러 가지가 있다. 핵심은 접근의 필요성과 윤리적이며 투명한 비즈니스 관행의 중요성 사이에서 균형을 맞추는 전략을 찾는 것이다.

궁극적인 목표는 바울이 복음을 전하면서 동시에 자신의 생계를 위해 천막을 만드는 일을 한 것과 같이 그의 모범을 따르는 것이다. 사도행전 18장 1절부터 4절에 등장하는 사도 바울의 전도 여행 사역이 그랬다.

2) 정당성과 합법성 추구

일부 지역의 선교사들은 '정복자'라는 의심과 '침탈자'라는 사회적 오명이라는 어려운 현실에 직면해 있다. 이러한 문제는 식민주의의 역사적 경험이나 외국인 종교인들에 대한 부정적인 고정관념에서 비롯된 것으로 볼 수 있다. 성경은 복음을 전파하는 데 있어 문화적 감수성의 중요성을 강조하고 있다(고린도전서 9:19~23). 선교사였던 사도 바울은 불쾌감을 주지 않기 위해 다양한 청중에 맞춰 접근 방식을 조정했다.

ET는 이러한 격차를 해소할 방법을 제시한다. 합법적인 사업을 운영함으로써 선교사는 지역사회에서 발판을 마련하고, 그 지역사회에 기여하는 구성원으로 자리매김할 수 있게 된다. 개발도상국에 병원을 개업한 의료 전문가들은 자신의 믿음을 나누는 것뿐만 아니라 양질의 의료 서비스를 제공하고 지역사회의 존경과 신뢰를 얻는 데 중점을 두고 있다. 이는 잠언 11:30의 "**의인의 열매는 생명나무라 지혜로운 자는 사람을 얻느니라**"는 말씀과 일맥상통한다.

합법성을 확보하는 것은 실질적인 이점을 제공하지만, ET의 중요한 가치는 진정한 관계를 형성하는 데 있다. 비즈니스를 운영하면서 발생하는 일상적인 상호 작용은 자연스러운 대화와 관계 형성의 기회를 만들어낸다. 이러한 관계는 개종에 대한 압박감을 피하면서 서로 존중하고 유기적인 방식으로 신앙을 공유할 수 있는 길을 열어줄 수 있다.

종교인 비자에 대한 정부의 모니터링에 대한 우려는 충분히 이해할 수가 있다. 일부 국가에서는 선교사에 대해 의심의 시선을 가질 수 있다. 그러나 모니터링을 피하려고 사업 비자를 취득하는 것은 윤리적인 문제를 초래할 수 있다. ET의 핵심은 지역 경제에 기여하는 합법적이고 지속 가능한 비즈니스를 운영하는 데 있다.

궁극적으로 ET 기업을 통해 정당성을 추구한다고 해서 진정성의 중요성이 간과되어서는 안 된다. 선교사는 자신이 하는 모든 일에서 신앙의 가치를 실천하는 진정한 신앙의 대표자로 부름을 받았기 때문이다. 이러한 진정성은 잘 운영되는 사업의 선한 영향력과 결합하여 지역사회 내에서 긍정적인 변화를 일으키고 지속적인 관계를 구축하는 강력한 힘이 될 수 있다.

3) 선교지에서 정체성에 대한 도전

ET는 지역사회 내에서 진정성과 존경을 바탕으로 한 정체성을 확립할 수 있는 혁신적인 방법을 제시한다. 이는 복잡한 문화적 환경에서 활동하는 선교사들에게 도움이 될 것이다. 즉, ET의 전략적 접근 방식을 적용하면 신뢰를 구축하고 영향력 있는 관계를 형성하기 위한 토대를 마련할 수 있다.

민감하거나 제한된 지역에서 신분을 드러내는 것은 선교사에게 큰 도전이 된다. 선교사라는 사실을 직접 밝히면 회의적이거나 적대적인 반응을 초래할 수 있어 지역사회와의 연결이 어려워질 수 있다. 이에 성경은 문화적 민감성과 복음 메시지를 훼손하지 않고 청중에게 적응하는 지혜를 강조한다.

이는 고린도전서 9:19-23에서 사도 바울의 예를 통해 나타나며, 문화적 감수성을 지키면서도 복음의 메시지를 효과적으로 전달하는 방법을 보여준다. 바울의 다재다능한 사역은 현대 선교사들에게 상황 인식과 유연성의 중요성을 일깨워 주는 중요한 원칙으로 작용한다.

ET는 선교사가 기업가, 고용주 또는 숙련된 전문가로서 지역사회와 소통할 수 있도록 지원함으로써 정체성 퍼즐에 대한 독특한 해결책을 제시한다. 종교의 자유가 제한된 지역에서 제과점을 운영하는 선교사 부부의 가상 사례를 생각해 보자.

그들의 우수성, 공정한 고용 관행, 지역사회 참여에 대한 헌신은 지역 주민들에게 긍정적인 인상을 남길 뿐만 아니라, 그들이 소중한 지역사회 구성원으로서의 정체성을 확립하는 데 기여한다. 이러한 접근 방식은 일에서 뛰어나면 존경과 신뢰를 받게 된다는 결과로 이어지며, 잠언 22:29의 "네가 자기의 일에 능숙한 사람을 보았느냐. 이러한 사람은 왕 앞에 설 것이요, 천한 자 앞에 서지 아니하리라"라는 말씀을 잘 반영하고 있다.

ET 사업에서 강조하는 진정성의 관점에서 보면, 선교사가 자신에 관한 의심의 시선을 극복하는 중요한 단서가 드러난다. 선교사는 자신의 존재에 대한 설명을 위해 애쓰는 대신 합법적인 사업 활동에 참여함으로써 자신의 가치와 의도를 투명하게 드러낼 수 있다. 이는 의심을 줄이는 데 기여할 뿐만 아니라 지역사회 복지에 대한 선교사의 헌신을 강조하는 데도 도움이 된다.

사업 활동을 통해 형성된 선교사 본연의 모습은 지역사회 내에서 더 깊고 진정한 상호 작용을 위한 통로 역할을 하게 된다. 사업 운영에서 자연스럽게 이루어지는 일상적인 교류는 유기적인 관계 구축을 쉽게 하며 시간이 지남에 따라 정중하고 자연스럽게 신앙을 나눌 기회를 제공한다. 이러한 진정한 관계는 의미 있는 대화와 영적 탐구의 기반이 된다.

ET를 통해 신뢰할 수 있는 정체성을 확립하는 것은 전략적으로 중요하지만, 결코 정직과 투명성을 희생해서는 안 된다. 선교사는 기독교적 가치를 진정으로 실천하고, 자신의 행동이 신앙을 반영하도록 해야 한다. 지역사회에서 존경받는 역할을 찾아내는 것과 자신의 신념에 대한 개방성을 유지하는 것 사이의 균형이 매우 중요하다. 투명하고 가치 중심적인 사업 접근 방식은 신뢰를 크게 높이고 존중과 효과적인 방법으로 복음에 관한 대화의 문을 열 수 있도록 한다.

요약하자면, ET는 선교사들이 도전적인 문화적 환경 속에서 존경받고 진정한 정체성을 형성할 수 있도록 돕는 역동적인 프레임워크를 제공한다. ET 기업가들은 전문적인 우수성과 깊이 있는 기독교적 가치를 결합하여 지속적인 관계를 구축하고, 신뢰를 쌓으며 신앙 관련 논의를 위한 비옥한 토양을 마련하는 동시에 지역사회의 사회경제적 구조에 긍정적인 기여를 할 수 있다.

4) 관계 구축의 어려움

선교사들이 비즈니스를 선교의 하나로 여겨야 하는 중요한 이유는 실질적인 혜택 외에도 현지 주민들과 진정한 관계를 형성할 수 있는 가능성 때문이다. 이는 서로 사랑하라는 기독교의 핵심 원칙(요한복음 13:34~35)과도 일치한다.

선교사들은 종종 종교계 외부의 사람들과 의미 있는 관계를 형성하는 데 어려움을 겪고 있다. 전통적인 선교 환경에서는 기존 기독교 커뮤니티와의 교류가 제한되어 있어 더 넓은 청중과 소통할 기회가 줄어드는 경우가 많다.

반면 사도행전 1장 8절에 언급된 "땅끝까지 이르러 증인이 되라"는 구절은 성경의 광범위한 소명을 반영하며, 익숙한 한계를 넘어서는 선교의 필요성을 강조한다. 예수님의 사역(마가복음 2:15-17)은 다양한 사회적 배경을 가진 여러 집단과의 교류로 특징지어지며, 이러한 경계를 넘는 사역의 훌륭한 모델이 된다.

이때 ET 이니셔티브는 선교사들이 네트워크를 크게 확장할 수 있는 혁신적인 플랫폼을 제공한다. 합법적인 사업을 설립하고 운영함으로써 직원, 고객, 공급업체, 지역 당국 등 다양한 사람들과 자연스럽게 교류할 수 있게 된다. 이러한 일상적인 사업상의 상호 작용을 통해 유기적인 관계 구축의 기회를 제공하며, 이는 앞서 소개된 제한된 국가에서 커피숍을 운영하는 가상의 선교사 부부의 사례에서 잘 드러난다. 고객 및 직원과의 관계는 공동체 의식과 상호 존중을 키워주며, 잠언 11장 14절이 강조하는 폭넓은 조언과 다양한 상호 작용의 가치에 공감을 불러일으킨다.

비공식적인 사업적 만남의 특징은 점차 더 깊은 관계로 발전할 수 있다는 점이다. 일상적인 대화로 시작된 관계가 의미 있는 우정으로 발전할 수 있으며, 강요하지 않고 서로를 존중하는 방식으로 신뢰를 공유할 수 있는 환경을 제공한다. 이러한 비즈니스를 통한 관계 형성 과정은 '약한 유대감의 힘(strength of weak ties)'을 반영하며, 초기의 피상적인 상호 작용이 상당한 관계의 깊이와 영향력으로 이어질 수 있다.

이 관계의 핵심에는 진정성이 필수적인 요소로 자리를 잡고 있다. ET에 참여하는 선교사는 자신의 신앙을 투명하게 드러내어 비즈니스 관행과 대인 관계에 기독교적 가치를 반영해야 한다. 이러한 진정성은 선교사의 정체성을 강화할 뿐만 아니라 지역사회 내에서 신뢰와 존경을 이끌어낸다. 사업 활동을 통해 신앙을 실천하는 것은 그리스도의 사랑을 실제적이고 구체적인 방식으로 보여주는 강력한 복음의 증거가 된다.

선교사들은 사업을 통해 지역사회 내에서 진정한 관계를 구축하고, 기존의 선교 활동에서 장벽을 넘어설 수 있는 역동적인 방법을 모색하게 된다. 사업의 실용적인 측면과 선교 사역의 관계적 정신을 결합함으로써 ET 기업가는 그리스도의 사랑을 반영하는 깊고 진실한 관계를 형성할 수 있게 된다. 이러한 접근 방식은 선교사가 지역사회와 연결되고 영향력을 미치는 능력을 향상시킬 뿐만 아니라 삶의 모든 측면에서 서로 사랑하고 섬기라는 성경적 사명을 실천하는 데 기여한다.

5) 전통적인 복음 전도의 한계

선교사들이 기업가적 비즈니스 선교를 받아들이는 강력한 동기 중 하나는 더 깊고 변화적인 관계를 형성할 기회를 제공하기 때문이다. 이는 제자를 세우는 기독교의 핵심 원칙과 일치하며, 예수님의 접근 방식(마가복음 3:14)을 잘 반영하고 있다.

전통적인 전도 방법은 복음을 전파하는 데 중요한 역할을 하지만, 깊이 있고 개인적인 관계를 형성하는 데는 종종 한계가 있다. 그로 인해 때때로 제자 양육에 필요한 친밀감이 결여된 표면적인 참여로 이어질 수 있다. 그런데 요한복음 17장 3절을 보면 영생의 본질이 하나님을 친밀하게 아는 것임을 강조하며, 영적 삶에서 깊은 관계적 연결의 중요성을 시사한다.

ET는 장기적이고 의미 있는 상호 작용을 구축할 수 있는 혁신적인 방법을 제공한다. 선교사는 사업에 참여함으로써 직원 · 고객 · 공급업체와의 일상적인 관계 속에서 자신을 자리매김하고 진정한 관계를 형성할 수 있다.

예를 들어, 컴퓨터 수리점을 운영하는 선교사는 모든 거래와 상호 작용에서 기독교적 가치를 실현하며 자신의 신앙을 행동으로 보여줄 특별한 기회를 얻게 된다. 이러한 접근은 잠언 27:17의 "**철이 철을 날카롭게 하는 것 같이 사람이 그의 친구의 얼굴을 빛나게 하느니라**"라는 말씀을 잘 반영하고 있으며, 친밀하고 개인적인 관계에서 오는 상호 풍요로움을 강조하고 있다.

ET의 맥락에서 관계의 역동성은 제자 훈련을 위한 비옥한 토양을 제공한다. 비즈니스 생활에서의 시련과 성공을 공유함으로써 강한 유대감을 형성하고, 신앙을 탐구하고 양육할 공간을 마련할 수 있다. 이는 예수님께서 소수의 제자에게 집중하여(마가복음 3:14-19) 많은 사람들의 삶에 영향을 미칠 수 있는 관계를 형성하셨던 제자도의 접근 방식을 잘 반영하고 있다.

ET 기업가들은 자신의 사업을 성육신적 사역을 위한 플랫폼으로 인식한다. 그들은 믿음을 실천하는 삶이 복음을 강력하게 증거한다고 믿는다. 신뢰와 진정한 관계를 바탕으로 한 이러한 유기적 전도 방식은 친밀한 지역사회 생활과 교제를 통해 초대 교회의 성장과 유사한 지속적인 영적 영향을 목표로 하고 있다(행 2:46-47).

깊은 관계에 초점을 맞추는 것도 중요하지만 ET는 더 넓은 지역사회 참여의 중요성도 인식하고 있다. 제자들과 군중 모두를 향한 예수님의 사역을 본받는 균형 잡힌 접근 방식을 적용하면 소수에 대한 친밀한 투자를 이유로 다수에 대한 전도를 배제하지 않도록 해준다. 이러한 균형을 통해 ET 기업가는 깊고 폭넓은 제자 양성 모델을 구축하여 사업을 하나님 나라 확장과 발전을 위한 강력한 도구로 활용할 수 있다.

요약하자면, 이 사업은 선교사가 지역사회에서 깊이 있는 제자 양성에 참여할 수 있는 독특한 경로를 제공한다. 일상적인 사업 운영을 통해 진정한 관계를 형성함으로써 ET 기업가는 그리스도의 사랑과 가르침을 실천하며, 의미 있는 영적 대화와 성장을 위한 길을 열어 간다. 이러한 접근 방식은 제자도의 성경적 원칙에 부합할 뿐만 아니라 폭넓은 사역과 깊은 관계적 연결을 중시하는 총체적인 사역 모델을 제시한다.

● ET 사역의 내적 동기

ET 벤처에 참여하는 사역자들은 신앙과 개인적인 신념에서 비롯된 다양한 내적 동기에 의해 움직인다. 기독교 신앙을 직업적 노력과 통합하려는 열망은 깊은 영적 헌신과 전 세계 비즈니스 선교의 필요에 대한 진정한 응답을 반영하고 있다. 선교사들은 비즈니스를 활용하여 하나

님과 인류를 섬기며, 비즈니스 선교는 사역을 위한 중요한 플랫폼으로
자리를 잡고 있다. 이러한 핵심 동기에 대해 좀 더 자세히 살펴보기로
한다.

1) 신실한 청지기 직분에 대한 갈망

ET 사역을 시작하는 선교사들의 가장 깊은 내재적 동기 중 하나는
신실한 청지기 직분에 대한 열망이다. 이는 하나님께서 주신 재능·기
술·시간·영향력 등 모든 은사를 하나님의 영광을 위해 활용하고자
하는 마음에서 비롯된다. 달란트 비유(마태복음 25:14-30)는 이러한
청지기 직분의 중요성을 강력하게 일깨워 준다.

> "또 하늘나라는 이와 같다. 어떤 사람이 여행을 떠나면서, 자
> 기 종들을 불러서, 자기의 재산을 그들에게 맡겼다. 그는 각 사
> 람의 능력에 따라, 한 사람에게는 다섯 달란트를 주고, 또 한
> 사람에게는 두 달란트를 주고, 또 다른 한 사람에게는 한 달란
> 트를 주고 떠났다." (표준 새 번역, 마태복음 25:14-15)

한때 월가에서 승진을 꿈꾸던 노련한 마케팅 전문가 데이비드의 이
야기를 들어보자. 이제 그는 신실한 청지기 정신을 바탕으로 자신의 마
케팅 전문 지식을 활용하여 개발도상국에 직업 훈련 센터인 ET 벤처를
설립했다. 이 센터는 개인에게 시장성 있는 기술을 교육하여 일자리를
확보하고 빈곤에서 벗어날 수 있도록 지원한다. 데이비드의 이야기는
선교사들이 하나님의 나라를 위한 영향력을 위해 자신의 전문적 재능

을 활용하도록 돕는 방법을 보여준다.

ET에서 신실한 청지기 직분은 단순한 비즈니스 기술을 넘어서는 의미를 지닌다. 헌신적인 간호사인 사라의 사례를 살펴보면, 그녀는 기존에 의료 기술을 바탕으로 단기 선교 여행을 떠날 수 있었지만 이제 ET를 통해 이동식 건강 클리닉을 설립하여 자신의 의료 전문성을 활용하고 관계를 구축하는 능력을 발휘하고 있다. 이를 통해 그녀는 소외된 지역사회에 들어가 예방 의료 서비스를 홍보하는 활동을 진행하고 있다. 이는 ET가 선교사들에게 전문 기술, 시간, 관계 구축 능력 등 다양한 재능을 하나님의 선교를 위해 어떻게 활용할 수 있는지를 보여주는 좋은 예이다.

존의 이야기는 ET의 신실한 청지기 정신에 대한 우리의 이해를 더욱 깊게 해준다. 농업에 대한 배경지식을 가진 그는 공정 무역 커피 협동조합을 단순한 사업적 노력으로 시작한 것이 아니라 사역의 플랫폼으로 보고 있다. 존은 지역 농부들에게 지속 가능한 관행과 기업가적 기술을 교육함으로써, 지역사회가 독립적이고 지속 가능한 방식으로 번영할 수 있도록 힘을 실어주고 있다. 이는 청지기 원칙의 모범이라 하겠다.

이 사례들은 청지기 정신에 대한 성경의 가르침에 깊이 뿌리를 두고 있으며, 하나님께서 주신 은사를 더 큰 선을 위해 사용하겠다는 헌신을 반영하고 있다. 달란트의 비유는 단순한 비유에 그치지 않고, ET 기업가들이 직업과 개인 생활을 통해 하나님의 구속 사역에 적극적으로 참여하도록 촉구하는 지침이기도 하다.

ET 기업가들은 각자의 독특한 재능과 사명을 결합하여 ET의 여정을 시작한다. 이는 전통적인 비즈니스 목표를 넘은 것으로 이들의 노력은 사역의 플랫폼이 되고, 축복의 통로가 되며, 그들이 섬기는 지역사회에서 변화를 이끌어내는 도구가 된다. 신실한 청지기 정신에 대한 이러한 헌신은 그들의 사업이 경제 발전에 기여할 뿐만 아니라 영적 성장, 지역사회 역량 강화, 복음 전파 촉진 등으로 기업가적 혁신 사업의 진정한 본질을 구현하도록 보장하고 있다.

2) ET를 통한 지상명령 이행

선교 현장에서 활동하는 많은 선교사들에게 전통적인 비즈니스 모델은 적합하지 않게 느껴질 수 있으며, 그들의 열망은 신성한 선교의 목적에 도달하는 데 있다. ET는 이러한 이들에게 신앙과 기업가적 열정을 결합하여 사회와 환경에 긍정적인 기여의 기회를 제공하는 역동적인 경로로 떠오르고 있다.

이러한 내재적 동기는 ET 선교사들의 기업가 정신에 활력을 불어넣고 있다. 이들은 소득 창출과 함께 사회적 또는 환경적 필요를 해결하는 지속 가능한 비즈니스를 창출하기 위해 힘쓰고 있다. 예를 들어, 한때 고급 주택을 설계하던 숙련된 엔지니어 피터는 이제 더 큰 소명에 이끌려 자신의 엔지니어링 전문성을 활용하여 저비용 친환경 주택 해결책을 전문으로 하는 건설 회사를 설립했다.

피터의 사업은 일자리와 경제적 기회를 제공할 뿐만 아니라 도움이 필요한 가정이 안전하고 지속 가능한 주택을 이용할 수 있도록 지원하고 있다. 이는 선교사들이 비즈니스 목표를 추구하면서 사회 문제를 해결하는 방법을 보여주는 사례이다.

ET의 이러한 높은 소명은 예수님의 지상명령(마태복음 28:19-20)에 깊은 연관이 있다.

> "그러므로 너희는 가서 모든 민족을 제자로 삼아 아버지와 아들과 성령의 이름으로 세례를 베풀고 내가 너희에게 분부한 모든 것을 가르쳐 지키게 하라. 볼지어다 내가 세상 끝 날까지 너희와 항상 함께 있으리라 하시니라." (마태복음 28:19-20)

ET 사역자들은 이러한 명령을, ET의 사명을 완수할 수 있는 혁신적이고 지속 가능한 방법이라고 믿고 있다. 그들은 실질적인 봉사 활동을 통해 하나님의 사랑을 보여주고자 한다. 이러한 순종은 의무감에서 비롯된 것이 아니라 직업적 노력과 함께 믿음을 실천하고자 하는 진심 어린 열망에 의해 이끌린다.

사회 정의에 대한 열정적인 옹호자인 매리를 생각해 보자. 예전에는 그녀의 길이 비영리 단체의 활동으로 이어졌을 가능성이 높았다. 그러나 매리는 ET를 통해 보다 포괄적인 영향력을 발휘할 기회를 발견하고, 공정 무역 의류 회사를 설립했다. 그녀는 이를 통해 소외된 장인들에게 공정한 임금과 안전한 근무 환경을 제공하고 있다.

이 벤처는 경제적 기회를 창출할 뿐만 아니라 윤리적 관행과 환경적 지속 가능성을 촉진하고 있다. 매리의 이야기는 ET를 통해 선교사들이 어떻게 자신의 신앙을 행동으로 옮기고, 기독교적 가치를 실현하며, 보다 정의롭고 공평한 세상을 만드는 데 기여하는 비즈니스를 창출할 수 있는지를 잘 보여준다.

더 높은 소명을 추구하는 것은 ET 선교사들에게 강력한 내재적 동기를 제공한다. 이들은 신앙을 비즈니스에 접목하여 혁신적이고 영향력 있는 벤처를 통해 지상명령을 실천하고자 하는 열망으로 움직인다. 이러한 사업은 하나님에 대한 깊은 사랑과 세상을 긍정적으로 변화시키려는 열망에서 비롯된 순종의 증거로 자리 잡고 있다.

3) 변화를 이끌어내는 촉매 역할

ET 사역자들의 또 다른 핵심적인 내재적 동기는 지역사회 내에서 지속적인 변화를 이루고자 하는 강한 열망이다. 이들의 활동은 재정적 번영, 사회적 발전, 영적 성장까지 아우르는 긍정적인 변화를 이끌어내는 촉매 역할을 한다. 이러한 확고한 신념은 도전과 좌절 속에서도 인내의 원동력이 되고 있다.

이러한 변화에 대한 추구는 예수님의 전인적 사역과 일치한다. ET 사고방식을 가진 선교사들은 진정한 변화가 육체적 필요를 넘어 지역사회의 경제적·사회적·영적 웰빙을 해결해야 한다는 점을 깊이 이해하고 있다. 앞서 소개한 전문 간호사 사라의 사례를 다시 살펴보자.

그녀는 외딴 지역에 이동식 진료소를 설립하여 치료를 받지 못하는 사람들에게 필수적인 의료 서비스를 제공하고 있다. 그러나 사라의 영향력은 진료소의 울타리를 넘어 지역사회 전반으로 확장되고 있다. 그녀는 예방 의료 교육을 통해 개인이 자신의 건강을 책임질 수 있도록 힘을 실어주고 있다. 사라의 사례는 ET를 통해 선교사들이 신체적 필요를 해결하는 것뿐만 아니라 지역사회 내에서 장기적인 건강과 희망을 증진할 방법을 보여준다(마태복음 25:35~40).

이러한 내재적인 동기는 하나님의 나라가 이 땅에서 확장되는 것을 바라보는 깊은 열망에서 더욱 힘을 얻는다. 선교사들은 ET 벤처를 예수님의 다면적인 사역을 반영하여 지역사회에 긍정적인 영향을 미칠 수 있는 도구로 여기고 있다. 이러한 영향력은 경제 발전을 넘어 영적 필요를 해결하고 사회 정의를 증진하는 데까지 확장되고 있다. 앞서 언급된 사회 정의에 대한 열정을 가진 사업가 데이비드의 사례를 다시 살펴보자.

그는 공정 무역 커피 협동조합을 설립하여 농부들이 농작물에 대한 정당한 임금을 받고 지속 가능한 농업 관행을 확립할 수 있도록 하였다. 이를 통해 경제적 역량을 강화할 뿐만 아니라 윤리적 무역과 환경 보호도 장려하고 있다. 데이비드의 이야기는 ET를 통해 선교사들이 신앙을 사업에 접목하여 보다 정의롭고 공평한 미래를 향해 지역사회에 긍정적인 영향을 미칠 방법을 보여준다.

특히 ET 선교사들은 빈곤하거나 소외된 상황에서 개인과 지역사회의 역량 강화를 최우선으로 삼기에, 그 변혁적 비전으로 더욱 열정적으로 활동하게 된다. 이들은 지속 가능한 일자리를 창출하고 경제 발전을 촉진하여 존엄성과 희망을 회복하기 위해 힘쓰고 있다. 숙련된 목수이자 선교사적 마음을 가진 존의 사례를 살펴보자면, 그는 직업 훈련 센터를 설립하여 사람들에게 시장성이 있는 기술을 가르치고 있다.

이를 통해 훈련을 받은 현지인들은 일자리를 확보하고 빈곤에서 벗어날 수 있을 뿐만 아니라 자존감과 성취감도 키울 수 있도록 돕고 있다. 존의 사례는 ET를 통해 선교사들이 소외된 사람들에 대한 예수님의 관심을 실천하며, 그들이 번영하고 지역사회에 기여할 수 있는 기회를 창출하는 방법을 잘 보여준다(마태복음 25:35~40).

사라, 데이비드, 존과 같은 ET 기업가들은 지역사회에서 총체적인 변화를 이끌어내고자 하는 깊은 내재적 동기를 잘 보여준다. 이들의 사례는 전문성과 선교적 마음이 결합할 때, 경제적 번영을 넘어 사회 발전, 환경 보호, 그리고 영적 풍요로움까지 아우르는 긍정적인 파급효과를 창출할 수 있음을 입증하고 있다. 포괄적인 복지를 증진하기 위한 이들의 변함없는 헌신은 이 땅에 하나님 나라를 반영하는 변화의 촉매제 역할을 하겠다는 ET 운동의 본질을 잘 드러내고 있다.

혁신적이고 영향력 있는 벤처를 통해 ET 선교사들은 신실한 청지기 정신을 실천하며 자신의 재능과 자원, 사업을 광범위한 변화를 위한 플랫폼으로 활용하고 있다. 이를 통해 그들이 섬기는 지역사회의 물질적, 사회적 구조에 기여할 뿐만 아니라 영적 성장의 씨앗을 뿌려 삶의 모든 측면에서 하나님의 나라가 생생하게 드러나는 미래를 열어 가고 있다.

4) 봉사와 섬김의 기쁨

많은 선교사들의 마음속에는 봉사의 기쁨이라는 기쁨의 원천이 자리하고 있다. 이러한 내재적 동기는 선교사들의 ET 여정에 원동력이 되며, ET는 하나님에 대한 사랑과 실용적인 기술을 결합할 수 있는 특별한 길을 제공한다.

선교사들은 비즈니스 감각을 활용하여 일자리를 창출하고, 필수 서비스를 제공하며, 도움이 필요한 사람들에게 힘을 실어주는 과정에서 큰 성취감을 느낀다. 이러한 기쁨은 강력한 동기 부여의 원천이 되어 외국에서 성공적인 비즈니스를 구축하는 어려운 과정을 견디게 해준다 (마가복음 10:44-45).

선교에 대한 열정을 가진 유능한 회계사 마이클의 사례를 살펴보자. 그는 전통적으로 교회와 같은 종교 단체의 재정 관리를 담당하는 일을 하고 있었을 것이다. 그러나 ET를 통해 더욱 직접적인 영향력을 발휘할 기회를 발견하고 소액 금융 기관을 설립하여 지역 기업가들에게 소액 대출과 금융 이해력 교육을 제공하고 있다.

마이클의 기쁨은 성공적인 사업을 운영하는 것뿐만 아니라 고객의 삶에서 재정적 역량 강화의 변화를 목격하는 데서 비롯된다. ET 사역자들은 잠언 22:9의 말씀처럼 사업을 통해 가족을 부양하고 지역 경제에 기여할 수 있다.

"선한 눈을 가진 자는 복을 받으리니 이는 양식을 가난한 자에게 줌이니라."(잠언 22:9)

ET 사역의 기쁨은 재정 관련에서만 그치지 않고 다양한 방법으로도 이뤄진다. 여기선 교육에 대한 열정을 가진 선교사 부부 사라와 데이비드의 사례를 살펴보자. 이들은 개발도상국의 소외된 아이들을 위한 학교를 설립해 운영하고 있다. 그들의 헌신은 학업뿐만 아니라 안전하고 보살핌이 가득한 환경을 조성하여 전인적인 어린이 양육을 위해 힘쓰고 있다. 방과 후 프로그램, 도움이 필요한 학생들을 위한 식사, 심지어 의료 서비스까지 제공하고 있다. 사라와 데이비드는 학생들의 지적 성장뿐만 아니라 정서적 안녕과 영적 발달(마태복음 22:37-39) 등 학생들의 삶이 변화하는 모습을 목격하며 큰 기쁨을 느끼고 있다.

봉사의 기쁨은 상호 관계를 발전시키고 희망의 다리를 놓는 것과도 깊은 연관이 있다. 선교사의 소명을 가진 건설 노동자 존의 사례를 살펴보면, 그는 저비용 주택 건설을 전문으로 하여 ET 벤처를 설립 운영하고 있다. 존은 가족들이 안전하고 편안한 집으로 이사하는 모습을 보는 것뿐만 아니라 팀원들과 함께 쌓아온 동료애, 그리고 그가 지역사회에 가져다주는 희망을 통해 큰 기쁨을 느끼고 있다. 그는 지역 근로자들에게 일자리를 제공하고, 공정한 임금을 통해 그들의 존엄성을 높이며, 지역사회의 전반적인 복지에 기여하고 있다(누가복음 14:13-14).

따라서 섬김의 기쁨은 ET 선교사들에게 강력한 내재적 동기 부여의 원천이 되고 있다. 이는 그들에게 열정을 불러일으키고, 도전을 통해 지속적인 지지를 제공하며, 그들이 수행하는 일이 지역사회와 주민들에게 긍정적인 변화를 불러오는 모습을 볼 수 있게 해준다. ET 선교사들은 사업적 통찰력과 하나님 및 타인에 대한 사랑을 결합하여 수익을 창출할 뿐만 아니라 개인에게 힘을 실어주고 커뮤니티를 발전시키며 궁극적으로 관련된 모든 이들에게 기쁨을 선사하는 기업을 창출할 수 있다.

5) 하나님 나라의 가치를 키우기

많은 선교사들에게 ET 벤처는 이 땅에 하나님의 나라를 적극적으로 확장하고 건설하는 신앙의 표현이다. 이러한 내재적 동기는 강력한 목적의식과 방향성을 제공하며 의사 결정의 기준이 되고, 모든 일에서 탁월함을 발휘할 수 있도록 영감을 준다.

이러한 동기는 정의롭고 번영하는 세상을 향한 하나님의 계획에 기여한다는 믿음에서 비롯되는데(미가서 6:8), 선교사들이 진실성과 겸손, 그리고 동정심(compassion)을 바탕으로 운영되는 성공적인 비즈니스를 통해 기여하게 된다고 보는 것이다. 기업가 데이비드의 사례를 통해 볼 수 있듯이, 그는 공정 무역 커피 협동조합을 통해 지역 농부들에게 공정한 임금과 지속 가능한 농업 관행을 제공하고 있다.

데이비드는 자기 일이 소외된 이들에 대한 하나님의 관심(잠언 22:9)을 반영하여 보다 공평한 세상을 만드는 데 기여하는 것으로 생각한다. 협동조합의 성공은 농부들의 복지, 환경의 건강, 하나님의 창조 세계를 존중하는 지속 가능한 경제 모델을 만드는 것으로도 평가된다.

깊고 의미 있는 관계를 구축하는 데 내재된 가치는 선교사들이 ET에 참여하는 원동력이 되고 있다. 그들은 사업적 상호 작용이 제자 훈련과 영적 대화를 위한 특별한 기회를 제공한다는 것을 잘 알고 있다(마태복음 28:19~20). 이러한 대화는 강요된 것이 아니라 상호 존중과 신뢰, 그리고 공동의 목표를 향해 함께 일하는 경험을 바탕으로 이루어진다.

사라의 사례에서 볼 수 있듯이, 그녀는 학생들과의 관계를 구축하고, 직업 훈련 센터 내에서 공동체 의식을 함양하며, 직업 개발과 함께 신앙을 탐구할 수 있는 공간을 만드는 데 집중하고 있다. 이러한 접근 방식은 예수님께서 가르침을 전하기 전에 제자들과 관계를 쌓는 데 시간을 투자하셨던 사역 모델을 잘 반영하고 있다(요한복음 15:12~17).

ET를 통해 하나님의 나라를 건설하는 것은 비즈니스 관행을 포함한 삶의 모든 측면에서 신앙을 진정성 있게 실천하는 것이다. 선교사들은 윤리적 비즈니스 관행, 공정한 임금, 환경 의식을 가지고 사업을 운영하기 위해 노력한다. 이러한 정직성에 대한 헌신은 그들이 소중히 여기는 가치에 대한 강력한 증거가 되어 시장에서 신앙이 변화시키는 힘을 보여준다.

선교사 소명을 가진 건설 노동자 존의 사례에서 볼 수 있듯이, 그는 소외된 지역사회를 위한 저렴한 주택 건설을 전문으로 하는 ET 벤처를 운영하고 있다. 존은 사업을 효율성이나 이윤에만 초점을 맞추지 않고, 고품질 자재 사용, 근로자에게 공정한 임금 지급, 환경적으로 지속 가능한 건축 관행에 중점을 두어 운영함으로써 청지기 정신, 정의, 연민의 가치를 실천하고 있다. 그의 사업은 그의 신앙을 증명하는 살아있는 증거가 되고 있다.

요약하자면, ET 환경 내에서의 내재적 동기는 기업가의 깊은 신앙, 신성한 소명감, 그리고 상업 분야에서 하나님을 섬기려는 진지한 헌신이 복잡하게 얽혀 있다. 이러한 심오한 내적 동기는 개인이 자신의 직업적 참여를 단순한 직업 역할이 아닌 하나님이 정하신 사명으로 인식하도록 영감을 준다. 이러한 내재적 충동에 따라 ET 기업가들은 부지런한 청지기 정신, 영적 풍요로움, 소명에 대한 확고한 신념, 그리고 복음 전파를 위한 강렬한 열정으로 정의되는 길을 걷게 된다.

● ET 사역의 외적 동기

개인적인 신념에 기반한 내적 동기와는 달리 외적 동기는 외부 상황, 기회, 그리고 더 넓은 사회적 맥락에서 발생한다. 그러나 이러한 외적 요인들은 종종 복음을 효과적으로 전파하고자 하는 ET 사역자들의 내적 열망과 깊은 공감을 이끌어낸다. ET 사역자들은 ET 벤처를 다음과 같은 목표를 실현하기 위한 강력한 도구로 간주한다.

1) 선교가 제한된 지역에서의 활동

전통적인 선교 활동이 어려움을 겪고 있는 지역에서는 기업가적 비즈니스 선교(ET)가 이러한 제약을 극복할 수 있는 전략적 해결책으로 주목받고 있다. 이 접근 방식은 앞서 언급한 본질적인 동기와 일치하며, 공개적인 종교 활동이 금지된 지역에서도 지상명령을 이행할 수 있는 실질적인 경로를 제공한다.

사도행전 18장 1~3절에 등장하는 사도 바울의 '천막 만들기(tentmaking)' 전략은 이러한 접근 방식의 성경적 모델로 활용되고 있다. 선교사는 사업에 참여함으로써 폐쇄적인 사회에 진입할 수 있으며, 그 지역사회에 자연스럽게 받아들여져 자신의 전문성을 활용해 관계를 형성하고 복음을 은밀하게 전파할 수 있다.

앞서 살펴본 선교 사역에 헌신하는 의사 사라의 사례를 다시 살펴보자. 그녀는 복음을 공개적으로 전하는 데 어려움을 겪고 있는 나라에서 ET를 활용하여 이동식 진료소를 설립했다. 이를 통해 소외된 지역사회의 절실한 의료 수요를 충족시키는 동시에 지역 주민들과 신뢰와 친밀감을 쌓을 기회를 만들어가고 있다. 이러한 신뢰는 유기적인 영적 대화의 기초가 되어 자비로운 봉사를 통해 그리스도의 사랑을 실천할 수 있도록 도와준다.

이 방법은 다른 사람을 섬기고 구체적인 행동을 통해 하나님의 사랑을 드러내는 데 중점을 둔 관계 중심의 전도 방식을 강조한다. 사라는 즉각적인 의료적 필요를 충족시키면서 더 깊은 영적 참여를 위한 토대를 마련하여 강요하지 않고 자연스럽게 신앙에 관해 이야기할 수 있는 환경을 조성하고 있다.

폐쇄적인 사회에 접근하고 복음을 전하기 위해 ET를 전략적으로 활용하는 것은 성경의 증거와 제자도의 원칙에 깊이 뿌리를 두고 있다. 사라와 같은 선교사들은 전문 지식과 사역에 대한 열정을 결합하여 하나님의 나라가 말뿐 아니라 사랑과 섬김, 진실한 행동을 통해 발전할 수 있음을 보여주며 큰 영향력을 발휘할 수 있다.

이러한 노력을 통해 ET 사역자들은 마태복음 28장 19~20절에 기록된 예수님의 지상명령을 실천하며 창의성과 헌신으로 제약을 극복하고 지구촌 곳곳에 복음의 희망을 전하고 있다.

"그러므로 너희는 가서 모든 민족을 제자로 삼아 아버지와 아들과 성령의 이름으로 세례를 베풀고 내가 너희에게 분부한 모든 것을 가르쳐 지키게 하라. 볼지어다 내가 세상 끝 날까지 너희와 항상 함께 있으리라 하시니라."

2) 지속 가능한 사역 구축

선교가 제한된 지역에 접근하기 위한 목표 외에도 비즈니스 선교에 참여하는 또 다른 중요한 외적 동기는 잠언 3:9-10에서 강조된 성경의 청지기 원칙에 깊이 뿌리를 둔 재정적 지속 가능성을 달성할 수 있다는 점이다.

이 성경 구절은 크리스천들이 재물로 주님께 영광을 돌리도록 격려하며, 신실한 청지기 정신이 풍성한 공급으로 이어질 것이라고 약속한다. 하나님께서 주신 자원을 현명하게 사용하는 이 원칙은 선교 사업을 통해 지속적인 영향력을 발휘하고자 하는 선교사들에게 매우 중요하다.

앞서 살펴본 데이비드의 사례를 다시 생각해 보자. 그는 숙련된 목수에서 선교 사업가로 변신했다. 전통적인 선교사 모델은 변동성이 큰 외부 기부금에 의존하기 때문에 사역을 유지하고 확장하는 데 어려움을 겪는 경우가 많다. 이에 대응하여 데이비드는 ET 이니셔티브를 통해 직업 훈련 센터를 운영하며, 개인에게 시장성 있는 기술을 전수하여 빈곤의 굴레에서 벗어날 수 있도록 돕고 있다.

이 센터는 또한 사역을 위한 자체 자금 조달 메커니즘 역할도 하고 있다. 데이비드는 이 직업 훈련 센터를 통해 사역의 영향력을 확장하고 장기적으로 지속 가능한 사역에 필요한 재정 확보를 이루어내고 있다.

직업 훈련 센터가 제공하는 재정적 안정성을 바탕으로 데이비드는 프로그램의 범위를 확장하여 더 많은 개인에게 다가갈 수 있게 되었으며, 잠재적으로 제공되는 기술의 다양화도 이루어지고 있다. 이러한 확장을 통해 사역의 영향력이 커지고 지역사회의 더 많은 삶에 긍정적인 영향을 미치고 있다.

또한 데이비드는 지속적인 수입원을 통해 센터의 기반 시설과 자원을 개선하는 데 투자하여 프로그램의 지속성을 보장하고, 미래 세대를 위한 희망과 기회의 등불로 남을 수 있도록 센터를 운영하고 있다.

이 ET 벤처를 통해 데이비드는 자신의 직업적 재능과 기업가적 통찰력을 활용하여 하나님께 영광을 돌리고 사역의 장기적 성공을 뒷받침하는 지속 가능한 수입을 창출함으로써 책임감 있는 청지기의 모범을 보여주고 있다.

이 모델은 기술 개발을 통해 개인에게 권한을 부여할 뿐만 아니라 복음 전파를 위한 탄력적인 기반을 구축하여 신앙 중심의 청지기 정신과 영향력 있는 사역 간의 깊은 시너지 효과를 보여주는 좋은 사례이다. 데이비드와 같은 ET 기업가들은 재정적 자립을 도모함으로써, 이 땅에서 하나님의 나라를 발전시키고, 지역사회를 변화시키는 지속 가능한 사역의 선례를 만들어가고 있다.

3) 지역사회 변화의 촉매제 역할

영적으로뿐 아니라 사회적, 경제적으로도 공동체의 번영을 바라며 이를 실천하고자 하는 열망은 ET에 이끌린 선교사들에게 또 다른 중요한 외적 동기 부여가 된다. 이러한 추구는 영적인 필요를 넘어 전인적인 돌봄이라는 성경의 원칙과도 일치한다.

"내 형제들아, 만일 사람이 믿음이 있노라 하고 행함이 없으면 무슨 유익이 있으리오. 그 믿음이 능히 자기를 구원하겠느냐. 만일 형제나 자매가 헐벗고 일용할 양식이 없는데, 너희 중에 누구든지 그에게 이르되 평안히 가라, 덥게 하라, 배부르게 하라 하며 그 몸에 쓸 것을 주지 아니하면 무슨 유익이 있으리오. 이와 같이 행함이 없는 믿음은 그 자체가 죽은 것이라." (야고보서 2:14-17)

ET 벤처는 선교사들이 지역사회의 평화와 번영을 촉진하는 변화의 주체로서 활동할 수 있도록 돕는 강력한 도구가 된다. 이는 하나님께서 이스라엘 백성에게 "내가 너희를 보낸 성읍의 복을 구하라…." 고 지시하신 성경의 메시지를 반영하고 있다(예레미야 29:7). 이 구절은 믿는 사람들이 주변 환경에 긍정적으로 기여해야 할 책임이 있음을 강조한다.

선교사적인 마음을 가진 공중보건 간호사 사라의 사례를 다시 살펴보자. 그녀는 개발도상국 지역사회에서 오염된 물이 미치는 파괴적인 영향을 목격하고 깨끗한 물을 공급하기 위한 물 정화 시설을 설립하였다. 이 사업은 심각한 보건 문제를 해결할 뿐만 아니라 일자리를 창출하고 지역 기업가들이 시설 운영을 관리할 수 있도록 권한을 부여함으로써 경제 발전에도 기여하고 있다.

그 영향은 단순히 깨끗한 물에 그치지 않고 더욱 넓은 범위로 확장되고 있다. 지역사회가 번영하게 되면 사회적 결속력과 영적 각성을 위한 기회가 생겨난다. 이는 ET 이니셔티브가 어떻게 지역사회 전체를 고양시키고, 경제 발전의 기초를 마련하며, 사회적 연결을 촉진하고, 복음 메시지가 뿌리내릴 수 있는 비옥한 토양을 조성하는 데 중요한 역할을 할 수 있는지를 잘 보여주는 사례이다.

이러한 지역사회 변화라는 외적 동기에 힘입어 ET 벤처는 긍정적인 변화를 이끌어내는 촉매제가 되어 지역사회에 사회적, 경제적, 나아가 영적 쇄신이라는 파급효과를 창출하고 있다.

4) 협업과 파트너십을 통한 선교 강화

ET의 여정은 많은 어려움이 따르지만, 결코 고독한 모험이 아니다. 문화와 언어가 다른 선교 현장에서 선교사들에게 중요한 외적 동기는 현지 파트너, 정부 기관, NGO(비정부기구)와의 협력 가능성이다.

이는 빌립보서 2장 2~4절에 강조된 바와 같이 "마음을 같이하여 같은 사랑을 가지고 뜻을 합하며 한마음을 품어, 아무 일에든지 다툼이나 허영으로 하지 말고 오직 겸손한 마음으로 각각 자기보다 남을 낮게 여기고, 각각 자기 일을 돌볼뿐더러 또한 각각 다른 사람들의 일을 돌보아 나의 기쁨을 충만하게 하라"는 성경적 원칙과 잘 어우러진다.

이러한 파트너십을 통해 선교사들은 여러 전략적 이점을 누릴 수 있다. 첫째, 파트너십을 통해 사역의 영역을 넓히고 영향력을 확장할 수 있다. 예를 들어, 공중보건에 대한 열정을 가진 약사 존은 지역사회에서 HIV/AIDS의 확산을 막기 위해 약국을 설립하고 다양한 노력을 기울이고 있다. 그러나 그는 단일 비즈니스의 한계를 인식하고, 지역 보건 기관과의 네트워크를 활용하여 교육 캠페인을 시작하고 예방 조치에 대한 인식을 높이고 있다. 이러한 협업은 존의 영향력과 범위를 크게 확장시키고 있다.

둘째, 자원과 전문성의 결합에 관해 이야기해 보자. 공중보건 간호사이면서 농업 과학자이기도 한 사라의 사례를 다시 살펴보면, 그녀는 지속 가능한 농업 관행에 중점을 둔 ET 벤처를 설립한다. 그러나 사라는 농업 교육 및 지역사회 개발에 전문성을 갖춘 현지 NGO와의 파트너십이 얼마나 중요한지 깨닫게 된다. 자원과 전문성을 결합함으로써 사라와 NGO는 더 포괄적이고 효과적인 프로그램을 개발하여 지역사회 전체에 혜택을 주고 있다.

이러한 협력적 노력은 ET 벤처의 영향력을 더욱 확대할 뿐만 아니라 빌립보서 2:2-4에서 강조하는 겸손, 이타심, 그리고 단합의 정신을 구현한다. 선교사들은 공유된 비전과 목표를 가지고 협력함으로써 각 파트너의 강점을 활용하여 전체 지역사회에 도움이 되는 해결책을 창출하게 된다.

ET 벤처의 협업 모델은 신뢰성, 지속 가능성, 그리고 의미 있는 변화를 끌어낼 수 있는 역량을 강화한다. 이는 단합과 협력에 대한 믿음을 실천하며, 혼자가 아닌 함께 더 많은 성과를 이룰 수 있다는 것을 인정하는 실질적인 적용을 보여준다. 이러한 파트너십을 통해 ET 사역자들은 복잡한 문제를 해결하고, 효율성을 높이기 위해 자원을 모으며, 회복과 평화를 향한 하나님의 비전에 따라 지역사회를 변화시키기 위해 공동으로 노력할 수 있게 된다.

협력의 소명을 받아들인 ET 선교사들은 영향력을 극대화하고 혁신을 촉진하며 사역의 지속성을 보장하기 위해 강력한 메커니즘을 활용한다. 이러한 접근 방식은 연합과 봉사에 대한 성경의 가르침과 일치할 뿐만 아니라 선교 현장에서 집단행동의 변혁적 힘을 강조하여 포괄적인 지역사회 개발을 위한 길을 열어준다.

5) 사회적 문제 해결

빈곤, 환경 파괴, 교육 부족 등 많은 지역사회가 직면한 복잡한 문제들은 일부 선교사들에게 동기부여 요인이 된다. 이는 사회적 문제들을 해결하고자 하는 열망이 생기게 한다. 이러한 열망은 강력한 외적 동기가 되어 선교사들을 기업가적 비즈니스 선교로 이끌고 있다. 이러한 동기로 인해 선교사들이 사회적 문제에 직접적으로 대응하고 완화할 역동적인 플랫폼을 제공하는 기업가적 비즈니스 선교로 나아가게 된다.

이러한 접근 방식은 미가서 6장 8절에서 나타나는 사회 정의에 대한 성경의 요청과 잘 어우러진다.

> "사람아, 주께서 선한 것이 무엇임을 네게 보이셨나니 여호와께서 네게 구하시는 것은 오직 정의를 행하며 인자를 사랑하며 겸손하게 네 하나님과 함께 행하는 것이 아니냐."

이 구절은 크리스천들이 정의를 실현하고, 친절을 실천하며, 하나님 앞에서 겸손을 유지해야 한다는 신성한 기대를 강조하고 있다. 이는 ET 벤처가 시장(marketplace) 내에서 실현하기 위해 노력하는 원칙의 토대가 된다.

이러한 사회 문제를 해결하는 방법의 하나는 소외 계층의 역량을 강화하는 것이다. 경제적으로 취약한 지역의 여성을 위한 맞춤형 소액 금융 프로그램을 설계하여 여성의 역량 강화를 선도하는 사라의 이니셔티브를 살펴본다.

사라의 프로그램은 ET를 통해 여성들이 경제적 자립을 이룰 수 있도록 필수적인 재정 자원과 문해력 교육을 제공한다. 이 사업은 지역사회 내에서 여성의 지위를 향상시킬 뿐만 아니라 빈곤의 악순환을 끊을 수 있는 잠재력을 지니고 있으며, 취약 계층을 고양하고 지원하라는 성경의 요청을 반영하고 있다.

또 다른 해결책은 공정 무역 관행을 촉진하는 것이다. 공정한 무역에 대한 열정으로 동기를 부여받은 데이비드는 ET 프로젝트를 통해 공정 무역 커피 협동조합을 설립하였다. 이 사업을 통해 소규모 농부들이 노동에 대한 정당한 보상을 받고 지속 가능한 농법을 장려하는 윤리적 조달 관행을 지지하고 있다. 데이비드의 협동조합은 공급망 내에서 공정하고 윤리적 대우를 옹호하며, 비즈니스의 청렴성을 위한 기준을 제시함으로써 성경의 정의 원칙을 실현하고 있다.

이 사례들은 ET 벤처가 사회 변화를 위한 강력한 도구로 작용할 수 있는 방법을 보여준다. ET 기업가들은 정의와 자비의 원칙을 비즈니스 모델에 통합하여 억압받는 사람들의 대변자가 되고, 소외된 이들을 위한 경제적 기회를 창출하며, 착취적인 시스템에 도전하고 있다. 이러한 사회 정의에 대한 헌신은 모든 사람을 향한 하나님의 사랑을 반영할 뿐만 아니라 더욱 정의롭고 자비로운(compassionate) 세상을 만드는 데 기여하고 있다.

ET의 렌즈를 통해 선교사들은 신앙과 행동을 통합하여 긍정적인 변화를 이끌어내는 촉매제로 자리매김하고 있다. 이들은 전통적인 비즈니스 목표를 넘어 미가의 비전 중 핵심인 사회 정의와 하나님의 궁극적인 회복을 반영하는 세상을 만드는 것을 목표로 하고 있다.

이를 통해 신앙에 기반한 기업가 정신으로 무장하여 더 공정하고 배려하는 사회를 만들기 위해 깊은 역량을 발휘하며, 하나님을 향한 진정한 봉사는 믿음과 사회 정의에 대한 적극적인 추구까지 포함한다는 것을 보여준다.

6) 창조물 관리

환경 관리에 대한 신성한 명령은 비즈니스 선교(ET) 사역자들에게 또 다른 중요한 외부 동기로 작용하고 있다. 창조주의 설계를 존중하겠다는 약속에서 영감을 받은 이들은 창세기 2장 15절을 통해 지침을 얻어 지속 가능성의 원칙을 사업 프레임워크에 포함하고, 환경 관리에 대한 청지기 정신을 실천하고 있다.

이 성경 구절은 하나님께서 아담에게 에덴동산을 맡기신 모습을 생생하게 보여주며, 인간이 지구를 가꾸고 돌봐야 할 책임을 강조하고 있다. 이는 인류가 환경을 보존해야 한다는 근본적인 소명을 제시하며, ET 기업가들이 적극적으로 추구하는 원칙이기도 하다.

환경 애호가인 데이비드가 ET를 활용하여 지속 가능성의 모범이 되는 에코 롯지(ecolodge)를 시작한 사례를 살펴보자. 그의 비즈니스 모델은 건축에 재활용 자재를 활용하고, 재생 에너지를 사용하여, 폐기물 감소를 우선시하는 등 친환경적인 관행에 기반하고 있다. 데이비드의 에코 롯지는 생태 발자국을 최소화할 뿐만 아니라 지속 가능한 관광의 모델로 자리 잡아 더 많은 지역사회가 환경 측면으로 책임 있는 관행을 채택하도록 영감을 주고 있다.

사라의 사례는 ET가 환경에 미치는 영향에 대한 잠재력을 더욱 잘 드러내고 있다. 그녀는 태양열 정수 시스템 개발에 주력하는 벤처 기업을 설립하여 소외된 지역사회에 깨끗한 식수를 공급하고, 기존 정수 방식에 대한 지속 가능한 대안을 제시하고 있다. 사라의 벤처는 기술 발전과 환경 보존을 조화시켜 인류에게 유익하고 지구에도 도움이 되는 해결책을 제공하는 ET의 역량을 잘 보여주고 있다.

이러한 사례들을 통해 ET 벤처가 환경 보호의 중요한 주체로서 역할하고 있음을 알 수 있다. ET 기업가들은 지속 가능한 비즈니스 관행을 실천하고, 친환경 기술을 개발하며, 생태 문제에 대한 인식을 높이는 방식으로 지구의 관리자로서의 역할을 수행하고 있다. 인간 활동과 자연계의 지속 가능한 공존을 촉진하기 위한 노력은 하나님의 창조 세계에 대한 청지기적 책임을 다하는 성경의 요청에 부응하는 헌신이라고 할 수 있다.

ET 기업가들은 이러한 노력을 통해 당면한 환경 문제를 해결할 뿐만 아니라 장기적인 환경 보호의 기초를 다지고 있다. 이들은 하나님의 청지기 원칙에 대한 헌신을 바탕으로 비즈니스가 어떻게 지구의 번영에 기여할 수 있는지를 보여주고 있다. 이러한 청지기 정신은 창조주에 대한 경외심을 반영하고, 하나님의 창조물을 책임감 있게 돌보는 것이 신앙생활의 필수적인 측면임을 인정하고 있다. ET 기업가들은 비즈니스 선교를 통해 경제 발전과 환경적 지속 가능성이 함께 이루어지는 세상의 비전을 실현하고, 조화롭고 번영하는 창조 세계를 향한 하나님의 설계를 존중하는 사역을 할 수 있다.

요약하자면 ET로의 여정은 내적 동기와 외적 동기의 상승적 조합에 의해 이끌어지며, 각 동기는 성경의 가르침에 확고히 뿌리를 두게 된다. 이를 토대로 사업 영역에서 하나님의 나라를 구현하려는 사역이 깊은 열망으로 추진된다. 이러한 동기를 인식하고 활용함으로써 ET 기업가들은 뚜렷한 의도와 결단력을 가지고 자신의 진로를 계획할 수 있다. 이러한 전략적 접근 방식을 통해 그들은 자신의 직업적 노력을 하나님께 영광을 돌리고 하나님의 창조 세계에 긍정적으로 기여하며, 자기 일을 변혁적 영향력을 위한 더 큰 소명에 맞추게 된다.

● ET의 동기를 다시 생각하다

접근성, 정당성, 페르소나(persona), 관계 구축, 관계 개발이라는 다섯 가지 동기는 비즈니스 선교(ET)에 참여하는 선교사들에게 중요한 요소로 널리 인정받고 있다. 그러나 이를 좀 더 깊이 살펴보면, 이러한 동기만으로는 ET 사업의 본질을 완전히 설명하거나 관련된 노력과 비용을 정당화하기 어렵다는 사실을 알 수 있다. 그 차이는 관련된 개인의 사고방식과 중요한 선교적 관점에 기인한다.

1) ET의 통합된 사명은 관계 개발 그 이상이다

한 선교사는 교회 개척과 전도에 초점을 맞추고 주로 관계 개발을 위한 수단으로 비즈니스를 활용한다. 그런가 하면 다른 선교사는 영적 목표와 비즈니스 목표를 통합적으로 바라보면서 ET를 수용하는데, 이 둘의 중요한 차이가 있다.

이러한 구분은 ET 노력이 가져오는 효과와 지속 가능성을 이해하는 데 매우 중요하다.

(a) 단일 초점 선교의 문제

비즈니스 전도를 관계 형성의 수단으로만 여기는 선교사들은 종종 좌절을 겪게 된다. 비자 취득과 합법성 확보 등 비즈니스 플랫폼의 장점을 인식하고 있음에도 불구하고 사업 운영의 요구가 '실제' 사역에 방해가 된다는 사실을 깨닫게 될 수 있다. 이로 인해 비즈니스가 사역의 필수적인 부분이 아니라 주요 선교 목표에 방해가 되는 것처럼 느껴지는 상황이 발생할 수 있다.

(b) '유령(shell)' 비즈니스의 윤리적 문제

일부 선교사들은 전도 활동을 위한 허울뿐인 '유령' 사업을 유지하거나 창업하기도 한다. 이러한 방식은 특히 접근이 제한된 국가에서 실용적으로 보일 수 있지만, 종종 심각한 윤리적 및 현실적 문제를 초래한다. 실제로 시장 활동에 참여하지 않고 이름만 빌려 사업을 운영하는 것은 선교사와 광범위한 기독교 증거의 신뢰성을 훼손할 수 있다.

2) 통합적 사고방식의 필요성

ET에 대한 통합적 관점은 사업을 영적 목표와 비즈니스 운영이 완벽하게 얽힌 중요한 사역 플랫폼으로 인식한다. 이 관점은 선교 활동을 촉진하는 데 있어 사업의 유용성뿐만 아니라, 사업 자체를 사역의 영역으로서도 중요하게 여긴다. 진정한 ET 사역자는 사업을 윤리, 청지기 정신, 봉사, 증거와 같은 하나님 나라의 원칙을 시장 내에서 구현하는 장으로 간주한다. 이러한 접근 방식은 우리의 모든 노동이 예배와 사역의 행위라는 성경의 원칙(골로새서 3:23-24)과도 일치한다.

또한 통합적인 사고방식을 통해 ET에 참여하면 선교의 지속 가능성에 기여할 수 있으며, 사업 활동이 사역의 목표를 훼손하는 것이 아니라 오히려 사역을 지원하고 강화하는 데 도움이 된다. 이러한 총체적인 접근 방식은 영적 필요와 사회경제적 필요를 모두 충족시켜 진정한 지역사회 영향력을 증진하는 데 기여한다.

성공적인 ET 기업가의 특징

지금까지 살펴본 ET 사역의 본질과 특성을 통해 성공적인 ET 기업가의 특징을 도출할 수 있다. 성공적인 ET 사역자들은 비즈니스와 선교의 통합을 중시하는 사고방식을 받아들임으로써 차별화된다. 이들은 총체적인 사역을 위한 플랫폼 역할을 하는 합법적이고 영향력 있는 사업 운영의 중요성을 깊이 이해하고 있으며, 자신의 기업가적 노력을 하나님과 이웃을 섬기는 소명으로 여기고 있다. 또한, 시장에서의 입지를 활용하여 그리스도의 변화를 진실하게 증거하는 사명으로 삼고 있다.

ET의 사명을 진정으로 구현하기 위해서는 다음과 같은 자질을 배양해야 한다.

● 사업 우수성을 위한 헌신

ET 기업가에게 사업은 사역의 하나로 여겨진다. 전통적인 선교 활동과 마찬가지로 헌신과 우수성을 추구하는 가치가 있기 때문이다. 그리고 그들은 ET 사업을 통해 다음과 같은 목표를 달성할 수 있다.

첫째, ET 사업을 통해 강력한 사업적 역량을 개발하는 것이다. 지속 가능한 벤처를 구축하기 위해서는 시장 역학, 재무 관리, 전략 계획에 대한 깊은 이해가 필수적이다.

둘째, 양질의 제품과 서비스를 제공하는 것이다. 시장에서 경쟁하며, 제품과 서비스의 우수성에 대한 평판을 쌓는 것은 신뢰를 구축하고 더 깊은 참여를 이끌어내는 데 중요한 역할을 한다.

셋째, 윤리적 관행을 유지하는 것이다. ET 사업을 운영하는 데 있어 정직성은 무엇보다 중요하다. 이는 ET 사업을 통해 믿음이 어떻게 윤리적 행동으로 이어지는지를 보여주는 사례가 되어 기독교적 가치의 변혁적 힘을 드러내는 데 기여한다.

숙련된 목수 데이비드의 사례에서 볼 수 있듯이, 그는 품질이나 장인정신에 절대 타협하지 않는다. 데이비드는 팀원 교육에 투자하고, 지속 가능한 자재를 조달하며, 공정한 임금을 보장한다. 품질과 서비스에 대한 노력 덕분에 그는 사업을 성공적으로 이끌 뿐 아니라 지역사회 내에서 신뢰를 구축하고 있다. 이러한 헌신이 있기에 그는 진정성 있고 영향력 있는 방식으로 자신의 믿음을 나눌 기회를 얻었다.

● 영적 진정성

ET 기업가에게 모든 상호 작용은 믿음을 실천할 기회이다. 영적 진정성은 청렴한 리더십, 진정한 관계 구축, 그리고 그리스도의 사랑을 나누는 실질적인 방법을 통해 드러난다. 청렴한 리더십은 윤리적인 비즈니스 관행을 통해 실현되며, 이는 복음의 메시지를 생생하게 증명하는 역할을 한다.

ET 사업은 인간적인 차원에서 사람들과 연결되는 것을 의미한다. 진정한 관계 속에서 허심탄회한 영적 교제가 이루어질 수 있다. 또한 영적 진정성은 그리스도의 사랑을 실제적인 방법으로 나누는 데서 나타난다. ET 기업가들은 신앙을 일상적인 상호 작용에 통합하여 연민(compassion)과 봉사의 행동을 통해 하나님의 사랑을 드러낼 방법을 모색한다.

ET 사업을 통해 건강 진료소를 개업한 의사 사라의 사례를 다시 살펴보자. 그녀는 뛰어난 의료 서비스를 제공할 뿐만 아니라, 환자의 이야기를 경청하고, 동정심을 보이며, 필요할 경우 환자와 함께 기도하는 시간을 갖는다. 사라의 진정한 보살핌은 환자의 신체적 필요를 충족시킬 뿐만 아니라 영적인 대화를 위한 풍부한 토대를 마련해 준다.

● 선교사로서의 적응력

ET 기업가의 삶은 선교적 소명에 충실하면서도 사업의 성공을 위해 끊임없이 조화를 이루는 것과 같다. 이를 위해 ET 기업가는 사업가로서 자질을 갖추는 것은 물론, 선교사로서의 유연한 적응력도 필수적으로 필요하다. 우선, 시간을 효율적으로 관리하고 일과 사역의 우선순위를 명확히 설정하는 것이 중요하다. 사업 운영의 요구와 사역의 기회 사이에서 건강한 균형을 유지하는 것은 ET 사역의 성공을 위한 핵심 요소이다.

또한 변화하는 상황에 적응하고 자원을 창의적으로 사용할 수 있는 유연성과 능력도 필수적이다. 이러한 역량으로 사업과 사역이라는 두 가지 목표를 동시에 달성할 수 있다. 마지막으로 기회를 분별할 수 있는 통찰력도 필요하다. 일상적인 사업 업무 중에도 신앙을 나누고 다른 사람을 섬길 기회를 인식하는 것이 중요하다.

앞서 살펴본 제과점 운영자 존의 사례를 다시 살펴보자. 그는 현지에서 조달한 재료를 사용하고, 지역사회에 일자리를 창출하며, 공정한 임금을 제공하는 것을 우선으로 삼고 있다. 또한 자신의 신앙을 통합할 수 있는 창의적인 방법을 찾기 위해 노력하고 있다. 예를 들어, 직원들을 위한 성경 공부를 주최하거나 지역 무료 급식소를 후원하는 활동을 하고 있다. 존은 뛰어난 적응력을 바탕으로 자신의 믿음을 사업 구조에 통합하여 최종 수익뿐만 아니라 주변 사람들의 삶에 영향을 미치는 총체적인 사역을 만들어가고 있다.

● 적극적인 지역사회 참여

ET 벤처는 그들이 서비스하는 지역사회에 깊이 통합되고 뿌리를 내릴 때 가장 효과적으로 운영되고 성공할 수 있다. 이러한 통합을 위해서는 지역의 상황과 문제에 대한 포괄적이고 공감적인 이해가 필요하며, 의미 있고 지속적인 영향을 창출하기 위해 신뢰와 장기적인 파트너십을 구축해야 한다.

이를 시작하기 위해 ET 기업가들은 지역사회의 고유한 요구와 열망을 이해하는 것을 최우선으로 삼아야 한다. 이때 먼저, 현지의 목소리를 적극적으로 경청하고 참여하여 구체적인 상황에 대한 통찰을 얻는 것이 중요하다. 비즈니스 목표를 지역사회의 우선순위와 일치시킴으로써 ET 벤처는 사람들의 공감을 얻을 수 있다.

또한 지역사회 내에서 진정한 관계를 구축하는 것도 매우 중요하다. 신뢰는 영향력 있는 참여의 기초가 된다. ET 기업가들은 진정한 관계를 형성하기 위해 시간과 노력을 기울이며, 더 깊은 협업과 상호 존중의 길을 열어 간다. 이러한 관계를 통해 벤처는 외부 기관이 아닌 신뢰할 수 있는 파트너로서 활동할 수 있으며, 이를 통해 효과성과 신뢰성을 높일 수 있다.

지역사회 문제 해결은 ET 벤처의 핵심이다. 이러한 벤처는 비즈니스 모델을 활용하여 사회 및 경제 문제를 해결함으로써 혁신적 변화를 이끌어내는 촉매 역할을 한다. 이들은 고용 기회 창출, 경제 성장 촉진, 긴급한 사회적 요구 해결 등 실질적인 혜택을 제공한다.

예를 들어 직업 훈련 센터를 설립한 사라의 사례를 살펴보면, 그녀는 단순히 일반적인 기술 교육을 제공하는 데 그치지 않고, 지역 고용 시장의 특정 요구를 충족하는 맞춤형 프로그램을 운영하고 있다. 또한, 지역 비즈니스와 협력하여 졸업생들에게 인턴십 기회를 제공하고 있다. 이처럼 지역사회와의 깊은 연계를 통해 사라의 ET 벤처는 긍정적인 변화를 이끌어내며, 개인에게 힘을 실어주고 지역 경제를 강화하는 데 기여하고 있다.

이러한 특성을 함양함으로써 ET 사역자는 사업의 우수성, 영적 성실성, 하나님과 이웃에 대한 깊은 헌신을 하나로 엮어내는 변화의 주체가 되고 있다. 이들의 사업은 행동하는 신앙의 힘을 증명하여, 사업 자체의 한계를 훨씬 초월하는 긍정적인 변화의 파급효과를 만들어낸다.

제2부

ET 비즈니스 선교,
전략적 프레임워크 구축하기

제3장

총체적 영향력 모델: 영혼, 지역사회, 경제의 통합

"그런즉 너희는 먼저 그의 나라와 그의 의를 구하라. 그리하면 이 모든 것을 너희에게 더하시리라."

– 마태복음 6장 33절

성경의 창세기는 하나님이 세상을 창조하시는 과정으로 시작된다. 하나님은 자신의 형상대로 사람을 창조하신 후, 아담과 하와에게 생명을 주시고 그들에게 땅과 모든 생물을 다스릴 임무를 부여하셨다. 또한, 하나님은 에덴동산에서 아담과 하와와 동행하셨다.

그러나 이러한 낙원의 상황은 오래가지 못한다. 아담과 하와가 하나님 말씀에 불순종하여 선악과를 먹는 사건으로 인해 이상적인 상태가 깨지게 된다. 이로 인해 인류는 타락하고, 여러 가지 저주가 생겨나며, 이러한 저주들은 우리 세상의 깨어진 영역으로 나타난다. 이 깨어짐은

풍요, 관계, 창조, 영적 영역의 네 가지 측면에서 드러난다.[1]

첫째, 풍요로움이 사라졌다. 하나님께서는 아담과 하와의 안녕을 위해 풍부한 자원(창세기 1:28-29)을 주셨는데 타락과 함께 이러한 풍부한 자원이 부족해졌다(창세기 3:17).

둘째, 관계가 깨졌다. 하나님은 아담이 혼자 있는 것이 좋지 않다고 판단하여 하와를 창조하셨고 우리는 서로에게 유익한 관계를 맺기 위해 창조되었다. 그러나 타락 이후 이러한 관계는 다툼과 대립의 원인이 되었다(창세기 3:16).

셋째, 아름다운 창조의 역사가 파괴되었다. 하나님은 "보시기에 심히 좋았더라"(창세기 1:31)라고 말씀하신 세상을 창조하셨지만, 타락 이후 인류와 나머지 피조물 간의 관계는 적대적인 관계로 변하게 되었다(창세기 3:17-19).

넷째, 하나님과의 영적 관계가 단절되었다. 아담과 이브는 하나님과의 관계를 맺기 위해 창조되었으나, 타락으로 인해 이 관계는 무너졌다(창세기 3:23-24).

이 네 가지 영역의 단절은 현대적 용어로 경제적(인류에게 재화와 서비스를 제공하는 것), 사회적(서로 간의 관계와 공동체 관계), 환경적(창조 세계와 그 세계와의 관계), 영적(삼위일체 하나님과의 영적 관계) 삶의 네 가지 영역을 의미하며, 원래 이 모든 영역이 서로 연결되어 있다.

하나님은 이 네 가지 깨어진 영역을 모두 화해시키기 위해 예수 그리스도를 이 땅에 보내셨다. 이를 통해 만물을 화목하게 하고, 하나님의 나라를 이루셨다.

"아버지께서는 모든 충만으로 예수 안에 거하게 하시고 그의 십자가의 피로 화평을 이루사 만물 곧 땅에 있는 것들이나 하늘에 있는 것들이 그로 말미암아 자기와 화목하게 되기를 기뻐하심이라." (골로새서 1:19-20)

예수 그리스도께서는 겸손한 마음으로 이 땅에 오셔서 만물을 화목하게 하시고, 하나님의 나라를 세우셨다. 또한, 하나님의 뜻이 **"하늘에서 이루어진 것 같이"** 땅에서도 이루어지게 하려고 우리를 부르신 이것은 큰 사명이다. 그리스도를 따르는 우리는 이 사명에 참여할 수 있는 특권이 있음을 겸손히 받아들여야 한다.

우리의 사명은 깨어지고 상처 난 네 가지 영역을 화해시키는 것이다. 이러한 깨어진 영역에 긍정적인 영향을 미치고자 하는 기업이 바로 ET 비즈니스의 목표이다. 그렇다면 ET 기업이 어떻게 이 깨어진 네 가지 영역에서 균형을 맞추고 긍정적인 영향을 통해 변화를 끌어내는지를 살펴보도록 하자.

ET 기업의 사회적 영향

ET 기업의 사회적 영향력은 매우 크고 광범위하다. 이러한 벤처 기업들은 수익 중심의 목표와 사회적 문제 해결을 위한 목적의식을 통합하고 있다. ET 기업의 사회적 영향력에 대한 노력은 정의, 동정심, 청지기 정신과 같은 성경적 원칙에 깊이 뿌리를 두고 있다. 미가서 6장 8

절은 신자들에게 "정의롭게 행동하고 인자를 사랑하라"고 촉구하며, 이는 윤리적 실천과 공평성에 대한 ET의 초점을 뒷받침한다.

잠언 31:8-9는 소외된 사람들을 위한 행동을 촉구하고 있으며, 이는 빈곤을 완화하고 취약한 사람들을 지원하려는 ET의 기본 정신을 반영한다. 골로새서 3장 23~24절은 일이 예배 행위가 될 수 있다는 생각을 강조하며 신앙과 비즈니스를 통합하려는 ET의 총체적인 접근 방식과 일치한다.

성경에서 강조하는 정의를 옹호하고, 소외된 이들과 가난한 사람들에 대한 배려를 실천하며 청지기 정신을 이어가려는 ET 기업의 핵심은 교육, 의료, 지역사회 개발 등 중요한 사회적 필요를 충족하는 데 중점을 두고 있다는 점이다. 이러한 기업은 체계적인 사회 문제를 의도적으로 파악하고 해결하여 핵심 비즈니스에 해결책을 포함하고 있다. 이러한 초점은 부차적인 측면이 아니라 지속적이고 긍정적인 변화를 만들어내겠다는 의지를 반영하는 미션의 핵심이다.[2] 이러한 이중적 초점은 기업이 사회 발전과 영적 쇄신을 촉진하는 도구로 활용되는 ET의 총체적인 비전을 구현한다.

그러면 이제 긍정적인 사회 변화를 창출하기 위한 이들의 이니셔티브와 이러한 벤처가 미칠 수 있는 지속적인 영향력에 대해 살펴보기로 한다.

● 일자리 창출과 빈곤 퇴치

ET 기업은 일자리 창출과 개인에게 존엄성과 목적을 부여하는 지속 가능한 비즈니스를 최우선으로 생각한다. 이러한 기업은 사람들이 최저 생활 임금을 받을 수 있는 환경을 조성하여 빈곤의 악순환을 끊고 개인이 지역사회에 긍정적으로 기여할 수 있도록 돕는다. 한 예로, 아이티의 파트너스 월드와이드(Partners Worldwide)는 현지 기업과 협력하여 멘토링, 교육, 재정 자원을 제공하고 있다.[3] 이 이니셔티브는 잠언 14장 23절의 "모든 수고에는 이득이 있는 법이지만, 말이 많으면 가난해질 뿐이다"는 구절을 반영하여 열심히 일하는 것의 가치를 강조하고 의미 있는 고용 기회를 창출한다.

잠언 10장 4절은 이 정신을 더욱 강조하고 있다.

"손이 게으른 사람은 가난하게 되고 손이 부지런한 사람은 부유하게 된다."

이 말씀은 ET 벤처가 빈곤에서 벗어날 수 있는 길로서 일자리 창출에 집중하는 것을 뒷받침하고 있다.

● 의료 서비스 제공

ET 벤처는 의료 서비스가 부족한 지역에 예방 치료를 중심으로 한 클리닉과 보건 교육 프로그램을 설립하여 질병을 감소시키고 지역사회 건강을 개선하는 데 기여하고 있다. ET 벤처는 필수 의료 서비스를 저렴하게 제공함으로써 소외된 사람들의 복지를 향상시키고 있다.

종교 단체인 CURE International은 소외된 국가에서 병원과 의료 서비스 프로그램을 운영하여 장애 아동에게 외과적 치료를 제공하고 있다.[4] 이는 즉각적인 의료적 필요와 더불어 장기적인 교육적, 영적 필요를 충족시키는 포괄적인 ET 모델과 일치한다. 야고보서 1장 27절은 이러한 사명을 강조하고 있다.

"하나님 아버지 앞에서 정결하고 더러움이 없는 경건은 곧 고아와 과부를 그 환난 중에 돌보고 또 자기를 지켜 세속에 물들지 아니하는 것이니라."

누가복음 9장 11절은 예수님의 자비로운 치유 사역을 잘 보여준다.

"…… 예수께서 그들을 영접하사 하나님 나라의 일을 이야기하시며 병 고칠 자들은 고치시더라."

돌봄과 치유를 제공하는 원칙은 ET 의료 벤처의 기초가 될 수 있다.

● **교육 역량 강화**

ET 벤처는 교육이 빈곤의 악순환을 끊고 지속 가능한 발전을 이루게 하는 데 중요한 열쇠라는 사실을 잘 알고 있다. 이들은 지역사회의 필요에 맞춘 정규 교육, 직업 훈련, 그리고 일기 쓰기 프로그램을 제공하여 개인이 취업과 창업에 필요한 기술과 지식을 갖출 수 있도록 지원하고 있다.

종교 단체인 Edify는 개발도상국의 저비용 독립 학교를 지원하고 있다. 이들은 교사 교육, 학교 개선을 위한 대출, 기술 기반의 학습 솔루션을 제공하여 수천 명의 학생들에게 긍정적인 영향을 미치고 있다.[5]

이러한 접근 방식을 통해 학생들은 취업 시장에서 성공적으로 일자리를 찾고, 취업 이후의 삶을 준비할 수 있게 되었다.

잠언 22장 6절은 교육의 장기적인 가치를 강조하고 있다.

"마땅히 행할 길을 아이에게 가르치라. 그리하면 늙어도 그것을 떠나지 아니하리라."

교육 역량 강화를 목표로 하는 ET 이니셔티브는 풍요로운 미래를 위한 교육과 훈련의 접근성을 높여 이러한 지혜를 실현하고 있다.

● 지역사회 개발

ET 벤처는 이러한 맥락에서 사업을 시작하고 육성하여 낙후되거나 소외된 지역사회를 변화시키고 새롭게 하는 것을 목표로 하고 있다. 이 포괄적인 개선 과정에는 지역 주민들이 경제 활동에 적극적으로 참여하고 혜택을 누릴 수 있도록 일자리를 창출하고 환경을 조성하는 것이 포함된다.

기독교 비영리 단체인 Hope International은 소액 금융과 저축 및 신용 협회에 중점을 두고 있다. 이 단체는 소액 대출과 저축 서비스를 제공하여 개인이 사업을 시작하거나 확장할 수 있도록 지원함으로써 생활 수준을 향상하고 전반적인 경제 발전에 기여하고 있다.[6]

예레미야 29장 7절은 이러한 노력의 성경적 근거를 강조하고 있다.

"너희는 내가 사로잡혀 가게 한 그 성읍의 평안을 구하고 그

를 위하여 여호와께 기도하라. 이는 그 성읍이 평안함으로 너희
도 평안할 것임이라."

이 구절은 ET 이니셔티브의 핵심인 공동의 선을 위해 일하는 것이 얼
마나 중요한지를 잘 보여준다.

● 사회 정의의 수호

ET 벤처는 소외된 지역사회의 권리와 존엄성을 옹호하며 사회 정의
를 실현하고자 한다. 이 기업들은 불평등 · 차별 · 착취 등 불의의 근본
원인을 해결하고 공정한 거래의 관행, 윤리적인 노동 조건, 그리고 환
경 보존을 촉진하는 데 힘쓰고 있다.

국제 정의 재단(IJM: International Justice Mission)은 기업은 아니지만
노예제, 인신매매 및 기타 형태의 억압 피해자에게 법률 지원을 제공
하는 인권 단체이다. 이 단체는 지역 사법 시스템과 협력하여 빈곤층
에 대한 폭력을 근절하기 위해 노력하고 있다.[7] 윤리적인 공급망을 보
장하기 위해 기업과 협력하는 IJM의 모델은 정의를 증진하고 체계적
인 변화를 옹호하는 ET의 사회 정의 옹호 정신을 잘 반영하고 있다. 또
한, 이는 미가서 6장 8절에서 영감을 받고 있다.

"사람아, 주께서 선한 것이 무엇임을 네게 보이셨나니 여호와
께서 네게 구하시는 것은 오직 정의를 행하며 인자를 사랑하며
겸손하게 네 하나님과 함께 행하는 것이 아니냐."

이사야 1장 17절은 소외된 사람들에게 힘을 주고 긍정적인 사회 변화를 끌어내기 위한 ET 벤처의 사명을 잘 보여준다.

> "선행을 배우며 정의를 구하며 학대받는 자를 도와주며 고아를 위하여 신원하며 과부를 위하여 변호하라 하셨느니라."

● 현지 문화 존중

ET 기업은 사업을 운영하는 지역사회의 문화유산을 존중하며, 경제 발전을 지원하고 지역 전통과 관행이 더욱 발전할 수 있도록 돕고 있다. 공정 무역 소매업체인 텐사우전드빌리지(Ten Thousand Villages)는 개발도상국의 장인 그룹과 협력하여 윤리적으로 공급된 제품과 문화적으로 정통한 제품을 생산하고 전통 공예품을 보존하기 위해 노력하고 있다.[8] 그리고 이와 관련해 요한계시록 7장 9절은 다양성 속에서 하나 됨을 보여준다.

> "내가 보니 각 나라와 족속과 백성과 방언에서 아무도 능히 셀 수 없는 큰 무리가 나와 흰옷을 입고 손에 종려 가지를 들고 보좌 앞과 어린 양 앞에 서서."

고린도전서 9장 22~23절은 바울의 문화적 감수성을 잘 드러내고 있다.

> "약한 자들에게 내가 약한 자와 같이 된 것은 약한 자들을 얻

고자 함이요 내가 여러 사람에게 여러 모습이 된 것은 아무쪼록 몇 사람이라도 구원하고자 함이니 내가 복음을 위하여 모든 것을 행함은 복음에 참여하고자 함이라.”

이 구절은 현지 문화를 존중하고 적응하는 것의 중요성을 강조하며, ET 벤처가 현지 문화를 존중하고 그 문화에 민감하게 교류하는 데 있어 지침이 되는 원칙을 제시한다.

요약하면, ET 벤처는 포괄적인 지역사회 개발, 사회 정의, 그리고 지속 가능한 성장에 중점을 둔 혁신적인 기업가 정신을 보여준다. 일자리 창출, 의료 서비스 제공, 교육 역량 강화, 그리고 지역 문화에 대한 존중을 통합함으로써, 전 세계의 소외된 지역사회에 자립과 향상된 삶의 질을 위한 지속 가능한 길을 제시한다.

성경 원리에 뿌리를 둔 이러한 사업은 복지, 교육, 지역사회 지원, 근면, 동정심, 그리고 어려운 사람들에 대한 돌봄을 강조하는 성경 구절에서 영감을 얻고 있다. 윤리적인 관행, 문화적 민감성, 그리고 정의 옹호를 통해 ET 벤처는 더욱 공평하고, 정의롭고, 문화적으로 풍부한 세상을 만들어, 목적 중심의 기업가 정신을 실현한다. 이들은 실질적이고 영향력 있게 성경적 가치를 실천하는 데 깊은 헌신을 보인다. 그렇게 단기적인 해결책을 넘어 모든 사람의 존엄성을 존중하며 번영하는 미래를 위한 기반을 마련하고 있다.

ET 기업의 경제적 영향

ET 기업의 경제적 영향에 대한 성경적 근거는 경제 활동이 인간의 번영을 위한 하나님 계획의 일환이라는 이해에 뿌리를 두고 있다. 성경은 경제 활동에서 청지기 정신, 정의, 연민의 중요성을 강조하며, 기업이 하나님을 영화롭게 하고 인류를 섬기는 데 어떻게 기여할 수 있는지를 제시한다.

이러한 기업들은 그들의 운영 방침을 성경의 가르침에 맞추어, 시장에서 하나님의 왕국 가치를 가시적으로 표현한다. 이를 통해 하나님을 경외하고 인류를 섬기는 경제 성장을 촉진하기 위해 노력한다. 즉, 경제적 영향력의 영역에서 ET 벤처는 지속 가능한 경제 성장에 적극적으로 이바지하며, 동시에 지역사회 내에서 회복력과 다양성을 증진시키고 있다.

● 지속 가능한 경제 성장

ET 기업은 지역 기업을 육성하고 장기적인 생존 가능성을 우선시하여 지역사회 내에서 지속 가능한 경제 성장을 이끌어낸다. 이러한 벤처는 책임 있는 자원 관리를 실천하고, 지역 경제에 투자하며, 공정 무역 관행을 지원한다.

이러한 접근 방식은 일자리 창출과 소득 수준 향상으로 이어지며 지역 기업가 정신을 자극하여 수입원을 다양화하고 경제적 의존도를 줄인다. 이러한 포괄적인 전략은 경제적 침체에 대한 지역사회의 회복력을 강화하고 지속 가능한 발전을 촉진한다.

실질적인 예로 Thrive Farmers라는 커피 회사는 농부들이 생산자와 소비자 간의 중간 단계를 최소화하여 농부들이 직접 소비자에게 제품을 판매하도록 하는 생산자 직판 모델(farmer-direct model)을 채택하고 있다. 이 모델을 통해 농부들은 최종 소매 가격의 상당 부분을 받을 수 있으며, 이는 농부들의 소득 안정성을 높이고 커피 재배 지역의 경제적 회복력을 촉진하는 데 이바지한다.[9] 또한, 이 모델은 잠언 13장 11절의 "쉽게 얻은 재산은 줄어드나, 손수 모은 재산은 늘어난다."(표준 새 번역)라는 원칙을 구현하여 꾸준하고 윤리적이며 지속 가능한 성장을 강조하고 있다.

● 기업가 정신과 혁신

ET 벤처는 기업가 정신과 혁신을 경제 발전의 원동력으로 보고 있다. 이러한 이니셔티브는 자본, 멘토링, 인큐베이션 프로그램에 대한 접근성을 높여 지역 기업가들이 혁신적인 아이디어를 성공적인 기업으로 발전시킬 수 있도록 지원한다.

이를 통해 역동적이고 다양한 경제 환경을 조성하여 새로운 일자리 기회를 창출하고, 지역사회가 지역 문제에 대한 독창적인 해결책을 개발할 수 있도록 돕는다. 지역 경제 내에서 혁신 문화를 육성하는 것은 경제 다각화에 기여할 뿐만 아니라 장기적인 지속 가능성도 보장한다.

남아프리카의 빈곤한 지역사회의 기업가들에게 비즈니스 교육, 멘토링, 소액 대출을 제공하는 패러다임 전환은 좋은 사례로 꼽힌다. 이 프로그램은 개인이 사업을 시작하고 성장시킬 수 있는 기술과 자원을 제공함으로써 경제적 역량 강화와 다각화에 직접적으로 기여하고 있다.[10]

이 이니셔티브는 마태복음 25장 14절에서 30절에 나오는 달란트 비유의 청지기 정신과 혁신이라는 성경적 원칙을 반영하여, 개인이 지역사회 발전을 위해 현명하게 투자하고 자원을 증식하도록 장려하고 있다.

또한 ET 벤처의 경제적 영향은 빌립보서 2장 4을 통해서도 잘 이해할 수 있다.

> "각각 자기 일을 돌볼 뿐더러 또한 각각 다른 사람들의 일을 돌보아 나의 기쁨을 충만하게 하라."

이 구절은 공동체 중심적 사고와 상호 이익을 추구하는 윤리적 비즈니스 활동의 정신을 잘 나타내고 있다. 개인의 이익을 넘어 다른 사람의 복지를 돌보는 기업의 태도가 지역사회의 경제적 건전성과 회복력에 기여하는 것이 얼마나 중요한지를 일깨워 준다. ET 기업들은 이러한 지침을 반영하여 번영과 상호 이익을 촉진하는 공동체 중심의 경제 활동에 적극 참여하고 있다.

● 금융 포용성

ET 이니셔티브는 지역 기업가와 지역사회에 소액 금융 프로그램과 금융 지식 교육을 제공함으로써 금융 포용에 크게 기여하고 있다. 이를 통해 금융 서비스에 대한 접근성을 민주화하여 가장 소외된 사람들도 경제에 참여할 수 있도록 돕고 있다.

재정 관리에 필요한 도구와 지식을 제공함으로써 ET 이니셔티브는 개인이 사업을 시작하거나 성장시키는 데 도움을 주어 더욱 광범위한 경제 발전을 촉진하고 있다. 이러한 역량 강화는 불우한 사람들에게 기회를 제공하여 그들이 자신의 상황을 개선하고 공동 번영에 기여할 수 있도록 한다는 성경의 원칙과 일치한다.

금융 포용의 대표적인 사례로 키바(Kiva)를 들 수 있다. 키바는 80여 개국의 저소득층 기업가와 학생들에게 인터넷을 통해 자금을 지원하는 국제적인 비영리 단체이다. 이 단체는 대출을 통해 사람들을 연결하고 빈곤을 완화하며 소외된 지역사회의 발전을 돕기 위해 노력을 하고 있다. 키바는 소액 대출을 위한 크라우드 펀딩 플랫폼으로 기능하며, 이를 통해 사람들이 스스로 더 나은 미래를 만들 수 있도록 소액 대출을 촉진하고 있다. 키바의 플랫폼은 소액 금융의 힘을 보여주는 중요한 역할을 하고 있다.[11]

그리고 이 모델은 신명기 15장 7~8절의 말씀을 반영하고 있다.

"네 하나님 여호와께서 네게 주신 땅 어느 성읍에서든지 가난한 형제가 너와 함께 거주하거든 그 가난한 형제에게 네 마음을 완악하게 하지 말며 네 손을 움켜쥐지 말고 반드시 네 손을 그에게 펴서 그에게 필요한 대로 쓸 것을 넉넉히 꾸어주라."

성경은 빈곤층과 소외 계층을 돌보라고 일관되게 권고하고 있다. 잠언 31장 8~9절에서는 "너는 벙어리처럼 할 말을 못 하는 사람과 더불어, 고통 속에 있는 사람들의 송사를 변호하여 입을 열어라……."(표준 새 번역)라고 권고하며 가난하고 궁핍한 사람들의 권리를 보호하는 것의 중요성을 강조한다.

ET 기업들은 빈곤 퇴치에 초점을 맞추고, 소외 계층을 고용하며, 소외된 지역사회에 재투자함으로써 이러한 원칙을 실천하고 있다. 이러한 노력은 가장 작은 자를 돌보라는 성경적 명령과도 일치한다(마태복음 25:40).

예수님의 사역은 종종 사회에서 소외된 이들의 존엄성을 회복하고 개인에게 힘을 실어주는 데 중점을 두었다. 이와 유사하게, ET 기업은 사람들이 빈곤의 악순환에서 벗어나 자립할 수 있도록 도구·훈련·기회를 제공함으로써 성경적 권한 부여 원칙을 실천하고 있다.

● 공정 거래를 통한 세계 시장 진출

성경은 경제 활동에서 정의의 중요성을 강하게 강조한다. 잠언 11장 1절에서는 "속이는 저울은 주께서 미워하셔도 정확한 저울추는 주께서 기뻐하신다"라고 말씀하고 있다. ET 기업은 공정한 거래 관행을 실천하고 윤리적인 노동 조건을 보장하며, 체계적인 불평등을 바로잡기 위해 노력하고 있다. 이러한 행동은 경제 활동에서의 정직과 공평에 대한 성경의 가르침을 잘 반영하고 있다.

따라서 ET 기업은 공정한 거래 기회를 통해 지역 기업을 더 넓은 시장과 연결하고 공평한 경제 파트너십을 조성한다. 윤리적이고 공정한 거래 관행에 참여함으로써 현지 생산자들이 공정한 이익 분배를 받을 수 있도록 하여, 균형 잡힌 공정한 세계 시장 시스템에 기여할 수 있다.

또한, 책임 있는 조달 및 생산 관리를 통해 공급망을 투명하고 환경 측면으로 지속 가능하며 사회적으로 책임감 있게 만들어 지구 자원 관리에 대한 청지기의 책임을 다하고 있다. 앞서 소개된 공정 무역 운동의 선구자인 텐사우전드빌리지는 개발도상국의 장인들과 협력하여 그들의 문화유산을 홍보하고, 동시에 공정한 보상을 받을 수 있도록 보장하고 있다. 이는 잠언 11장 1절의 말씀처럼 사업 거래에서 공정성과 정직성의 중요성을 강조하는 모범적인 사례라 할 수 있다.

● 기반 시설 개발

ET 프로젝트는 전통적인 비즈니스 운영을 넘어 관개 시스템, 운송 네트워크, 재생 에너지 솔루션과 같은 중요한 기반 시설 수요를 해결하는 데 중점을 두고 있다. 이러한 이니셔티브는 접근성과 효율성을 향상해 경제 활동을 촉진하고, 기업이 번창할 수 있는 환경을 조성하며, 지역사회가 더 나은 생활 수준을 누릴 수 있도록 돕는다. 이러한 포괄적인 개발 접근 방식은 지역사회를 돌보고 발전시키며 물리적 성장과 경제적 성장이 함께 이루어지도록 하라는 성경의 가르침을 실천하는 좋은 예시이다.

개발도상국의 병원·학교·식수 프로젝트와 같은 시설을 설계하는 비영리 기독교 개발 단체인 엔지니어링 미니스트리 인터내셔널(EMI: Engineering Ministries International)의 활동을 예로 들 수 있다. EMI는 전문적인 엔지니어링 및 건축 서비스를 제공하여 경제 및 사회 개발을 지원하는 기반 시설을 구축하고 있다.[12] 이러한 노력은 출애굽기 35장 31~32절에 나오는 하나님의 영으로 "**지혜와 총명과 지식과 모든 재주로**" 충만한 브살렐의 정신을 반영한다. 그렇게 공동체의 번영과 복지를 위해 필요한 것을 건설하는 데 기여하고 있다.

관대함은 기독교 경제 윤리의 중요한 특징 중 하나이다. 사도행전 2

장 44~45절에서는 초대 교회가 서로의 필요를 충족하기 위해 소유물을 나누는 모습을 묘사하고 있다. ET 기업은 이와 같은 정신을 실천하기 위해 이익을 재분배하고, 지역사회 발전에 이바지하며, 자선 사업을 지원하거나, 지역 기반 시설에 재투자하는 노력을 기울이고 있다.

결론적으로, ET 기업은 지역사회의 지속 가능한 경제 성장, 기업가 정신, 혁신을 촉진하는 데 크게 기여하고 있다. 이러한 이니셔티브는 윤리적 관행을 수용하고, 지역 기업을 지원하며, 경제 다각화를 촉진함으로써 청지기 정신, 지혜, 지역사회 복지라는 성경적 가치를 지키며 개발을 이끌어간다.

금융 포용, 시장 개발, 기반 시설 개선을 전략에 통합한 ET 이니셔티브는 경제와 지역사회 발전을 동시에 향상시키고 있다. 공정성, 청지기 정신, 동정심이라는 성경의 가르침에 뿌리를 둔 이러한 노력은 개인과 지역사회의 경제적 복지를 개선하며, 전 세계적으로, 더욱더 탄력적으로 번영하며 공정한 사회를 위한 길을 열어준다.

ET 기업이 환경에 미치는 영향

환경 보호에 앞장서고 있는 ET 기업들은 환경 보호를 비즈니스 모델에 통합하는 데 선도적인 역할을 하고 있다. 이들은 청지기 정신, 지속 가능성, 생태적 균형을 사명의 핵심 요소로 삼아 노력하고 있다. ET 기업들은 단순히 환경 기준을 준수하는 것을 넘어, 기업이 자연과 상호 작용하는 방식을 변화시키는 것을 목표로 하고 있다. 지속 가능성을 우선시하는 관행을 채택함으로써 이러한 벤처 기업들은 시급한 환경 문제를 해결하는 동시에 청지기 정신과 창조 세계에 대한 배려라는 성경적 원칙을 실천하고 있다.

성경은 환경 청지기의 신학적 근거를 제시하는데 창세기 1장 26~28절에서는 인류가 창조 세계의 관리자 역할을 강조하고 있다. 또한, 시편 24장 1절에서는 "땅과 그 안에 있는 모든 것은 주님의 것"이라고 선언하고 있다. ET 기업은 이러한 소명을 받아들이고 하나님의 창조 세계를 존중하는 경영을 실천하기 위해 노력한다.

더불어 이사야 58장 12절은 "고대 폐허를 재건"하고 무너진 것을 복구하려는 노력을 장려하는 복원에 관해 언급하며, 이는 ET 벤처의 여러 환경 복원 프로젝트의 근본 원칙이 된다. 이러한 이니셔티브를 통해 지속 가능한 관행을 채택함으로써 지구의 웰빙(well-being)에 기여하고 비즈니스와 환경의 조화를 우선시하는 기업가 정신의 모델을 구현하고 있다.[13]

● 지속 가능한 관행

ET 사업은 친환경 소재 사용, 혁신적인 재활용 및 감량 전략을 통해 폐기물을 최소화하고, 재생 에너지원의 도입 등 환경 측면으로 지속 가능한 관행을 적극적으로 실천하고 있다. 이러한 노력은 책임 있는 자원 관리에 대한 의지를 나타내며 수익성을 유지하면서 생태 발자국을 최소화할 수 있음을 보여준다.

환경에 대한 책임을 비즈니스 모델에 통합한 야외 의류 브랜드 파타고니아는 지속 가능한 관행을 실천하는 대표적인 사례이다. 파타고니아는 재활용 소재 사용, 탄소 배출량 감소, 환경 관련 단체에 대한 기부 등을 통해 성경 창세기 2장 15절의 **"땅을 경작하고 지키라"**는 명령을 실천하며 지구 자원에 대한 현명한 청지기 정신을 강조하는 모범을 보여주고 있다.

● 기후 변화 완화

ET 이니셔티브는 탄소 배출을 줄이고 환경을 고려한 소비를 촉진하며, 변화하는 기후에 적응하기 위한 전략에 투자함으로써 기후 변화에 대응할 수 있는 해결책을 적극적으로 모색하고 있다. 이러한 적극적인 접근 방식은 미래 세대를 위해 자연을 보호하겠다는 의지를 잘 보여준다.

에덴 재삼림화 프로젝트(Eden Reforestation Projects)는 개발도상국에서 대규모 재조림 활동에 중점을 둔 비영리 단체로, 기후 변화 완화를 위한 ET 사업의 중요한 역할을 잘 보여준다. 이 단체는 지역사회를 고용하여 매년 수백만 그루의 나무를 심고, 황폐해진 생태계를 복원하며 탄소 격리에 기여하고 있다. 또한, 지역사회에 지속 가능한 일자리를 제공하여 빈곤 완화에도 힘쓰고 있다.[14] 이러한 활동은 레위기 25장 23~24절에서 강조하는 땅의 청지기 정신과 일치하며, 땅은 하나님의 것이고 사람은 그 청지기일 뿐이라는 사실을 일깨워 준다.

에덴 재삼림화 프로젝트와 같은 일부 ET 기업들은 재조림 프로젝트 및 서식지 보존 이니셔티브와 같은 생태계 복원 노력에 적극적으로 참여하고 있다. 이러한 노력은 창세기 2장 15절에서 언급된 바와 같이 인류에게 창조 세계를 "일하고 돌보라"는 성경의 청지기 원칙에 부합한다. ET 기업들은 파괴된 생태계를 복원함으로써 생물 다양성에 기여하고 삼림 벌채와 토지 황폐화의 영향을 완화하는 데 적극적으로 힘쓰고 있다.

● 환경 보호와 생태계 보존에 대한 교육

생물 다양성 보존과 효율적인 자원 관리는 환경에 영향을 미치는 ET 벤처의 또 다른 중요한 특징이다. 이러한 기업들은 생태계 복원, 수자원 보존, 지속 가능한 농업, 야생동물 보호, 책임 있는 임업 관행을 강조하여 생물 다양성을 보존하고 생태계의 균형을 유지하는 데 기여하고 있다. 또한 지역사회와 협력하여 자원을 보존하면서 생산성을 향상시키는 기술과 방법을 도입하는 경우가 많다.

환경 보호에 중점을 둔 국제 기독교 단체인 로카(Rocha)는 생태계 보호와 생물 다양성 증진을 위해 전 세계에서 과학 연구, 환경 교육, 지역사회 기반 보존 프로젝트에 참여하고 있다. 이들은 지역사회 보존 프로젝트와 과학 연구 등 다양한 활동을 통해 하나님의 창조 세계를 보존하라는 소명을 실천하며, 욥기 12:7-10에서 전해지는 지혜를 반영하고 있다.[15]

ET 기업은 지역사회와 직원들에게 환경 보호 및 생태계 보존에 대한 교육을 제공함으로써 환경에 대한 인식을 높이고, 환경 교육의 수준을 향상하며, 환경 파괴 없이 지속 가능한 환경 문화를 조성하고 있다. 또한, 지역사회를 환경 문제에 관한 대화에 참여시키고, 환경을 해치지 않는 지속 가능한 생활 방식을 장려하고 있다. 이를 통해 개인이 자연

환경의 관리자로서 역할을 할 수 있도록 지원하고, 장기적인 생태적 이익을 증진할 수 있도록 돕고 있다.

로카의 지역사회 기반 환경 교육 프로그램은 생물 다양성의 중요성에 대한 인식을 높이고 지역사회가 환경을 보호할 수 있는 지식을 갖출 수 있도록 지원하고 있다. 이는 호세아 4장 6절의 "내 백성이 나를 알지 못하여 망하는도다"라는 성경적 요구를 반영하며, 피조물과 책임감 있는 관계를 형성하는 데 있어 교육의 중요성을 강조하고 있다.

● 생태 관광과 보존

생태 관광은 경제 발전과 환경 보호라는 두 가지 목표를 동시에 달성하는 대표적인 프로젝트이다. 책임감 있는 관광 관행을 장려함으로써 지역 경제에 기여하고 자연 경관과 야생동물의 보존을 지지한다.

코스타리카의 오사 반도(Osa Peninsula)에 위치한 라파 리오스 에코롯지(Lapa Rios Eco lodge)는 ET 원칙에 따라 추진되는 생태 관광의 모범사례이다. 개인 자연 보호구역 내에 자리 잡은 라파 리오스는 재생 에너지를 활용하고, 환경에 미치는 영향을 최소화하며, 자연 보호와 지역사회 참여에 헌신하고 있다.[16] 이 모델은 시편 24:1의 "땅과 거기 충만한 것이 여호와의 것임이로다"라는 말씀과 일치하며, 하나님의 창조물을 지혜롭게 관리할 책임이 있음을 강조한다.

결론적으로, ET 기업의 환경에 대한 영향은 환경 보존에 대한 책임과 비즈니스 운영의 통합이 가져올 수 있는 변화의 잠재력을 잘 보여준다. ET 기업은 지속 가능성을 증진하기 위해 오염을 줄이고, 자원을 보존하며, 생태계를 복원하고, 지역사회를 교육함으로써 하나님과 그분의 창조 세계를 존중하는 포괄적인 비즈니스 접근 방식을 실천하고 있다. 친환경적인 관행을 채택함으로써 기후 변화에 대응하고, 생물 다양성을 보전하며, 환경 교육을 강화하고, 생태 관광을 활성화하는 ET 이니셔티브는 지구의 안녕을 위한 깊은 헌신을 나타낸다.

이러한 다각적인 접근 방식을 통해 환경에 미치는 영향을 완화하고 청지기 문화를 조성하여 경제 발전과 환경 건강이 함께 이루어질 수 있도록 보장한다. 이를 통해 ET 기업은 미래 세대를 위한 본보기가 되며 지구의 건강을 해치지 않으면서도 경제적 성공이 가능하다는 것을 입증하고 있다. 이 기업들은 창조물에 대한 현명한 청지기 역할을 강조하는 성경적 가르침에서 받은 영감을 바탕으로, 비즈니스와 환경이 함께 번영할 수 있는 지속 가능하고 공정한 세상을 위한 길을 열어 가고 있다.

ET 기업의 영적 영향

ET 기업의 영적 영향력은 하나님 나라를 확장하는 사명에 필수적인 요소이다. 이들 벤처 기업은 전도, 제자 훈련, 하나님 나라의 가치를 모델링하고, 지역사회 변화를 이끌어내는 과정을 통해 복음 구속의 능력을 실질적이고 영향력 있는 방식으로 보여준다. 성경은 일과 선교의 영적 차원을 강조하고 있으며, ET 기업은 믿음과 일을 통합하여 의도적으로 복음을 전하고, 개인을 제자화하며, 그들이 봉사하는 지역사회에서 영적 갱신을 촉진하고자 한다.

예수님은 마태복음 5장 16절에서 신자들이 다른 사람들 앞에 빛을 비추어 그들이 자신의 착한 행실을 보고 하나님께 영광을 돌리도록 해야 한다고 말씀하셨다. 또한 고린도전서 10장 31절에서도 바울은 신앙과 행동을 자주 연결 지으며 신자들에게 하나님의 영광을 위해 모든 일을 하라고 권면한다.

ET 기업은 이러한 원칙을 실천하기 위해 비즈니스를 영적 영향력을 위한 플랫폼으로 활용하고자 노력하고 있다. 따라서 ET 기업은 경제적 또는 사회적 기여를 넘어 믿음이 비즈니스 운영과 조직 문화에 영향을 미치는 비즈니스 모델을 구현하여 영적 성장이 경제적 성공에 필수적일 수 있도록 환경을 조성하고, 영적으로 삶에 영향을 미치는 일의 영원한 의미에 초점을 맞추고 있다.[17, 18]

● 신앙의 통합

ET 벤처에서 신앙의 통합은 깊이 있고 포괄적이다. 이는 윤리적 의사 결정, 투명성, 배려하는 리더십, 지역사회 참여를 통해 드러나며 창업자의 영적 신념을 반영한다. 이러한 벤처 기업은 성경의 가르침에서 영감을 받아 도덕적 청렴성과 타인에 대한 봉사를 우선시하며, 이를 통해 신앙을 행동으로 실천하는 기업을 만들어간다.

미국의 공예품 소매 체인인 하비 로비(Hobby Lobby)는 비즈니스 운영에 신앙을 통합하는 모범적인 사례를 보여주고 있다. 이 회사는 기독교 원칙을 지키는 것으로 잘 알려져 있는데 종교적 신념에 따라 직원들이 가족과 함께 예배드릴 수 있도록 일요일에 휴무한다.[19]

이러한 실천은 출애굽기 20장 8~10절에 나오는 "안식일을 지키라"는 성경의 원칙과 일치하며, 골로새서 3장 23~24절에서 영감을 받아 주님을 위해 진심으로 일할 것을 권장하고 있다. 하비 로비의 사례는 비즈니스 운영이 어떻게 영적 가치를 반영하고 촉진할 수 있는지를 잘 보여준다.

● 영적 및 윤리적 변화

ET 기업은 전통적인 비즈니스 상호 작용을 넘어서 만남을 제공하며, 영적 변화를 위한 촉매제 역할을 한다. 이러한 벤처 기업은 창업자의 신앙에 뿌리를 둔 가치를 조직 구조에 내재화하여 직원, 고객, 그리고 지역사회에 영감을 준다. 이 기업의 영적 영향력은 개인의 신념 체계를 넘어 윤리적 관행, 지역사회 봉사, 정의와 연민에 대한 헌신을 통해 더 넓은 지역사회에 긍정적인 영향을 미친다.

미국의 유명한 패스트푸드 체인인 Chick-fil-A는 영적으로 변화하는 환경을 조성하는 모범사례를 제시한다. 고객 서비스와 직원 관리 정책으로 잘 알려진 Chick-fil-A는 갈라디아서 5장 13절의 "사랑으로 서로 종노릇하라"는 말씀을 바탕으로 다른 사람을 섬기는 원칙에 따라 운영되고 있다.

Chick-fil-A는 이러한 믿음에 뿌리를 둔 가치를 조직 구조에 통합하는 실천을 통해 "우리에게 맡겨진 모든 것을 충실히 관리함으로써 하나님을 영화롭게 하는 것. Chick-fil-A를 접하는 모든 사람에게 긍정적인 영향을 미치는 것."이라는 사명 선언문을 잘 반영하고 있다.[20] Chick-fil-A의 사례에서 볼 수 있듯이 기업 문화로 나타나는 신앙에 대한 헌신적 실천으로 이해관계자들이 영적으로 성찰하고 성장할 수 있도록 돕는다.

또한 ET 기업의 영적 토대는 비즈니스 행동의 모든 측면에 영향을 미치는 강력한 윤리적 기반을 형성한다. 신앙 중심의 가치에 뿌리를 둔 이 기반은 윤리적 의사 결정이 기업의 운영에 내재되어 있음을 보장한다. 청렴성, 정직성, 사회적 책임에 기반한 관행은 소비자 및 파트너와의 신뢰를 구축하고 더욱 공정하고 평등한 시장을 만드는 데 이바지한다.

일요일 휴무 정책을 포함한 Chick-fil-A의 비즈니스 관행은 신앙과 윤리에 대한 헌신을 바탕으로 충성도 높은 고객층을 확보하고 있다. 이는 영적으로 뿌리내린 윤리적 기반이 어떻게 성공을 끌어내며 동시에 더 넓은 지역사회에 긍정적인 이바지를 할 수 있는지를 잘 보여준다.

● 제자 훈련과 영적 성장

제자 훈련과 영적 성장은 ET 기업이 표방하는 선교 중심 목표의 핵심 요소이다. 이러한 기업들은 직원, 고객, 그리고 더 넓은 지역사회가 그리스도를 만나고, 신앙이 성장하며, 영적 지도자로서의 역량을 키울 수 있는 환경을 의도적으로 조성한다. 이러한 초점은 모든 민족을 제자로 삼으라는 성경적 명령에 따라 신앙과 사업을 통합하는 사역으로서 ET의 본질을 잘 반영하고 있다(마태복음 28:19-20). ET 기업은 다양한 문화적 및 경제적 맥락에서 영적 교육과 멘토링을 위한 플랫폼을 제공함으로써 예수님의 명령을 실천에 옮기고 있다.

ET 기업 내의 제자 훈련은 전통적인 교회 환경을 넘어 직장 환경으로 확장된다. 이 과정에는 일상적인 비즈니스 운영에서의 멘토링, 교육 그리고 그리스도의 가치에 대한 모범이 포함된다. ET에 제자 훈련을 통합함으로써 영적 성장이 직장 생활의 자연스러운 결과로 이어지는 분위기가 조성되며, 직원들과 이해관계자들은 전문적인 기술뿐만 아니라 성경적 원칙에 따라 사는 방법도 배우게 된다.

사도 바울은 디모데후서 2:2에서 디모데에게 그리스도의 가르침을 "다른 사람들을 가르칠 자격이 있는 믿을 만한 사람들에게" 맡기라고 권고한다. 이는 훈련받은 개인이 스스로 제자가 되는 제자화의 증식 효과를 강조하며, 지속적인 영적 영향을 목표로 하는 ET 기업의 필수 원칙이다.

태국의 카페 프랜차이즈인 킹덤 커피(Kingdom Coffee) 체인은 인신매매에서 구출된 사람들을 고용하고 멘토링 하는 프로그램을 운영하고 있다. 이를 통해 제자 훈련과 정서적 지원을 하며 그들이 그리스도 안에서 새로운 삶을 재건할 수 있도록 돕고 있다. 직원들은 성경 공부에 참여하고 영적 상담을 받게 되며, 이를 통해 장기적인 변화가 가능해진다.

이러한 ET 기업의 제자 훈련 노력은 직장과 지역사회에 큰 영향을 미친다. 영적으로 성장한 직원들은 종종 가족과 지역사회에 긍정적인 변화를 불러오며, 더 나아가 사회 전반에 이바지하게 된다. 제자 훈련은 또한 기업의 윤리적 기반을 강화하여 시장에서의 신뢰와 신용도를 높이는 데 이바지한다.

● **일터에서의 하나님 나라 가치**

직장에서의 하나님 나라 가치는 성경의 가르침에 뿌리를 둔 원칙으로, ET 기업의 운영 방식을 형성한다. 이러한 가치는 성실성, 봉사, 청지기 정신, 그리스도 중심의 리더십 접근 방식을 강조한다. ET 기업은 이러한 가치를 일상 업무에 의도적으로 반영하여 조직 문화에 긍정적인 영향을 미치고 직원, 고객 그리고 더 넓은 커뮤니티에까지 영향을 미친다.

잠언 11장 1절은 "**속이는 저울은 여호와께서 미워하시나 공평한 추는 그가 기뻐하시느니라**"고 선언한다. 이 구절은 직장 내 신뢰를 구축하는 비즈니스 관행에서 공정성과 정직의 중요성을 강조하고 있다. ET 기업은 부패를 방지하고 거래의 공정성을 증진하며 흔들림 없는 청렴성을 유지할 것을 요구받고 있다. 또한, 미가서 6장 8절에서는 신자들에게 "**오직 정의를 행하며 인자를 사랑하며 겸손하게 네 하나님과 함께 행하라**"고 당부하고 있다. 이 말씀은 직장에서 정의와 공평의 중요성을 강조하며 모든 직원과 고객을 공정하게 대우하도록 독려한다.

따라서 성경의 원칙에 기반을 둔 ET 기업들은 종종 업계에 만연한 비윤리적 관행과 뚜렷한 대조를 이루며, 정직과 책임감의 문화를 조성한다. 이를 통해 복음의 변화시키는 힘을 반영하고, 직원과 지역사회가 성경적 가치를 실천하도록 영감을 준다.

그런가 하면 ET 기업 내에서 신앙의 통합은 직원, 이해관계자, 지역사회에 깊은 목적의식과 의미를 부여한다. 이러한 영적인 차원을 통해 모든 관련자가 자신의 업무적 노력을 더 큰 사명의 하나로 인식하도록 유도한다. 이러한 환경은 직무에 대한 만족도를 높이고 더 높은 소명에서 영감을 받아 기업의 비전에 대한 소속감과 헌신을 증진시킨다.

하비 로비(Hobby Lobby)는 설립자의 기독교 신앙을 반영하여 안식일을 존중하고자 일요일에 휴무하는 정책을 시행하고 있다. 이를 통해 직원들에게 하루의 휴식과 예배의 기회를 제공함으로써 영적 가치를 존중하는 직장 문화를 형성하고 있다. 이러한 실천은 출애굽기 20장 8~10절에 나오는 "안식일을 지키라"는 성경의 원칙과 일치하며, 안식일 휴식의 중요성을 강조하고 있다.

ET 기업이 하나님 나라의 가치를 지지할 때, 직장은 희망과 회복의 공간으로 변화한다. 직원들은 목적의식을 느끼고, 고객은 윤리적인 비즈니스 관행을 경험하며, 지역사회는 정의, 청지기 정신, 서번트 리더십의 긍정적인 영향을 누리게 된다. 이러한 원칙들은 긍정적인 조직 문화를 형성할 뿐만 아니라 하나님의 사랑과 의로움을 행동으로 보여주는 증거가 된다.

● 지역사회의 변화

ET 기업의 영적 영향력은 물질적 필요와 영적 복지를 모두 해결함으로써 지역사회에 힘을 실어주는 데까지 확장된다. 이러한 기업들은 종종 영적 어둠, 부패, 억압이 만연한 지역에서 활동한다. 그리고 거기서 빈곤·실업·교육 등 가시적인 필요를 해결함으로써 그리스도의 사랑을 행동으로 보여준다.

이를 통해 ET 기업은 더 깊은 영적 참여의 문을 열어준다. 이러한 포괄적인 접근 방식은 지역사회의 전반적인 발전을 촉진하여 경제적·정신적 삶의 질을 모두 향상한다. 수익보다 사람을 우선시함으로써 ET

기업은 탄력 있고 고양된 지역사회를 구축하는 데 기여하고 있다.

기독교 단체인 월드비전은 지역사회 개발 프로그램을 통해 이러한 접근 방식을 실현하고 있다. 이 단체는 전 세계의 어린이·가족·지역사회와 협력하여 빈곤과 불의의 근본 원인을 해결하기 위해 노력하고 있다. 특히, 월드비전의 아동 후원 프로그램은 개인이 도움이 필요한 아동을 후원하여 식량, 교육, 의료 및 기타 필수적인 지원을 제공하는 것으로 잘 알려져 있다.[21]

월드비전은 물질적 지원과 영적 양육을 통합하여 지역사회가 경제적 지원뿐만 아니라 영적으로도 성장할 수 있도록 돕고 있으며, 이는 야고보서 2:15-17에 나오는 전인적인 돌봄과 행함이 수반되는 성경적 정신을 잘 나타내고 있다.

이처럼 ET 기업은 신앙과 비즈니스 관행을 결합한 혁신적인 기업가 정신 모델을 제시하여 경제적 성과와 함께 중요한 영적 영향력을 키워가고 있다. 이러한 포괄적인 접근 방식은 기존의 비즈니스 목표를 넘어 목적, 윤리적 무결성, 지역사회 역량 강화를 비즈니스 운영에 통합한다. 이를 통해 ET 기업은 성공에 대한 전통적인 관념에 도전하며, 비즈니스의 사회적 역할을 영적 성장과 변화를 촉진하는 촉매제로 재정의하고 있다.

이러한 벤처의 모든 측면에 신앙을 통합함으로써 창업자의 신앙에 뿌리를 둔 가치·윤리·원칙에 따라 개인과 지역사회가 의미 있는 변화를 경험할 수 있는 역동적인 환경을 조성한다. 결과적으로 ET 이니셔티브는 정신적·물질적 번영을 향한 길을 제시함으로써 보다 윤리적이며 영적으로 활기찬 상생의 비즈니스 환경에 기여하고 있다.

ET 기업이 미치는 총체적 영향력의 사례

빈곤 지역에 위치한 커피 협동조합의 비전은 신앙을 바탕으로 한 기업가 정신의 혁신적인 잠재력을 보여준다. 이 벤처는 지속 가능하고 윤리적인 비즈니스 관행의 모범사례로 자리 잡고 있다.

이 커피 협동조합은 지역 농부들에게 안정적인 일자리를 제공함으로써 빈곤에서 벗어날 수 있는 길을 제시하고, 경제적 역량을 강화하며, 지역사회의 발전을 촉진하고 있다. 안정적인 소득을 제공하는 효과는 단순히 직접 고용된 개인에 그치지 않고, 지역의 전반적인 경제 건전성을 향상시키는 데까지 확장되고 있다.

이 협동조합의 운영 핵심은 지속 가능한 커피 생산을 위한 노력이며, 환경에 미치는 영향을 최소화하기 위해 친환경 농법을 우선으로 채택하는 것이다. 이러한 접근 방식은 창세기 2장 15절의 "여호와 하나님이 그 사람을 이끌어 에덴동산에 두시고 그것을 경작하며 지키게 하시고"라는 성경 구절처럼 지구를 현명하게 관리하라는 성경적 소명을 실천하는 것이다. 이 협동조합은 지속 가능한 기술을 도입함으로써 커피 생산의 미래를 보장하고, 다음 세대를 위해 땅과 자원을 보호하는 데 기여하고 있다.

이 협동조합은 공정 거래 원칙을 수용하여 정의와 형평성에 대한 약속을 반영하고, 농부들이 그들의 노동에 대해 정당한 보상을 받을 수 있도록 보장하고 있다. 이 모델은 커피 생산 과정에 참여하는 각 개인의 존엄성을 향상하며, 레위기 19장 13절에 나오는 공정성과 정의로운 거래에 대한 성경적 근거를 토대로 하고 있다.

"너는 네 이웃을 억압하지 말며 착취하지 말며 품꾼의 삯을 아침까지 밤새도록 네게 두지 말라."

공정한 거래 관행은 공평한 파트너십을 구축하여 생산망에 속한 각 개인의 고유한 가치와 기여를 인정하고 존중과 상호 지원의 문화를 조성한다.

커피 협동조합은 책임감 있는 폐기물 관리, 자연 서식지 보전, 그리고 생물 다양성 증진을 통해 환경 보호에 앞장서고 있다. 이러한 노력은 창세기 2장 15절에서 하나님께서 인간을 에덴동산에 두시고 **"정복하고 가꾸라"**라고 하신 성경의 명령과 일치한다. 협동조합의 친환경적인 실천은 생태계의 균형을 유지하고 지구와 그 자원에 대한 깊은 존중을 반영하고 있다.

경제적 이익을 넘어 커피 협동조합은 지역사회 역량 강화를 위한 등대 역할을 하고 있다. 이 협동조합은 안정적인 고용을 제공하고, 공정 무역을 수용하며, 지속 가능한 농업 관행을 옹호함으로써 지역사회의 존엄성, 회복력 그리고 공동의 목적을 높이고 있다. 이러한 역량 강화는 물질적 혜택을 넘어 개인과 가족이 번영할 수 있는 환경을 조성한다.

이 협동조합 모델은 사도행전 2장 44~45절의 "믿는 사람이 다 함께 있어 모든 물건을 통용하고 또 재산과 소유물을 팔아 각 사람의 필요를 따라 나눠 주며”에서 나타나는 공동체 지원과 향상에 대한 성경적 비전을 잘 반영하고 있다.

커피 협동조합의 사례를 통해 비즈니스가 더 높은 목적을 가지고 운영될 때 얼마나 큰 영향을 미칠 수 있는지를 알 수 있다. 이 벤처 기업은 영적 가치를 기업 운영에 통합함으로써 경제·환경·사회 전반에 걸쳐 지속 가능하고 긍정적인 변화를 끌어낼 수 있음을 입증하고 있다. 또한 안정적인 일자리 창출, 공정 거래 촉진, 환경 보호, 지역사회 역량 강화 등 협동조합 운영의 모든 측면에는 전체적인 웰빙에 대한 헌신이 담겨 있다.

생산되는 모든 커피 한 잔에는 단순한 음료 이상의 의미가 담겨 있다. 그것은 권한 부여, 청지기 정신 그리고 더 나은 미래를 위한 공유된 비전으로 확장되는 변화의 이야기이다. 이 이야기는 골로새서 1장 16~17절에 나타난 피조물에 대한 총체적인 돌봄이라는 성경의 원칙과도 일치한다.

> “만물이 그에게서 창조되되 하늘과 땅에서 보이는 것들과 보이지 않는 것들과⋯⋯. 만물이 다 그로 말미암고 그를 위하여 창조되었느니라.” (개역한글)

이 구절은 모든 피조물의 상호 연결성과 인류에게 주어진 청지기의 역할을 강조하고 있다.

커피 협동조합은 포괄적인 접근 방식을 통해 성경적 가치와 비즈니스 관행을 통합하는 데 성공적인 사례를 보여주고 있다. 이는 신앙을 기반으로 한 벤처가 의미 있는 변화를 끌어낼 수 있는 잠재력을 입증하는 역할을 한다. 이 모델은 경제적 지속 가능성, 환경 보호, 지역사회 역량 강화를 위한 방향성을 제시하며 시장에서 믿음을 실천하는 모습을 생생하게 드러낸다.

ET의 지속적인 유산

ET는 BAM 운동이 추진력을 얻으면서 신앙, 일, 사회적 영향력이 완벽하게 통합되는 미래의 무한한 가능성을 제시하며 모두를 위한 더욱 공평하고 번영하는 세상을 만드는 것을 목표로 하고 있다. 이러한 확장이 시도됨으로써 재정적 생존 가능성과 개인, 지역사회, 환경 개선을 조화롭게 연결하는 새로운 성공 패러다임이 강조된다. 즉, ET는 선교 중심의 기업이 복잡한 글로벌 과제에 대응하는 방식에 대한 패러다임 전환을 의미한다.

ET 기업은 총체적인 프레임워크를 통해 사회·경제·환경 문제를 동시에 해결하고 지속 가능한 개발을 주도하며 지역사회와 생태계 전반에 걸쳐 중대한 변화를 촉진하는 핵심 플레이어로 자리매김하고 있다. 이러한 기업들의 접근 방식은 기존의 비즈니스 목표를 넘어 재정적 생존 가능성과 글로벌 차원의 긍정적인 변화를 끌어내기 위한 깊은 사명을 결합하고 있다.

● 지속 가능한 발전을 위한 촉매 역할

ET 기업은 경제 성장, 환경 관리 그리고 사회적 형평성을 통합하여 지속 가능한 개발의 최전선에 서 있다. 이러한 균형 잡힌 접근 방식을 통해 한 분야의 발전으로 다른 분야가 희생되지 않도록 보장한다. 재생에너지, 지속 가능한 농업, 친환경 관행을 장려함으로써 ET 벤처는 지구를 보호하고 주민들의 번영하는 미래를 보장한다.

● 목적의식을 갖춘 지역사회 역량 강화

ET 기업의 영향력은 경제적 역량 강화에 그치지 않고 더욱 확장되고 있다. 이들 벤처 기업은 안정적인 일자리를 창출하고 공정 거래를 옹호하며 지역 경제에 재투자함으로써 지역사회에 존엄성, 주체성 그리고 회복력을 심어준다. 그 덕분에 지역사회가 주인의식을 가지고 발전을 주도하도록 장려되며, 개인과 집단 모두가 번영할 수 있는 환경이 조성된다.

● 윤리적이고 책임감 있는 리더십

ET 이니셔티브는 사람과 지구의 복지를 최우선으로 하는 윤리적인 비즈니스 관행에 헌신하고 있다. 이 벤처 기업들은 도덕적 가치와 환경의 건강을 해치지 않으면서도 상업적 성공을 이룰 수 있다는 것을 보여줌으로써 모범을 보이고 있다.

ET 벤처는 투명한 운영, 윤리적인 공급망, 근로자에 대한 공정한 대우를 통해 재정적 목표와 사회적 및 환경적 복지를 조화롭게 실현하는 비즈니스 비전을 추구한다. 이러한 접근 방식은 미가서 6장 8절에 나타난 청지기 정신의 성경적 원칙을 잘 반영하며, 정의롭게 행동하고 자비를 사랑하며 겸손하게 하나님과 동행하라는 메시지를 담고 있다.

● 총체적 변화 모델

ET 벤처의 유산은 총체적인 변화를 이끌어내는 능력에 있다. 이 벤처 기업들은 미션 중심의 목표를 비즈니스 모델에 통합함으로써 새로운 기업가 정신의 시대를 열어 가고 있다. 이는 이윤 추구와 인간의 존엄성, 환경 보호, 사회 복지 기여라는 의무 간의 균형을 이루는 것을 의미한다. 이러한 유산은 비즈니스의 지형을 재편하여 희망을 키우고 모두를 위한 것보다 공평하고 지속 가능하며 번영하는 미래를 위한 토대를 마련한다.

● 미래 지향적 비전

ET는 경제적 성공만큼이나 영적 영향력이 중요한 기업가 정신에 대한 포괄적인 접근 방식을 보여준다. 이 벤처 기업들은 신앙과 비즈니스 관행을 결합하여 깊이 있는 가치, 윤리, 원칙을 반영하는 혁신적인 공간을 창출하며 새로운 비즈니스 패러다임을 제시하고 있다. 이러한 모델은 영적 및 사회적 변화를 위한 수단으로써 비즈니스의 잠재력을 드러내며, 기존의 성공 지표에 도전하고 비즈니스 전략을 심오한 영적 신념과 일치시키는 진정한 성취와 목적을 지지한다.

ET의 유산은 윤리적 무결성, 지역사회 발전, 지속 가능한 관행을 성공의 핵심 요소로 삼으라는 분명한 메시지를 전달한다. 따라서 ET 기업은 윤리적이고 자비로우며 영적으로 풍요로운 관행에 대한 확고한 헌신을 통해 더 윤리적이고 포용적이며 영적으로 활기찬 비즈니스 환경을 조성하는 데 기여하고 있다.

ET 벤처는 성공을 재정의하며, 진정한 번영은 사회와 지구에 미치는 전체적인 영향을 통해 이루어진다는 것을 입증한다. 기업가 정신에 대한 이러한 비전은 기업과 개인이 윤리적 진실성, 지역사회 개선 그리고 환경 관리를 기본 원칙으로 삼는 모델을 수용하도록 이끌고 있다. ET 벤처는 신념이 깃든 선교 중심의 비즈니스 관행을 통해 세상에 지속적인 변화를 만들어낼 무한한 기회를 제시한다.

제4장

ET 비즈니스 모델의 독창성과 활용 방법

"너희는 이 세대를 본받지 말고 오직 마음을 새롭게 함으로 변화를 받아 하나님의 선하시고 기뻐하시고 온전하신 뜻이 무엇인지 분별하도록 하라."

– 로마서 12장 2절

비즈니스 모델은 기업이 가치를 창출하고 제공하며 이를 포착하는 방식을 설명하는 구조화된 프레임워크이다. 즉, 비즈니스 모델은 목표 고객, 제품 또는 서비스, 수익 창출, 비용 구조 등 비즈니스의 핵심 요소를 체계적으로 설명하는 틀이다. 간단히 말해 비즈니스가 어떻게 운영되고 수익을 창출할 것인지에 대한 계획이라고 할 수 있다.

ET 비즈니스는 특히 기존 비즈니스 모델과 비교할 때 비즈니스의 개념화, 운영, 가치 평가 방식에 있어서 패러다임의 전환을 의미한다. 이 장에서는 ET 비즈니스의 독특한 특징을 살펴보고, 이 혁신적인 접근 방식에 내재된 도전과 기회를 분석하려고 한다.

ET와 기존 비즈니스 모델의 비교

비즈니스라는 용어를 웹스터 사전에서 찾아보면, "일반적으로 생계를 유지하기 위해 수행하는 상업적 또는 산업적 기업"으로 정의되어 있다. 즉, 비즈니스는 상업적, 산업적 또는 전문적 활동에 종사하는 모든 조직이나 진취적인 단체를 의미한다. 기본적으로 비즈니스는 영리를 목적으로 상품과 서비스를 생산하거나 교환하는 활동을 포함한다.

비즈니스 하면 흔히 미국의 유명한 증권가인 월스트리트(Wall Street)를 떠올리게 된다. 월스트리트 하면 주로 투자와 관련된 이미지가 강하며, 이는 비교적 단순하게 돈과 연결되어 있다. 투자자들은 가능한 한 짧은 시간 안에 더 많은 이익 얻기를 희망하며 기업에 자금을 투자한다. 따라서 월스트리트는 투자자와 기업 간에 자금이 양방향으로 이동하는 통로 역할을 한다.

선교를 중심으로 운영되는 BAM 기업은 비즈니스를 통해 다양한 이해관계자에게 긍정적인 수익을 안겨주는 것을 목표로 한다. BAM 기업에서 하나님은 항상 중요한 이해관계자 중 한 분이시기 때문에, BAM 스트리트는 월스트리트와는 본질적으로 다르다.

Mat Tunehag은 월스트리트와 BAM 스트리트의 차이점을 비교하며 이러한 점을 강조했다. 기업은 금융 자본이 필요하고 수익을 창출해야 하지만 그게 전부는 아니다. BAM 스트리트는 투자자·사업주·운영자의 중요성을 인식하면서도 직원, 고객, 공급업체, 가족, 교회 공동체, 환경 그리고 궁극적으로 하나님과 같은 다른 이해관계자들도 소중히 여긴다.

따라서 BAM 스트리트는 금융 자본뿐만 아니라 지적 자본과 영적 자본 등 다양한 형태의 자본을 비즈니스에 투입하고자 하는 다차원적인 접근 방식을 적용하고 있다. 즉, 여러 진입점과 출구점이 있는 원형 교차로와 유사하다.

사업주가 BAM 비즈니스에 자금을 투자하더라도 그 재정적 수익은 BAM 생태계의 다른 주체에게 돌아갈 수 있으며 수익의 일부는 이익 공유 계획이나 다른 은행에 대한 투자 등을 통해 지역사회로 환원될 수 있다. 결과적으로 BAM 스트리트는 다양한 자원을 가진 더 많은 개인과 그룹을 참여시켜 여러 수준에서 많은 이해관계자에게 혜택을 주는 수단으로 활용된다.[1]

이러한 관점에서 ET 비즈니스는 설립 목적, 운영 전략, 궁극적인 목표에서 전통적인 비즈니스 모델과 크게 다르다. ET 벤처는 신앙, 비즈니스 통찰력, 긍정적인 영향을 미치려는 깊은 헌신이 독특하게 결합한 기업이다. 기존 비즈니스가 주로 수익과 주주 가치 창출에 중점을 둔다면, ET 벤처는 경제적 지속 가능성을 추구하고 명확한 영적·사회적 변화를 궁극적인 목표로 삼고 있다.

이러한 이중적 초점은 재정적 실행 가능성과 선교의 영향력 간의 균형을 유지하며 비즈니스의 지속 가능성을 확보해야 하므로, 비즈니스의 성공을 측정하고 경영 전략을 실행하는 방식이 기존 비즈니스 모델과는 본질적으로 큰 차이를 보인다.[2]

이러한 근본적인 차별점은 다음의 세 가지 영역으로 요약할 수 있다.

● **설립 목적**

기업의 설립 목적이 수익 중심의 접근 방식에서 선교 중심의 접근 방식으로 전환하는 것은 ET 기업의 독특한 특징이다. 이러한 기본 목적의 변화는 기업의 운영 및 전략적 우선순위에 큰 영향을 미친다. 이러한 기업들은 재정적 지속 가능성과 하나님 나라 지향적 사명을 통합함으로써 기존의 수익 중심 패러다임을 넘어선다. 이 전환은 비즈니스의 본질을 이 땅에서 하나님의 목적을 달성하기 위한 수단으로 재구성하는 것이다.

1) 기존 비즈니스 모델

전통적인 사업 환경에서는 매출 성장, 이익률, 주주 수익률과 같은 재정적 수익성이 주요 목표로 설정된다. 이러한 목표를 달성하기 위해 기업들은 공격적인 비용 절감, 시장 점유율 확대, 그리고 어떤 대가를 치르더라도 경쟁 우위를 확보하려는 전략을 자주 채택한다.

이러한 사업 관행은 재정적 성공으로 이어질 수 있지만 직원의 복지, 지역사회 그리고 환경의 안녕을 간과하거나 심지어 해칠 위험이 있다. 누가복음 12장 15절에서 **"그들에게 이르시되 삼가 모든 탐심을 물리치라, 사람의 생명이 그 소유의 넉넉한 데 있지 아니하니라"**라고 말씀하시며 탐욕을 경계하고 삶의 풍요로움이 단순한 소유에 의해 결정되지 않는다는 점을 강조하신다. 이 성경의 경고는 금전적 추구가 더 깊은 가치와 목적을 가릴 수 있는 위험성을 일깨우며, 이윤 추구 중심의 사고

방식에 도전하는 메시지를 전달한다.

2) ET 모델

이익을 최우선으로 하는 기존의 비즈니스 모델과는 달리 ET 벤처는 하나님 나라의 중심 비즈니스 모델을 채택하여 하나님을 섬기고 그의 나라를 확장하는 것을 근본적인 목표로 삼아 설립되었다. 이들은 재정적 지속 가능성의 중요성을 간과하지 않으면서도 사역, 지역사회 변화, 복음 전도의 더 넓은 맥락에서 접근한다.

ET 기업은 사업 목표의 근본에 선교(영적·사회적 목표)를 정교하게 엮어 넣는다. 다시 말해 재정적 생존력이라는 활기찬 실과 사회적 영향력이라는 황금 실, 그리고 신앙에 기반한 원칙이라는 은실을 엮어 하나의 통합된 가치를 만들어낸다. 이러한 의도적인 통합은 의사 결정 과정부터 전략 계획에 이르기까지 기업의 모든 측면에 영향을 미친다. 제공되는 제품이나 서비스는 사회적 필요를 해결하거나 긍정적인 사회 변화를 촉진하기 위해 신중하게 선택된다.

예를 들어, ET 벤처는 개발도상국 여성의 역량 강화를 위해 소액 대출을 제공하며(사회적 영향), 윤리적 대출 관행을 준수하고(믿음의 원칙), 비즈니스 모델의 장기적인 지속 가능성을 확인한다(경제적 실행 가능성). 이러한 목적과 수익의 융합은 우리에게 맡겨진 자원(창조물·재능·재정)을 다른 사람의 이익을 위해 관리하도록 부름을 받은 성경의 청지기 개념(잠언 16:9)을 반영하고 있다.

골로새서 3장 23절에서 모든 일을 **"주를 위해 일하는 것처럼"** 하라고 지시하는 것처럼, ET 비즈니스는 통합적인 접근 방식을 통해 하나님께 영광을 돌리기 위해 노력한다. 즉, 마음과 목숨과 뜻을 다해 하나님을 사랑하고 이웃을 내 몸과 같이 사랑하라는 마태복음 22:37-39의 성경 원칙에 동기를 부여받는다.

이 계명은 ET 설립 목적의 근간이 되며 ET 기업가들이 사업을 운영하는 동안 직원·고객·지역사회를 포함한 모든 이해관계자의 복지를 우선시하는 비즈니스를 만들도록 안내하는 길잡이 역할을 한다.

3) 실제 적용 사례

ET의 철학을 잘 보여주는 대표적인 사례로 '자비의 병원선(Mercy Ships)'을 들 수 있다. 이 기독교 비영리 단체는 의료 서비스 접근이 심각하게 제한되거나 아예 없는 지역을 중심으로, 세계에서 가장 가난한 지역에 세계 최고 수준의 무료 의료 서비스를 제공하는 병원 선박을 운영하고 있다. 기부금, 보조금, 자원봉사 의료진의 노력으로 재정적으로 유지되며, '자비의 병원선'의 주요 임무는 소외된 사람들을 섬기고 치유와 돌봄의 구체적인 행동을 통해 그리스도의 사랑을 실천하겠다는 헌신으로 운영되고 있다.[3]

'자비의 병원선'은 지속 가능한 비즈니스 모델, 즉 의료 서비스 제공 플랫폼을 활용하여 사업과 선교 사역이 어떻게 원활하게 통합되어 더 큰 사명을 이룰 수 있는지를 잘 보여주는 사례이다. 이들의 활동은 즉각적인 건강 문제를 해결하는 데 그치지 않고, 장기적인 건강 결과를 개선하며 지역 의료 전문가를 양성하고 의료 기반 시설을 강화함으로써 지역사회에도 영향을 미치고 있다. 이러한 총체적인 접근 방식은 예수님이 만난 사람들의 육체적·영적 필요를 모두 돌보셨던 예수님의 사역을 반영하고 있다.

> "예수께서 모든 도시와 마을에 두루 다니사 그들의 회당에서 가르치시며 천국 복음을 전파하시며 모든 병과 모든 약한 것을 고치시니라."(마태복음 9:35)

'자비의 병원선' 사례에서 알 수 있듯이 ET 벤처의 근본적인 목적은 하나님 나라를 위한 섬김과 봉사다. 그런 점에서 기존 비즈니스 모델과 차별화된다. 이는 하나님과 이웃을 사랑하라는 계명에 깊이 뿌리를 두고 있으며, 기업가들이 사업 활동의 더 넓은 영향력을 고려하도록 이끌고 있다.

'자비의 병원선'과 같은 실제 사례를 통해 우리는 비즈니스와 선교의 통합이 가져올 수 있는 변화의 잠재력을 확인할 수 있으며, 그리스도의 사랑을 실천하는 강력한 증거가 되고 있음을 알 수 있다. ET 벤처는 전통적인 비즈니스 패러다임에 도전하며, 선교사나 크리스천 기업가들이 자신의 일을 사역과 지역사회 변화를 위한 플랫폼으로 재창조하도록 돕고 있다.

● **경영 전략**

ET 벤처의 경영 전략은 윤리, 기독교적 가치 그리고 총체적 영향력에 대한 헌신을 통합하는 데 중점을 두고 있어 기존 비즈니스의 경영 전략과 뚜렷한 차별성을 보인다. 전통적인 비즈니스 모델이 재정적 이익을 최우선으로 삼는 것과 달리, ET 기업은 윤리적 청지기 정신과 지속 가능한 관행, 그리고 모든 이해관계자의 복지를 포함하는 다차원적 목표를 통해 경영의 우수성을 추구한다.

이러한 접근 방식은 경제적 효율성과 도덕적 책임을 연결하여 비즈니스 관행이 성경적 원칙에 뿌리를 두고 있는 더 깊은 목적을 반영하도록 유도한다. 따라서 ET 기업의 경영 전략은 운영의 우수성을 단순한 재정적 고려에서 벗어나 윤리적 관행, 자원 관리 그리고 모든 이해관계자의 복지를 아우르는 방향으로 전환하고 있다.

1) 전통적인 비즈니스 모델의 경영 전략

기존의 사업 환경에서 경영 전략은 효율성을 극대화하고 시장 점유율을 높이며 경쟁 우위를 확보하기 위해 주로 설계된다. 이러한 목표는 일반적으로 비용 절감, 공격적인 확장, 지속적인 경쟁과 같은 전략을 통해 달성되며, 이러한 경영 방식은 단기적인 재무 성장을 촉진하는 데 효과적일 수 있다.

그러나 이는 근로자 착취, 환경 파괴, 지역사회와의 관계 약화 등 의도하지 않은 부작용을 초래할 수 있다. 당장의 수익성을 위해 윤리적 고려 사항과 장기적인 책임이 우선순위에서 밀리는 경우가 발생하기 때문이다. "속여서 모은 재산은, 너를 죽음으로 몰아넣고, 안개처럼 사라진다"(표준 새 번역)라는 잠언 21장 6절은 부정한 이득의 위험성을 경고하며, 부정직하게 얻은 재산이 결국 공허함과 파멸로 이어진다고 말하고 있다. 이 성경 구절은 비용 대비 수익 중심의 비즈니스 모델에 내재된 윤리적 문제를 반영한다.

이러한 수익성 추구는 때때로 광범위한 윤리적 고려 사항과 사회적 책임을 간과하게 되어, 장기적인 지속 가능성과 진실성(integrity)을 희생하면서 단기적인 이익을 우선시하는 관행으로 이어질 수 있다. 따라서 이러한 경영 방식은 재정적인 측면에서는 성공적일 수 있지만, 사회와 환경에 부정적인 영향을 미치고 직원들의 불만, 대외 이미지 훼손으로 이어질 수 있다.

2) ET 접근 방식: 행동하는 윤리와 가치

대조적으로, ET 벤처는 전통적인 기업들과는 다른 우선순위를 가지고 경영 전략에 접근한다. 재정 건전성과 운영 효율성의 중요성을 간과하지 않으면서도, 윤리적 관행과 기독교적 가치를 운영의 모든 측면에 통합하는 데 중점을 둔다.

재정적 성공도 중요하지만, 하나님을 공경하고 지역사회에 봉사하며 창조 세계를 관리한다는 더 넓은 사명과 통합된 경영 전략을 수립한다. ET 기업의 경영 전략 특징으로는 공정 거래, 환경 보호, 직원 복지의 우선순위를 들 수 있다.

⒜ 공정 거래 관행

ET 기업은 공급업체와 파트너를 공정하고 평등하게 대우하여 전체 공급망에 긍정적인 이바지를 할 수 있도록 노력한다. 공급업체는 공정한 보상을 받고, 근로자는 존엄하게 대우받으며, 자원은 책임감 있게 조달된다. 이러한 경영 방식을 적용할 경우 신명기 24:14-15에 따라 근로자에게 신속하고 공정하게 임금을 지급하고, 경제 거래에서 인간의 존엄성을 존중해야 한다.

⒝ 환경 지속 가능성

지속 가능한 비즈니스 관행은 ET 기업 경영의 또 다른 중요한 기초이다. 이러한 기업들은 하나님의 창조 세계에 대한 헌신의 하나로, 폐기물 감소와 환경적 영향 최소화를 추구한다. 또한, 천연자원의 관리를 통해 하나님의 창조 세계에 대한 청지기적 책임을 우선시한다. 창세기 2장 15절에 나타난 청지기에 대한 성경적 소명은 인류에게 지구를 돌보는 임무를 부여하고 하나님의 설계를 존중하는 책임감 있고 지속 가능한 실천을 장려한다.

⒞ 직원 복지

공정 거래와 환경 보호만큼 중요한 것은 직원 복지에 집중하는 것이다. 직원 개개인을 소중히 여기는 근무 환경을 조성하고, 공정한 임금과 복리후생, 성장 및 발전의 기회를 우선시하는 문화를 만들어야 한다. 또한, 직원을 단순한 근로자가 아닌 하나님의 형상대로 창조된 개인으로 인식하여 존중과 협업, 상호 지원의 문화를 형성해야 한다. 잠언 22장 1절은 재물보다 정직과 좋은 이름의 가치를 강조하며, 기업이 신뢰와 존중을 바탕으로 한 관계를 구축하도록 촉구하고 있다.

이러한 경영 전략은 잠언 20장 7절의 **"의인은 흠 없이 살며, 그의 자손이 복을 받는다"**라는 구절에서 나타나는 진실성(integrity)에 대한 요청과 같은 성경적 원칙에 깊이 뿌리를 두고 있다. 이는 의로움과 진실성이 개인에게 복을 가져다 줄뿐만 아니라 미래 세대에도 지속적인 영향을 미친다는 사실을 일깨워 준다.

ET 기업의 경영 전략은 전통적인 기업과는 달리 주주와 고객을 넘어 더 넓은 범위의 이해관계자(stakeholder)를 포함한다는 점에서 차별화된다. 여기에는 직원·공급업체·지역사회, 심지어 환경까지도 포함되며, 이들은 기업의 사명을 달성하는 데 중요한 파트너로 인식된다. 이러한 포괄적인 접근 방식은 모든 이해관계자가 성공으로부터 혜택을 누릴 수 있는 공유 가치를 창출하는 데 이바지한다.

직원들은 생산성뿐만 아니라 복지와 사명에 대한 기여도(마태복음 22:39)로 평가받고, 공급업체는 공정한 거래 관행과 환경적 책임을 기준으로 선정된다. 지역사회는 ET 기업의 적극적인 참여와 지원을 통해 혜택을 받으며, 기업은 환경을 존중하고 지속 가능한 관행을 비즈니스 모델에 통합하여 환경 보호에 힘쓴다.

모든 이해관계자에 대한 이러한 노력은 네 이웃을 네 몸과 같이 사랑하라는 성경의 원칙(레위기 19:18)을 반영하고 있다. ET 비즈니스는 사업과 관련된 모든 사람의 웰빙을 보장함으로써 즉각적인 제품이나 서비스의 제공을 넘어서는 긍정적인 영향력을 창출한다.

3) 실제 적용 사례

미국 캘리포니아주 로스앤젤레스에 본사를 둔 탐스 슈즈(TOMS Shoes)는 윤리적 경영 전략과 비즈니스 성공을 통합한 대표적인 사회적 기업으로, 그 모범사례로 손꼽힌다. 삶을 개선한다는 사명 아래 설립된 탐스는 신발 한 켤레가 판매될 때마다 한 켤레를 도움이 필요한 어린이에게 기부하는 '1+1' 모델로 운영되고 있다. 이 혁신적인 접근 방식으로 성공적인 비즈니스를 창출했을 뿐만 아니라 전 세계 소외된 지역사회의 필요를 해결하며 사회적으로도 큰 영향을 미치고 있다.

탐스의 전략은 전통적인 자선 활동을 넘어서는 사회적 책임에 대한 헌신을 잘 보여준다. 이는 비즈니스 모델의 핵심 요소로, 회사 운영에서의 결정이 기독교적 가치인 연민(compassion), 청지기 정신, 이웃 사랑(갈라디아서 5:14)을 반영할 수 있음을 나타낸다.

이 회사의 혁신적인 경영 방식은 윤리적 고려 사항과 가치를 경영 전략에 통합함으로써 긍정적인 변화를 위한 강력한 메커니즘을 창출할 수 있음을 보여준다. 또한, 사업의 성공과 사회적 영향력이 상호 배타적이라는 기존의 통념에 도전하고 있다.[4]

따라서 ET 벤처의 경영 전략은 기업이 효율성, 경쟁 우위, 시장 지배력에 접근하는 방식에서의 패러다임 전환을 나타낸다. ET 기업가들은 윤리적 관행, 자원의 청지기 정신, 직원과 지역사회의 복지를 우선시함으로써 운영의 우수성을 달성하고 동시에 하나님 나라에 긍정적인 영향을 미칠 수 있음을 보여준다.

탐스 슈즈와 같은 사례를 통해 우리는 기독교적 가치를 운영 전략에 통합하여 시장에서 정직(integrity), 연민, 청지기 정신의 등대 역할을 하는 선교 중심 비즈니스 모델의 혁신적 잠재력을 확인할 수 있다. 이러한 경영 방식은 기존의 패러다임에 도전하며, 영적 · 사회적 · 환경적 갱신의 강력한 주체로서 비즈니스에 대한 새로운 비전을 제시한다.

● 성공에 대한 포괄적인 비전

ET 기업의 성공 개념은 전통적인 기업의 성공과는 크게 다르다. 전통적인 사업의 성공 지표가 주로 재정적 성과에 초점을 맞추지만, ET 벤처는 영적 · 사회적 · 환경적 · 재무적 목표를 통합하는 포괄적인 접근 방식을 통해 성공에 대한 기존의 개념을 재정의한다.

이러한 관점은 비즈니스를 의미 있고 지속적인 변화를 위한 도구로 활용하겠다는 의지를 반영한다. 또한, 성경에서 영감을 받은 비전과 사명을 일치시킴으로써 ET 기업은 개인, 커뮤니티, 자연 생태계의 번영에 기여하는 결과를 우선시하며, 세상에 긍정적인 영향을 미치겠다는 깊은 헌신의 의지를 보여준다.

1) 기존 비즈니스 모델의 성공 지표

기존의 비즈니스 모델에서 성공은 주로 매출 성장, 수익 마진, 시장 점유율과 같은 재무 건전성 지표로 측정되는 경우가 많다. 이러한 성공 지표는 비즈니스의 재무 건전성과 운영 효율성을 평가하는 데 매우 중요한 기준이 된다.

그러나 재무적 성과에만 초점을 맞추면 비즈니스가 미치는 영향의 범위가 제한되어 직원의 복지, 지역사회의 불평등 심화, 환경에 미치는 광범위한 영향을 간과할 수 있다. 기존의 지표는 인간의 존엄성과 생태계의 균형에 대한 기업의 광범위한 책임을 종종 간과한다. 재정적 지속 가능성은 필수적이지만, 이는 기업이 사회에 기여하는 한 측면에 불과하다.

2) ET의 포괄적인 비전

대조적으로, ET 벤처는 성공의 정의를 확장하여 재정적 실행 가능성뿐만 아니라 영적·사회적·환경적 영향을 포함하고 있다. 이러한 포괄적인 관점은 성경적 원칙에 깊이 뿌리를 두고 있다. 이는 비즈니스를 통해 이 땅에서 하나님의 나라를 발전시키고 섬기겠다는 성경적 세계관을 반영한다.

성공을 위한 이러한 다차원적 프레임워크는 기업에서 파급되는 경제적, 사회적, 환경적 그리고 영적 영향력을 강조한다. 이는 청지기 정신, 정의, 봉사에 대한 헌신을 구체화하여 복잡한 글로벌 과제를 해결하는 작업과 관련된 것이다. 기업의 성경적이고 동시에 비즈니스적인 성공에 대한 비전은 앞서 3장에서 자세히 다루었으며, 이 장에서는 간략히 요약한다.

⒜ 영적 영향력

ET 기업의 핵심은 영적 변화에 중점을 두고 있다는 점이다. ET 기업은 비즈니스를 제자 양육과 전도를 위한 플랫폼으로 간주하며, 모든 비즈니스 활동에 신앙을 통합하는 것을 목표로 하고 있다. 기독교적 가치에 기반한 직장 문화를 조성함으로써 ET 기업가들은 직원, 고객 그리고 지역사회의 영적 성장을 촉진하기 위해 노력한다. 그리고 이러한 모든 상호 작용을, 그리스도의 사랑과 메시지를 반영할 기회로 삼고 있다. 마태복음 28:19~20의 "모든 민족을 제자 삼으라."는 지상명령은 이들의 사업 관행에 영감을 주는 근본적인 지침으로 작용하고 있다.

⒝ 사회적 영향력

빈곤 퇴치, 정의 실현, 지역사회 개발과 같은 문제를 해결하는 것은 ET 벤처의 핵심 사명이다. "오직 정의를 행하며 인자를 사랑하며 겸손하게 네 하나님과 함께 행하는 것이 아니냐"는 미가서 6장 8절의 가르침을 바탕으로, ET 기업들은 소외된 지역사회를 지원하고 공정한 대우를 촉진하며 사회 복지에 기여하는 사업 관행을 실천한다. 이들은 변화를 이끌어내기 위해 노력하며, 자신의 자원과 영향력을 활용하여 체계적인 불공정을 해결하고 취약 계층의 필요를 충족시키고자 한다.

ⓒ 환경 관리의 청지기 정신

ET 기업은 창세기 2장 15절에서 강조된 하나님의 창조 세계를 돌보라는 성경의 명령을 인식하고, 이를 경영 전략에 환경적 지속 가능성을 통합하여 실천하고 있다. 이들은 탄소 배출물을 줄이고 폐기물을 최소화하며 재생 에너지를 지원하는 등 친환경적인 관행을 채택함으로써 지구의 건강에 적극적으로 기여하고 있다. 이러한 기업들은 재무적 수익뿐만 아니라 미래 세대를 위해 자원을 보존하고 생태계를 보호하는 능력으로 성공을 평가한다.

3) 재정의된 성공의 패러다임

앞서 살펴본 바와 같이 ET 벤처는 기존의 비즈니스 모델과는 뚜렷하게 구별되는 설립 목적, 경영 전략 그리고 성공의 지표를 가지고 있다. ET 기업의 또 다른 특징은 불완전한 환경에 대한 적응력과 회복력이다. ET 기업은 미션 중심의 특성 덕분에 종종 도전적이거나 불안정한 환경에서 활동하게 된다. 이를 비유하자면, 미지의 바다를 항해하는 배와 같다. 이러한 복잡성을 헤쳐 나가기 위해서는 적응력과 회복력은 필수적인 자질이 된다.

여기에는 폐쇄적인 국가의 법적 제약을 극복하는 것도 포함될 수 있다. 문화적 차이를 고려하여 현지 관습에 대한 존중과 민감성을 유지하면서 비즈니스 관행에 유연하게 접근해야 할 필요도 있다. 윤리적인 제품이나 서비스로 새로운 시장을 개척하기 위해서는 필요에 따라 기꺼이 실험하고 전략을 조정하는 자세가 요구될 수 있다.

이러한 도전은 잠언 3:5-6의 지혜를 반영하여 "네 마음을 다하여 여호와를 신뢰하고 네 명철에 의지하지 말라"고 촉구한다. 마찬가지로 야고보서 1장 2~4절은 시련을, 인내심을 키울 기회로 삼아 성숙하고 온전한 믿음으로 나아가라고 격려하고 있다. 적응력과 회복력을 수용함으로써 ET 벤처는 어려운 환경에서도 생존할 뿐만 아니라 역경에 맞서 번창하는 경우가 많다.

이러한 특성들, 즉 통합된 목표, 이해관계자의 참여, 그리고 적응력은 ET 기업을 뚜렷한 선교적 사명 중심의 기업으로 구분을 짓는 요소들이다. ET 기업가들은 비즈니스 운영과 신앙적 가치, 사회적 헌신을 결합하여 기존의 비즈니스 패러다임을 넘어서는 새로운 길을 개척하고 있다. 이들의 기업은 청지기 정신, 공동체 의식, 그리고 도전에 맞서는 인내의 원칙을 실현하는 영향력 있는 변화의 주체로 자리 잡고 있다.

위에서 살펴본 바와 같이, ET 벤처의 궁극적인 목표는 전통적인 사업 성공 지표에서 벗어나 보다 포괄적이고 영향력 있는 성공의 비전을 제시하는 것이다. ET 기업은 영적 성장, 사회 정의, 환경적 책임을 재정적 지속 가능성과 통합함으로써 사업의 모든 측면에서 하나님 나라를 섬기겠다는 헌신을 반영한다.

이러한 총체적인 접근 방식은 성공에 대한 전통적인 관념에 도전하며, 기업가들이 비즈니스의 성공을 희망을 고취하고 정의를 증진하며 자신의 벤처를 광범위한 변화와 하나님 나라를 섬기기 위한 봉사의 플랫폼으로 재구성하도록 유도한다. 이 비전은 진정한 번영이 금전적 이득을 넘어 사람, 지역사회 그리고 세계의 총체적인 번영을 포함한다는 점을 강조한다.

제3부

현실의 도전과 미래를 향한 발전

ENTREPRENEURIAL
TRANSFORMATION
OPENING UP NEW PATHS
FOR MISSION

제5장

ET 사역의 도전 극복 및 사역의 확장

"내 형제들아 너희가 여러 가지 시험을 당하거든 온전히 기쁘게 여
기라. 이는 너희 믿음의 시련이 인내를 만들어 내는 줄 너희가 앎
이라. 인내를 온전히 이루라, 이는 너희로 온전하고 구비하여 조금
도 부족함이 없게 하려 함이라."

– 야고보서 1장 2–4절

ET 비즈니스 선교가 직면한 도전에 대해 2장에서 간략히 언급한 바
있다. 이 장에서는 이러한 도전에 대해 더 포괄적이고 상세하게 살펴보
며, 실제 사례를 통해 도전 과제를 극복하고 ET 사역을 확장하는 데 필
요한 통찰력을 제공하고자 한다. 소개될 사례들은 엄밀히 말해 ET 기
업으로 분류되지는 않지만, 실제 기업들이 유사한 문제를 어떻게 해결
했는지를 보여줌으로써, 이러한 장애물을 극복하고 복잡한 환경을 헤
쳐 나가는 데 도움을 줄 것이다.

ET 비즈니스 선교가 마주하게 되는 도전 과제

● 도전 과제 1: 미션과 수익성 간의 균형 맞추기

사회적·환경적·선교적 사명을 추구하면서 재정적 지속 가능성을 달성하는 것은 ET 기업에 중요한 도전 과제 중 하나이다. 특히 의료나 교육과 같이 수익률이 낮지만, 사회적 약속을 이행하는 것이 중요한 분야에서는 이러한 균형을 유지하는 것이 더욱 어려워진다.

ET 기업은 선교의 영향력을 실현하고 장기적인 생존을 위해 수익을 창출하며 사회적 또는 환경적으로 긍정적인 영향을 동시에 추구하는 미션 중심의 기업이다. 이러한 두 가지 목표 간의 긴장 상태는 '이익 폭이 좁은데' '사회적 영향력을 발휘하기 위해 상당한 투자가 필요한' '경쟁 시장'에서 특히 두드러질 수 있다.

한편으로는 사업을 지속하기 위해 충분한 수익을 창출해야 하고, 다른 한편으로는 ET 벤처의 원동력이 되는 사회적 및 영적 목표에 대한 확고한 헌신을 유지해야 하는 상황은 마치 줄타기하는 것과 같다. 이러한 균형을 이루기 위해서는 지혜와 분별력이 필요하며 "한 사람이 두 주인을 섬길 수 없다"라는 마태복음 6장 24절의 말씀을 떠올리게 한다. ET 벤처는 이러한 섬세한 균형을 유지하면서 비즈니스 모델이 재정적으로 실행할 수 있을 뿐만 아니라, 미션 중심의 핵심이 흐려지거나 타협되지 않도록 해야 한다.

균형을 맞추기 위한 해결책

선교의 영향력을 극대화하고 재정적 지속 가능성을 확보하기 위해서는 수익 창출과 그에 따른 적절한 균형을 찾아야 한다. 이를 위해 먼저 경쟁의 우선순위를 정립하는 것이 중요하다. 재정적 이익을 지나치게 강조하면 미션이 훼손될 위험이 있으며, 반대로 미션을 지나치게 강조하면 재정 건전성이 약화되어 기업의 지속 가능성에 부정적인 영향을 미칠 수 있다.

의료나 교육과 같이 많은 ET 기업이 활동하는 분야에서는 수익성이 제한적이어서 상황이 더욱 복잡해진다. 이러한 산업은 경제성이 중요한 소외 계층을 대상으로 하는 경우가 많다. 그래서 저소득층을 위한 양질의 서비스를 제공하면서도 높은 이윤을 남길 여지가 거의 없다. 결국 비용을 충당하는 데 어려움을 겪는 경우가 많다.

이러한 도전을 해결하기 위해 ET 기업은 혁신적인 비즈니스 모델을 채택하여 미션과 수익성 모두를 놓치지 않으면서 지속 가능한 균형을 위한 해결책을 모색할 수 있다. 이는 미션에 부합하는 비즈니스 모델을 채택하는 것으로, 기존의 수익 극대화 모델 대신 비즈니스 전략의 핵심에 선교적 미션을 통합함으로써 미션에 직접적으로 기여하는 수익을 창출할 수 있게 된다.[1,2]

신발 한 켤레가 판매될 때마다 한 켤레가 도움이 필요한 어린이에게 기부되는 '원 포 원(one for one)' 모델을 채택하고 있는 탐스 슈즈는 대표적인 사례이다. 이 혁신적인 모델은 사회적 사명을 수행하는 동시에 독특한 판매 제안으로 작용하여 사회적 의식이 있는 소비자들을 끌어들이고 브랜드 충성도를 높이는 데 기여하고 있다.

미션과 수익성 간의 균형을 이루기 위한 추가 전략으로 수익원의 다각화를 고려할 수 있다. 다양한 수익원을 탐색함으로써 재정적 위험을 줄이고 안정성을 확보할 수 있다. 예를 들어, 교육 분야의 ET 스타트업은 여유가 있는 기업이나 개인에게 프리미엄 교육 프로그램을 제공하고, 그 수익을 통해 소외 계층을 위한 교육 프로젝트에 보조금을 지원하거나 미션에 부합하는 조직과 전략적 파트너십을 체결할 수 있다. 이러한 다각화를 통해 기업은 수익성이 낮은 사업에만 의존하지 않고도 선교의 사명을 효과적으로 지원할 수 있다.

또 다른 전략으로는 임팩트 투자를 활용하는 방법이 있다. 재무적 수익과 긍정적인 사회적·환경적 영향을 모두 중요시하는 임팩트 투자자로부터 자금을 조달받는 것은 옵션이 될 수 있다. 이러한 투자자들은 즉각적인 이익보다 장기적인 가치를 우선시하는 경우가 많아, 자신의 가치에 부합하는 벤처를 지원하기 위해 낮은 수익률을 감수할 의향이 있는 경우가 많다. 이들의 지원을 통해 ET 기업은 재무 건전성을 유지하면서도 미션 중점의 운영에 투자할 수 있다.

혁신적인 비즈니스 모델을 통합하고 수익원을 다각화하며 책임감 있는 자금 조달 방안을 모색함으로써 ET 벤처는 미션과 수익성 간의 균형을 유지해야 하는 복잡한 과제를 해결하고 지속 가능하며 영향력 있는 비즈니스의 기반을 마련할 수 있다. 이러한 접근 방식은 기업의 재정적 지속 가능성을 보장할 뿐만 아니라 사회적 및 환경적 기여를 확대하여 그들이 속한 지역사회에 긍정적인 변화를 끌어낼 수 있도록 한다.

이러한 핵심 과제를 해결함으로써 ET 벤처는 윤리적 기업가 정신의 원칙을 실현하는 탄력적인 기업으로 성장할 수 있으며, 수익성과 미션이 상호 배타적인 것이 아니라 오히려 서로를 강화되는 관계임을 입증할 수 있다.

● 도전 과제 2: 비즈니스 경험의 부족

ET 벤처의 설립자들은 대개 자신이 선택한 사회적 또는 환경적 대의에 대해 깊은 전문성을 지닌 열정적인 변화의 주도자들이다. 이들은 지속 가능한 농업의 권위자, 지역사회 개발 전문가, 또는 제도적 문제를 해결하는 혁신적인 교육자일 수 있다. 그러나 종종 열정이 앞서다 보니 핵심 비즈니스 관행에 대한 이해가 부족한 경우가 있다. 마케팅·재무·운영 등 핵심 비즈니스 기능에 대한 경험이 부족할 경우, 이러한 벤처 기업은 지속 가능한 성장과 장기적인 영향력을 달성하는 데 어려움을 겪을 수 있다.

지난 몇 년간 동남아시아·유럽·중동 지역에서 ET Workshop을 진행하며 현지에서 비즈니스를 하는 선교사들과 교류할 기회를 가졌다. 그 과정에서 많은 선교사들이 비즈니스를 시작할 때 경험이나 지식이 전혀 없거나, 있더라도 매우 제한적이라는 사실에 놀란 적이 여러 번 있었다.

선교지를 방문하면서 비즈니스를 시작했다가 문을 닫은 선교사들을 많이 만났고, 이들 중 대다수는 해당 업계에 대한 경험이나 지식이 전혀 없거나 1년 미만인 경우가 많았다. 평생 비즈니스를 해온 사람조차도 문화와 언어가 다른 나라에서 성공적으로 비즈니스를 운영하기란 쉽지 않은데, 경험이나 지식이 없는 선교사가 비즈니스를 한다는 것은 결코 간단한 일이 아니다.

경험 부족 문제를 해결하는 방안

비즈니스에 대한 경험과 전문성이 부족할 경우 모든 주요 기능에 부정적인 영향을 미칠 수 있다. 이러한 비즈니스에 대한 경험과 지식의 격차를 해소하기 위해 ET 벤처 창업자는 운영 역량을 강화하면서 미션에 부합하는 몇 가지 전략을 채택할 수 있다.

첫 번째로, 외부 전문가의 멘토링과 조언을 받는 것이 중요하다. ET 벤처 창업자는 무엇보다도 자신의 한계와 보완 기술의 필요성을 인식하는 것이 필수적이다. ET 비즈니스 환경의 도전과 기회에 대해 잘 알고 있는 경험 많은 비즈니스 전문가에게 멘토링을 받는 것은 매우 귀중한 도움이 될 수 있다. 멘토는 실질적인 조언뿐만 아니라 비즈니스 세계에서 유용한 인사이트와 인맥을 제공할 수 있기 때문이다.

미국에 본사를 둔 SCORE나 Ashoka와 같은 조직은 사회적 기업가에게 비즈니스와 미션 관련 문제를 모두 안내할 수 있는 경험 많은 조언자를 연결해 주는 비영리 단체이다.

상호 보완적인 경험과 기술을 갖춘 균형 잡힌 팀을 구성하는 것은 창업자의 경험과 전문성을 보완하는 중요한 전략이 될 수 있다. 창업팀을 구성할 때 미션에 대한 열정과 관련 비즈니스 경험을 모두 갖춘 다양한 팀을 구성한다면 창업자는 여러 기술과 관점을 활용하여 벤처의 비즈니스 측면을 효과적으로 관리하고 사명을 발전시키는 데 집중할 수 있을 것이다.

특히 소규모로 시작하는 창업의 경우 마케팅·재무·운영 분야에서의 전문성이 부족할 수 있으므로, 이러한 분야의 인재를 채용하면 창업자의 열정뿐 아니라 지속 가능하며 영향력 있는 벤처를 구축하는 데 필요한 비즈니스 통찰력을 균형 있게 갖출 수 있을 것이다.

상호 보완적인 전문성을 활용하여 세계적인 기업으로 성장한 구글의 사례를 살펴보자. 구글의 창립자인 래리 페이지와 세르게이 브린은 혁신적인 검색 엔진 기술을 개발한 뛰어난 컴퓨터 엔지니어들이다. 그러나 이들은 자신의 전문 분야가 혁신에 있음을 잘 알고 있었고, 대규모 복잡한 회사를 운영하는 데는 적합하지 않다는 사실을 인식하고 있었다. 그래서 그들은 회사 확장 경험이 풍부한 노련한 사업가인 에릭 슈밋을 영입했다.

슈밋의 리더십과 비즈니스 통찰력은 구글이 성장의 난관을 극복하고 오늘날의 글로벌 기술 대기업으로 발전하는 데 크게 이바지했다. 이 사례는 지식 격차를 해소하고 사회적 사명을 가진 벤처의 성공을 보장하기 위해 상호 보완적인 전문성을 찾는 것이 얼마나 중요한지를 강조하고 있다.

창업자는 부족한 경험과 지식을 다양한 교육 기회를 통해 보완하고 비즈니스 감각을 키울 수 있다. 사회적 기업가와 ET 벤처를 위해 특별히 설계된 온라인 강좌, 워크숍, 교육 프로그램은 지식 격차를 해소하고 창업자가 더욱 효과적인 비즈니스 리더로 성장할 수 있도록 돕는다. 예를 들어 코세라(Coursera)와 edX와 같은 온라인 플랫폼은 사회적 기업가를 위한 맞춤형 과정을 제공하며, 전문 워크숍과 자격증 프로그램은 필수 비즈니스 기술에 대한 맞춤형 교육을 제공한다.

비즈니스의 한계를 인정하고, 적극적으로 멘토링을 요청하며, 균형 잡힌 팀을 구성하고, 지속적인 교육을 추구함으로써 ET 벤처 창업자들은 비즈니스 경험 부족이라는 어려움을 극복할 수 있다. 필요한 비즈니스 기술을 갖추게 되면 경쟁이 치열한 비즈니스 환경 속에서 미션 중심의 벤처를 이끌고 사회적 또는 환경적으로 긍정적인 영향을 극대화할 수 있다.

● 도전 과제 3: 탈진(Burnout) 극복하기

ET 벤처 창업자들에게 창업의 여정은 다양한 역할과 책임을 동시에 수행해야 하는 열정적이고도 고된 노동이 될 수 있다. 이들은 사회적 · 경제적 · 환경적 대의를 위해 흔들림 없이 헌신해야 하며, 동시에 지속 가능한 비즈니스 운영에 대한 끊임없는 요구를 해결해야 한다. 미션의 성공과 재정적 생존 가능성을 지속적으로 추구해야 하는 이중적인 노력으로 인해 창업자들은 종종 탈진의 심각한 위험에 직면하게 되며, 이는 개인과 벤처 모두에게 심각한 결과를 초래할 수 있다.

실제로 선교지에서 다양한 규모의 사업을 운영하는 선교사들이 많지만, 이들은 모두 힘들어하고 지쳐 있는 상황이다. 이러한 현상이 나타나는 이유는 무엇일까? 앞서 도전 과제 2에서 언급된 경험 부족과 비즈니스를 제대로 배우지 못한 점, 그리고 비즈니스에 대한 뚜렷한 목적의식 없이 무턱대고 사업을 시작한 것이 한 요인일 수 있다. 그러나 그 외에도 창업에 따른 고유한 압력들이 탈진의 원인이 되었을 가능성이 크다.

기존의 기업가들이 주로 수익에 집중하는 것과는 달리, ET 벤처의 창업자들은 재정적 지속 가능성을 달성하면서 동시에 의미 있는 사회적, 환경적 또는 영적 영향을 창출해야 한다는 이중의 사명에 의해 움직인다. 이러한 이중 책임감은 업무량과 정서적 긴장, 그리고 책임감을 증가시킨다. 그렇게 두 가지 목표를 끊임없이 추구하다 보면 휴식이나 회복의 여지가 거의 없어 만성적인 스트레스와 피로에 시달리게 된다.

창업자의 탈진은 고립된 현상이 아니라 개인과 기업 모두에 영향을 미치는 위협 요소로, 자칫 개인과 비즈니스 모두를 무력화할 수 있다. 이러한 탈진은 개인적으로 신체적 증상으로 나타나며, 종종 정서적 피로감이 동반되는 경우가 많다. 이와 함께 사명감이 약해지고 열정이 감소하며, 한때 동기를 부여했던 목표에 대한 목적의식이 상실되기도 한다. 정신적으로 탈진하게 되면 동기 부여와 의사 결정 능력이 저하되어 생산성이 떨어지고 창업자가 벤처를 효과적으로 이끌 리더십 또한 약화된다.

탈진은 비즈니스에 부정적인 영향을 미치며, 기업 내부에서도 그 결과가 나타난다. 정신적 피로로 인해 잘못된 의사 결정이 이루어질 경우, 이는 벤처의 성장과 문제 해결 능력을 저해할 수 있다. 탈진에 빠진 창업자는 팀원들에게 영감을 주지 못할 뿐 아니라 긍정적인 전망을 유지하는 데 어려움을 겪게 되며, 이에 따라 리더십 문제가 발생할 수 있다.

이러한 문제는 직원들의 사기에 악영향을 미치고, 시간이 지남에 따라 지친 창업자는 조직의 미션에 대한 집중력을 잃게 된다. 결국, 이는 미션의 방향성을 잃게 하고 벤처가 의도한 사회적 또는 환경적 영향력을 위태롭게 할 위험이 있다.

탈진을 방지하기 위한 균형 찾기 해결책

창업자의 탈진을 예방하기 위해서는 미션 완수와 함께 개인의 정신적·육체적 웰빙을 우선시하는 사전 예방적 접근이 필요하다. 이를 위해 몇 가지 주요 전략이 있다. 그 중 하나는 웰빙의 우선순위를 정하는 것이다.

창업자는 지속적인 스트레스를 줄이기 위해 일과 개인 생활의 경계를 명확히 설정해야 한다. 취미 활동, 가족과의 시간, 휴식 등을 위해 개인적인 시간을 따로 할당하면 일과 삶의 균형이 더욱 건강해질 수 있다. 또한, 신뢰할 수 있는 멘토, 친구, 가족 또는 치료사로 구성된 강력한 지원 네트워크를 구축하면 정서적 지원을 받을 수 있으며, ET 벤처 창업자들이 직면하는 독특한 어려움을 털어놓을 기회를 마련할 수 있다.

서로를 지원하는 업무 환경을 조성하는 것은 매우 중요하다. ET 벤처의 리더는 창업자를 포함한 모든 직원에게 일과 삶의 균형을 장려하는 문화를 만들어야 할 책임이 있다. 직원과 창업자의 웰빙을 중시하는 문화는 탈진이 발생하기 전에 예방할 수 있다. 리더는 휴식과 휴가 사용 등 건강한 행동의 모범을 보이며 일과 삶의 균형을 촉진해야 한다.

또한, 직원들이 자신의 업무량과 잠재적인 탈진 증상에 대해 편안하게 이야기할 수 있는 개방적이고 지원적인 환경을 만드는 것도 중요하다. 리더는 탈진이 시작되기 전에 우려 사항을 적극적으로 경청하고 해결책을 모색하여 탈진을 예방해야 한다. 정신 건강 혜택, 마음 챙김 교육, 유연한 근무 옵션과 같은 자원을 제공함으로써 직원들은 자신의 웰빙을 효과적으로 관리할 수 있는 도구를 갖추게 된다. 이는 창업자에게 도움이 될 뿐만 아니라 조직 내 전반적인 웰빙 문화를 조성하는 데에도 기여한다.

자기 관리의 중요성이 개인과 기업에 미치는 영향을 실제 사례를 통해 살펴보도록 하자. 허핑턴 포스트의 창립자인 아리아나 허핑턴(Arianna Huffington)은 탈진을 직접 경험하며, 창업자들 사이에서 탈진이 만연하다는 사실을 깨달았다. 이러한 개인적인 경험을 바탕으로 그녀는 웰빙과 생산성 증진에 초점을 맞춘 회사 Thrive Global을 설립했다. 그녀의 이야기는 장기적인 성공을 위해 개인적·직업적 웰빙을 우선시하는 것이 얼마나 중요한지를 잘 보여준다.

창업자들이 탈진과 싸우는 데 있어서 회복만큼이나 사전 예방적 조치가 중요하다. 탈진의 징후를 조기에 인식하고, 자기 관리 전략을 실행하며 멘토링을 받는 것 그리고 서로를 지지하는 조직 문화를 조성함으로써 ET 벤처 창업자들은 미션에 대한 에너지, 집중력 그리고 열정을 유지할 수 있다.

이러한 노력은 개인의 회복탄력성을 높이고 건강을 보호할 뿐만 아니라, 기업의 역량을 강화하여 지속적인 사회적·환경적 영향력을 발휘할 기반을 마련한다. 이러한 균형을 이루는 것은 미션 중심의 비즈니스 환경에서 지속 가능한 리더십의 본질을 강조한다.

● 도전 과제 4: ET 벤처를 위한 자금 확보의 어려움

자본에 대한 접근성은 모든 스타트업의 생명선이며 성장과 혁신, 궁극적으로 영향력을 발휘할 수 있는 원동력이다. 그러나 ET 벤처의 경우 자금 확보는 특별한 도전 과제가 된다. 높은 재정적 수익률에 중점을 둔 기존 투자자들은 미션 중심의 사회적·환경적 영향과 재정적 지속 가능성을 모두 우선시하는 ET 벤처의 이중 목표를 완전히 이해하거나 인식하지 못할 수 있다. 이러한 우선순위의 차이로 인해 ET 스타트업은 비전 실현에 필요한 자원을 확보하지 못해 어려움을 겪을 수 있다.

ET 벤처가 겪고 있는 자금 조달 문제는 기존 투자 패러다임과의 불일치에서 비롯되는 경우가 많다. 전통적인 벤처 투자자와 엔젤 투자자들은 일반적으로 높은 재정적 수익을 우선시하기 때문에, ET 벤처의 이중 목표를 수익성이 낮거나 위험한 투자로 간주할 수 있다.

이러한 ET 벤처에 대한 생소함과 회의적인 시각 탓에 투자자들이 ET 벤처에 대한 투자를 주저할 수도 있다. 심지어 창업자의 비즈니스 모델이 높은 재무적 성과를 거둘 잠재력에 있음에도 그렇다.

기존 투자자들의 유보하는 태도 외에도, ET 벤처는 자금 조달 경로가 제한적인 경우가 많다. 전통적인 벤처 캐피털 회사들은 ET 벤처가 자신들의 포트폴리오에 적합하지 않다고 판단할 수 있으며, 은행은 수익성이 입증되지 않은 상태에서 대출을 주저할 수 있다. 이처럼 자본 접근성이 제한되면 ET 벤처의 사업 확장, 새로운 해결책 개발, 또는 신규 시장 진출에 제약이 생기고, 궁극적으로 사회적·환경적 영향력을 극대화하는 데 장애가 될 수 있다.

자금 조달 방안

이러한 어려움에도 불구하고 자금 확보 문제는 ET 벤처에 극복할 수 없는 장애물이 아니다. 창업자는 창의적인 접근 방식을 채택하고 다양한 자금 조달 옵션을 탐색함으로써 장벽을 극복하고 투자를 유치할 수 있다. ET 벤처가 고려해 볼 수 있는 자금 조달 방법으로는 임팩트 투자자, 보조금 지원, 크라우드 펀딩 플랫폼 등이 있다.

임팩트 투자자들은 재무적 수익뿐만 아니라 긍정적인 사회적·환경적 영향을 창출하는 벤처를 지원하는 데 관심이 있는 투자자들이다. 이들은 ET 벤처의 독특한 가치 제안에 익숙하며, 빈곤 퇴치나 환경 보존과 같은 시급한 글로벌 과제를 해결하는 벤처에 우선순위를 두는 경우가 많다. 임팩트 투자자의 투자 철학이 이러한 기업의 미션 중심 목표와 일치하기 때문에, ET 벤처 창업자들에게 특히 매력적인 존재이다.[3,4]

임팩트 투자자 외에도 많은 비영리 단체, 정부 기관, 그리고 국제 개발 기금은 ET 벤처에서 창업자의 지분율이 희석되지 않도록 해주는 소위 '희석되지 않는 자본'을 제공할 수 있다. 이들의 보조금은 주로 교육, 청정에너지, 지역 사회 개발 등 특정 산업이나 미션을 겨냥하는 경우가 많다. ET 스타트업은 보조금 기준에 맞춰 목표를 세심하게 조정함으로써 형평성을 포기하지 않고도 필요한 자금을 확보할 수 있다.

기술 제품을 생산하는 경우, 킥스타터(Kickstarter)나 인디고고(Indiegogo)와 같은 크라우드 펀딩 플랫폼을 통해 대중으로부터 직접 자본을 조달할 수 있다. 이러한 접근 방식을 통해 ET 벤처는 기존의 투자 장벽을 넘어서, 미션에 열정을 가진 잠재 고객이나 지지자들과 직접 연결될 수 있다. 크라우드 펀딩은 또한 창업자가 자본을 조달하는 동안 제품이나 서비스의 시장 테스트를 진행하고, 잠재 고객의 관심을 측정하며, 고객 피드백을 수집할 수 있는 시장 검증 도구로서의 역할도 수행하는 장점이 있다.

크라우드 펀딩 플랫폼을 통해 자금을 성공적으로 확보한 사례로는 땡큐그룹(Thankyou Group)이 있다. 호주의 사회적 기업인 땡큐그룹은 원래 '땡큐워터(Thankyou Water)'라는 이름으로 시작하였으며, 크라우드 펀딩을 통해 생수 사업을 운영하고, 그 수익을 개발도상국의 안전한 식수 프로젝트에 기부하는 독특한 사회적 미션을 가지고 있다.

이 캠페인은 광범위한 소비자들의 지지를 바탕으로 크라우드 펀딩의 힘을 활용하여 주요 소매업체에 제품을 입점시키는 데 성공했다. 이러한 성과로 사회적 미션을 위한 중요한 자금을 확보했을 뿐만 아니라, 시장에서 사회적 책임과 연관된 상품의 가능성을 입증하여 더 큰 성장을 위한 발판을 마련하는 데 기여했다.

또 다른 성공 사례로 키바(Kiva)를 들 수 있다. 이 비영리 단체는 독특한 방식으로 크라우드 펀딩을 활용하고 있으며, 키바는 개발도상국의 개인과 기업가들을 전 세계의 소액 대출 기관과 연결하여 소액 대출을 촉진하고 있다. 많은 벤처 기업이 키바의 플랫폼을 통해 기존 투자자를 유치하는 데 어려움을 겪던 프로젝트에 필요한 자금을 확보할 수 있었다. 이 모델은 소규모 기업가에게 자금을 지원할 뿐만 아니라, 글로벌 커뮤니티의 지원도 촉진하고 있다.

전통적인 방법으로 자금을 확보하기 어려운 ET 벤처를 위해 창업자는 기존의 투자 방식을 넘어서는 노력이 필요하다. 임팩트 투자, 보조금, 크라우드 펀딩 등 다양한 자금원을 탐색함으로써 ET 스타트업은 자금 부족 문제를 해결하고 재정적 지속 가능성과 사회적 영향력을 동시에 실현할 수 있다.[5] 자금 조달 전략을 다양화하고, 다양한 투자자에게 맞춤형 접근 방식을 적용하며, 벤처의 독창적인 가치 제안을 강조함으로써 ET 스타트업은 자금 확보의 장애물을 극복하고 미션 중심의 아이디어를 성공시킬 수 있다. 이는 영향력 있는 미래로 나아가는 밑거름이 될 것이다.

● 도전 과제 5: 인재 확보 및 유지의 어려움

숙련된 전문가를 유치하고 유지하는 것은 특히 자금과 자원이 제한적인 소규모 ET 스타트업에게 어려운 과제이다. ET 벤처는 숙련된 인재를 확보하기 위해 높은 연봉, 탄탄한 복리후생 패키지, 명확한 경력 성장 경로를 제공하는 잘 알려진 대기업과 경쟁해야 한다.

따라서 종종 불리한 상황에 부닥치게 되지만, 재정적 제약이 반드시 패배를 의미하는 것은 아니다. 금전적 보상이 중요한 요소이긴 하지만, 모든 구직자의 유일한 동기는 아니다. 특히 젊은 전문가와 가치 지향적인 경력 목표를 가진 많은 이들에게는 미션 중심의 조직에서 일할 기회가 큰 매력을 제공하는 경우가 많다. ET 벤처는 사명을 강조하고 사회 및 환경 문제 해결을 위한 노력을 통해 의미 있는 일을 할 수 있고, 때로는 이러한 열망에 감화되는 이들도 있다.

인재 유치 방안

재정적 한계가 걸림돌이 될 수는 있지만, ET 벤처가 강력하고 헌신적인 팀을 구축하는 데 있어 극복할 수 없는 장애물까지는 아니다. 이러한 재정적 한계를 투명성·유연성·형평성을 우선시하는 풍요로운 업무 환경을 조성함으로써 극복할 수 있다.

회사의 의사 결정과 운영의 투명성 면에서 장점이 있을 경우 직원들은 회사의 미션에 진정으로 연결되어 있다고 느끼게 하고, 회사의 성공에 진정으로 투자하고 있다고 느끼게 된다. 직원들이 회사의 의사 결정, 운영, 목표에 대한 정보를 공유하면, 직원들 간에 신뢰와 주인의식이 형성된다.[6,7]

또한 유연한 근무 일정을 통해 일과 삶의 균형을 촉진하면 인재 풀을 크게 확장할 수 있다. 이러한 유연성은 자율성과 복지를 중시하는 지원자들에게 매력적으로 다가가며, ET 벤처를 미래 지향적인 고용주로 자리매김하게 한다.

스톡옵션과 같은 직원 소유권 기회를 제공함으로써 직원들이 회사의 성공을 함께 나눌 수 있다. 이를 통해 직원과 고용주의 목표가 더욱 긴밀하게 연결되어 장기적인 참여와 동기 부여를 촉진할 수 있다.

소셜 미디어 관리 도구 회사인 버퍼(Buffer)는 매력적인 업무 환경을 조성한 모범 사례로 손꼽힌다. 이 회사는 대기업에 비해 자원이 제한적이지만, 투명성을 중시하여 개방적인 급여 구조를 도입하고, 원격 근무 옵션을 제공하며, 직원들에게 소유권 기회를 부여함으로써 직원들의 충성도를 높이고 잠재적인 재정적 한계를 극복했다.

이러한 전략을 통해 업계 최고 수준의 연봉을 제공하지 않더라도 금전적 보상보다 더 중요한 가치를 추구하며, 의미 있는 일과 긍정적인 업무 문화를 중시하는 우수 인재를 유치하고 유지하는 데 성공했다.

물론, 명확하게 정의된 진정한 사명은 ET 벤처가 보유한 가장 강력한 채용 도구 중 하나이다. 조직의 가치와 목적에 공감하는 잠재적 직원들은 긍정적인 사회적 또는 환경적 변화에 기여할 수 있는 기회를 본질적인 보상으로 여기는 경우가 많다.

야외 의류 회사인 파타고니아는 미션의 힘을 활용하여 인재를 유치한 대표적인 사례이다. 파타고니아의 환경 지속 가능성과 윤리적 실천에 대한 확고한 의지는 이러한 가치를 공유하는 개인들에게 깊은 공감을 불러일으켜, 업계 최고 수준의 급여를 받지 못하더라도 자기 기술과

헌신을 기꺼이 제공하는 충성스럽고 열정적인 인력을 확보할 수 있게
했다.

최고의 인재를 유치하고 유지하는 것은 ET 스타트업에게 어려운 과
제임이 분명하지만, 극복할 수 없는 문제는 아니다. 이러한 벤처 기업
들은 미션 중심의 문화, 직원 소유권 기회, 유연한 근무 방식 등 급여
이상의 가치를 제공함으로써 경쟁이 치열한 인재 시장에서 두각을 나
타낼 수 있다. 이를 통해 숙련된 전문가를 유치할 뿐만 아니라, 수익성
과 의미 있는 영향력을 동시에 추구하는 조직의 목표를 달성하기 위해
헌신하는 인력을 양성할 수 있다.

● 도전 과제 6: 문화와 규제의 복잡성

문화와 언어가 다른 외국에서 기업을 운영해야 하는 ET 스타트업에
게 해외 시장 진출은 독특한 도전 과제가 된다. 다양한 문화와 국경을
넘나드는 복잡한 규제의 그물망은 헤쳐 나가기 어려운 미로처럼 느껴
질 수 있다. 그러나 세심한 접근과 적응력 그리고 새로운 시장 내에서
신뢰를 구축하기 위한 지속적인 노력을 통해 ET 벤처는 이러한 복잡성
을 성공적으로 극복하고 영향력 있는 확장을 이룰 수 있다.

해외에서 창업하는 ET 스타트업은 해외 시장 진출 시 고유한 장애물
에 직면하게 된다. 지역마다 문화적 관행, 가치관, 법적 체계가 다르기
때문에 복합적인 환경이 조성된다. 이러한 차이를 존중하지 않으면 오
해가 발생하고, 신뢰가 깨지며, 궁극적으로 ET 벤처가 긍정적인 변화
를 이루려는 노력이 좌절될 수 있다. 이러한 환경을 극복하기 위해서는
적응력과 현지 문화에 대한 존중, 그리고 충분한 정보를 바탕으로 한

전략이 필수적이다.

이러한 문화적 장벽을 극복하기 위해 ET 스타트업은 전략적으로 접근해야 한다. 해외 선교지에서 오랫동안 활동을 해온 선교사들은 현지에 잘 적응해 이러한 문화적 장애가 크지 않을 수 있지만, 그렇지 않은 경우에는 반드시 극복해야 할 도전 과제가 된다. 문화적 차이는 사회적 가치관, 의사소통 스타일, 비즈니스 관행 등 다양한 측면을 포함하고 있기 때문에, 문화적 차이에서 오는 뉘앙스를 잘못 이해하면 신뢰가 손상되고 협업이 방해받으며 진행이 지연될 수 있다.

예를 들어, 인도에서 흔히 볼 수 있는 '헤드 쉐이킹'이라고 불리는 머리를 좌우로 흔드는 행동은 긍정적인 메시지를 전달할 때 사용되지만, 우리나라를 포함한 대부분의 나라에서는 머리를 위아래로 흔들어 긍정을 표현한다. 이렇게 아주 간단한 의사 표현 하나라도 방식이 다를 경우, 현지의 관습이나 민감성을 고려하지 않으면 뜻하지 않은 오해를 초래할 수 있다.

문화와 규제의 장벽을 극복하기 위한 해결책

이러한 문제를 해결하기 위해 ET 벤처는 현지 문화를 깊이 이해하고 문화적 감수성을 사업 운영에 통합해야 한다. 사업을 시작하기 전에 현지 문화에 대한 철저한 사전 조사를 통해 그 문화를 깊이 이해하는 것이 가장 중요하다.

의사 결정 방식, 규범, 존중의 표현 방식, 비즈니스 에티켓, 의사소통 스타일 등 비즈니스가 일반적으로 이루어지는 방식을 이해하는 것은 모두 고려해야 할 중요한 요소이다. 예를 들어 일본에서는 합의에 기반한 의사 결정을 중시하는 반면, 미국에서는 더 직접적인 접근 방식을 선호하는 경우가 많다. 이러한 차이를 인식하고 적용하는 것이 중요하다.

현지 파트너와의 협업은 문화적 통합을 더욱 강화하는 데 중요한 역할을 한다. 이러한 파트너들은 현지의 전통, 소비자 행동, 시장 역학에 대한 귀중한 통찰력을 제공하는 문화 가이드 역할을 할 수 있다. 앞서 소개한 소액 대출 플랫폼 키바는 현지 파트너십의 중요성을 잘 보여준다. 키바는 대출자의 문화적 맥락을 이해하는 현장 파트너와 협력하여, 프로젝트가 효과적이고 문화적으로 조화를 이루며 신뢰와 장기적인 영향력을 키울 수 있도록 보장한다.

ET 벤처가 직면하고 있는 또 다른 어려움은 각국의 규제 환경이 다르다는 점이다. 이러한 규제 환경은 특히 금융 및 의료와 같이 규제가 엄격한 산업에서 더욱 두드러지며, 규정을 준수하지 않을 경우 법적 문제, 운영 중단, 심지어 시장에서 완전히 배제될 위험 등 다양한 문제가 발생할 수 있다.

이러한 환경을 극복하기 위해 ET 벤처는 목표 시장의 특정 규정을 잘 이해하고 있는 법률 및 규제 전문가와 상담하는 것이 매우 중요하다. 이러한 전문가는 라이선스, 세법, 데이터 개인정보 보호 규정 및 기타 규정 준수 요건에 대한 명확한 정보를 제공하여 잠재적인 함정을 피하는 데 도움을 줄 수 있다. 특히 유럽 연합에 진출하는 의료 중심의 ET 벤처 기업은 엄격한 데이터 보호법을 준수하기 위해 일반 데이터 보호 규정(GDPR: General Data Protection Regulation)을 철저히 따라야 한다.

관련 규제 기관 및 현지 파트너와의 협업은 매우 중요하다. 규정 준수와 투명성에 대한 의지를 보여줌으로써 위험을 완화할 뿐만 아니라 긍정적인 이미지를 높일 수 있다. 온라인 결제 처리 회사인 스트라이프(Stripe)는 복잡한 규제 환경을 성공적으로 헤쳐 나간 좋은 사례이다. 규제가 엄격한 업계에서 사업을 운영하면서 은행 파트너 및 규제 기관과의 긴밀한 협업을 통해 규제를 효과적으로 극복해 왔다.

이러한 협업을 통해 모든 규제를 준수하면서도 여러 국가의 비즈니스에 온라인 결제를 간소화할 수 있었고, 혁신과 규제 준수를 동시에 우선시함으로써 스트라이프는 국제 시장에서 책임감 있는 비즈니스 관행의 중요성을 보여주고 있다. 이 성공 사례는 전 세계적으로 사회적·경제적인 면에서 긍정적인 영향을 미치기 위해 기존 규제 틀 내에서 활동하는 것의 중요성을 강조한다.

스타벅스는 제품과 매장 디자인을 현지화하여 해외 시장에 성공적으로 진출했다. 중국에서는 녹차 향이 나는 메뉴를 추가하고 사교 모임을 선호하는 현지인의 취향을 반영하여 넓은 매장을 설계했다. 이를 통해 문화적 뉘앙스를 존중하고 수용성을 확보했으며, 까다로운 시장에서도 큰 성공을 거두었다.

문화적 감수성의 중요성을 인식하고 문화적 다양성을 수용하며, 현지 파트너와의 신뢰를 구축하고, 규제 요건을 준수함으로써 ET 스타트업은 다양한 국제 시장에서의 규제 환경에 따른 어려움을 극복할 수 있다. 이러한 노력을 통해 사업 범위를 확장하고 글로벌 무대에서 긍정적인 변화를 끌어내며 궁극적으로 더 나은 세상을 만드는 사명을 완수할 수 있다.

● 도전 과제 7: 변화하는 시장과 예측 불가능한 상황

스타트업 세계는 혁신을 통해 성장하지만, 예측할 수 없는 변화에도 취약한 면이 있다. 새로운 기술이 빠르게 등장하고, 소비자 선호는 끊임없이 변하며, 규제는 지속적인 변화를 초래하고, 세계 경제 위기까지 겪는 복잡한 환경 속에서 살아야 한다.

이러한 역동적인 환경을 극복하기 위해 스타트업은 탄력성과 전략적 선견지명, 그리고 관련성을 유지하고 긍정적인 영향을 미칠 수 있는 능력이 필요하다. 또한, 진화하는 시장과 예상치 못한 상황에 직면했을 때 생존뿐만 아니라 번창하기 위해 항해를 조정하고 방향을 수정할 준비가 되어 있어야 한다.

시장을 형성하는 힘은 다양한 측면에서 존재하며 끊임없이 변화하고 있다. 기술 혁신은 산업을 하루아침에 재정의할 수 있으며, 소비자 선호의 변화는 한때 인기를 끌었던 제품을 구식으로 만들기도 한다. 인공지능의 발전은 의료·교육·소매업 등 다양한 분야에 혁신을 가져왔으며, 스타트업은 이러한 기술을 도입하지 않으면 경쟁에서 뒤처질 위험에 처할 수 있다. 또한, 윤리적인 제품에 대한 수요 증가와 같은 소비자 추세는 미션 중심의 벤처 기업에 기회와 도전을 동시에 안겨줄 수 있다.

그러나 예측할 수 있는 시장 변화 외에도 경기 침체, 자연재해, 글로벌 팬데믹과 같은 예기치 못한 상황이 생기기 마련이라 아무리 신중하게 전략을 계획해도 혼란에 빠질 수 있다. 이러한 예기치 않은 혼란은 비즈니스 환경에 큰 영향을 미칠 수 있으며, ET 벤처는 지속적인 성장과 성공을 보장하기 위해 상황에 적응하면서 혁신적인 해결책을 찾아

야 한다.

변화하는 시장과 예측할 수 없는 상황에 적응하기

급변하는 환경에 적응하는 것은 성장 마인드를 키우는 것에서 시작된다. 이는 학습과 경험, 그리고 적응 의지를 통해 기술과 능력을 지속적으로 개발할 수 있다는 믿음을 함양하는 것을 의미한다. 즉, ET 스타트업에게 성장 마인드는 혁신과 실험의 문화를 조성하여 ET 벤처가 '할 수 있다'라는 태도로 도전에 접근하고 해결책을 찾는 데 집중할 수 있도록 돕는다.

2023에 발생한 튀르키예의 지진은 남부 지역을 심각하게 황폐화했다. 피해를 당한 튀르키예와 시리아 두 나라는 수억 톤의 잔해를 처리해야 하는 막대한 과제에 직면해 있었다. 유엔 식량 농업 기구(FAO)는 지진으로 인해 튀르키예의 11개 주요 농업 지역이 심각한 피해를 보았으며, 이에 따라 1,500만 명 이상의 인구와 국가 식량 생산의 20% 이상이 영향을 받았다고 보고하고 있다.

이 지진 발생 이전에, 미국 메릴랜드주에 본부를 둔 비영리 선교 단체 Hope & Wonders는 튀르키예 남부 지역의 한 현지 벤처 창업자에게 자금을 지원했다. 그러나 지진으로 인해 그 벤처 사업은 중단되는 위기를 맞게 되었다. 이러한 상황 속에서 이 창업자는 지진으로 파괴된 건물의 잔해를 처리하는 사업을 구상하였고, 이를 위한 추가 자금을 요청하였다. Hope & Wonders는 이에 응답하여 추가 자금을 지원하였고, 창업자는 새로운 사업을 시작하게 되었다.

이 사례는 비록 규모가 작은 ET 벤처일지라도 창업자의 성장 자세에 따라 급변하는 환경에 신속하게 대응하는 좋은 예시이다. 적응은 일회성의 노력이 아니라 지속적인 과정이다.

ET 스타트업은 성장 마인드를 수용하고, 지속적인 학습 문화를 조성하며, 예상되는 변화와 예기치 못한 변화에 미리 대비함으로써 끊임없이 진화하는 환경을 탐색하고 불확실성 속에서도 성공할 수 있다. 이러한 적응력은 ET 스타트업에게 생존을 넘어서 긍정적인 사회 및 환경 변화를 끌어내는 사명을 수행하는 데 필수적이다. 민첩성을 통해 선제적으로 준비하고 새로운 기회를 포착함으로써, 궁극적으로 미션 중심의 벤처를 통해 더 나은 미래를 위한 촉매제로서 지속적인 영향력을 발휘할 수 있다.

● 도전 과제 8: 변화하는 재정 상황

스타트업의 세계는 본질적으로 역동적이지만, 경제 환경은 스타트업이 직면하는 가장 예측할 수 없는 요소 중 하나다. 특히 ET 벤처는 세계 경제의 변동성에 취약한 또 다른 복잡성에 직면해 있다. 자금력이 풍부한 기존 기업과 달리 ET 스타트업은 종종 더 엄격한 예산으로 운영되고 있기 때문에 사소한 경제 변동에도 큰 타격을 받을 수 있다. 이러한 변동은 경기 침체, 시장 변동성, 또는 예상치 못한 세계적 사건 등 다양한 형태로 나타날 수 있으며, 이러한 도전은 미션 중심의 벤처가 회복력과 적응력을 시험받는 기회가 된다.

경기 침체는 종종 소비자 지출의 급격한 감소를 초래하며, 이에 따라 스타트업의 수익 창출과 자금 확보가 어려워져 성장에 차질이 생길 수 있다. 사회 및 환경 관련 문제 해결을 목표로 하는 ET 벤처의 경우, 경기 침체는 수익성뿐만 아니라 선교 중심 프로그램을 지속하는 능력에도 부정적인 영향을 미칠 수 있다. 환율 변동이나 금리 변동과 같은 시장의 변동성은 재정 계획을 더욱 복잡하게 만들어 어려움을 가중시킨다.

팬데믹, 자연재해, 정치적 불안정과 같은 예기치 못한 글로벌 이벤트는 산업 전반에 걸쳐 파급효과를 일으킬 수 있다. 이러한 ET 분야에서 활동하는 스타트업은 특히 취약할 수 있으며, 공급망, 운영 및 전반적인 비즈니스 환경에 혼란을 겪을 가능성이 높다.

글로벌 팬데믹의 영향을 잘 보여주는 사례로는 COVID-19 기간에 관광 및 호스피탈리티 부문에서 발생한 혼란이 있다. 지역사회 중심의 생태 관광 경험을 제공하는 기업들은 여행 제한으로 인해 운영이 중단되면서 상당한 수익 손실을 겪게 되었다.

변화하는 재정 상황을 극복하기 위한 해결책

끊임없이 변화하는 경제 환경을 헤쳐 나가기 위한 핵심은 신속하고 효과적으로 적응하는 능력을 키우는 것이다. 적응력은 이러한 도전 속에서 기회를 적극적으로 찾아내는 것을 의미한다. ET 벤처는 유연성과 대응력을 갖추고, 필요에 따라 전략과 운영을 조정하여 경제적 위기를 극복할 준비가 되어 있어야 한다. 이러한 적응력을 통해 어려움 속에서도 기회를 포착하고, 미션 중심의 여정을 지속적으로 이어갈 수 있다.

이러한 다양한 과제를 극복하기 위해서는 회복력, 적응력 그리고 흔들리지 않는 인내심을 결합한 다각적인 접근 방식이 필요하다. 여기에서 소개된 성공적인 ET 벤처의 경험은 귀중한 교훈을 제공한다.

ET 벤처는 좌절에서 다시 일어나는 회복 능력을 키우고, 복잡한 문제를 해결하는 데 필요한 역량을 키워야 한다. 또한, 변화하는 상황에 맞춰 전략을 전환하고 조정할 수 있는 적응력은 필수적이다. 유연성을 갖추면 새로운 기회를 활용하고, 새로운 위험을 완화할 수 있다. 디지털 플랫폼으로의 전환, 신제품 출시, 미개척 시장 탐색 등에서 적응력은 지속 가능한 스타트업의 핵심 특성이다. 새로운 시장 현실에 맞춰 전략을 조정하면 생존과 성장이 보장된다.

회복력과 적응력을 키우는 것 외에도, 스타트업이 핵심 사명에 대한 강한 의지를 유지하는 것은 명확성과 목적을 가지고 도전에 대응하는 데 큰 도움이 된다. 이러한 초점은 창의성과 결단력을 촉진하며, 어려운 시기에도 혁신과 인내의 원동력이 되어 사회적 및 환경적 목표에 부합하는 해결책을 추진하는 데 기여한다.

ET 벤처는 경제적 여건을 극복하는 과정에서 고유한 어려움에 직면하지만, 이러한 도전은 혁신과 성장의 기회를 제공하기도 한다. 적응력을 기르고 재정적 회복력을 강화하며 미션에 충실함으로써 ET 스타트업은 장애물을 극복하고 끊임없이 변화하는 경제 환경을 헤쳐 나가며 궁극적으로 더 밝은 미래를 만드는 데 기여할 수 있다. 이들은 불확실성에 직면하더라도 지속 가능한 비즈니스 관행과 긍정적인 사회적 · 환경적 영향을 동시에 추구할 수 있음을 보여준다.

● 도전 과제 9: 사회적 · 정치적 · 종교적 위험

기독교 기반의 기업이나 ET 기업의 경우 외국, 특히 비민주적인 사회나 종교의 자유를 인정하지 않거나 기독교를 받아들이지 않는 국가,

무슬림이 다수를 차지하는 나라, 정치적으로 불안정한 지역 등 도전적인 지정학적·사회문화적 환경에 진입하곤 하는데, 이는 기독교 기업에 복잡한 도전과 위험을 안겨준다. 이러한 도전은 종종 법적 제약, 사회정치적 역학, 종교적 및 문화적 민감성에서 비롯된다. 그러나 전략적인 계획과 문화적으로 민감한 접근 방식을 활용하면 이러한 장애물을 효과적으로 극복할 수 있다.

기독교 관련 기업은 종교적 표현이 엄격히 통제되거나 개종이 금지된 국가에서 법적 장애물에 직면할 수 있다. 경찰국가와 공산주의 정권은 종종 외국 기업에 대해 엄격한 규제를 적용하여, 간접적으로 신앙 기반 활동을 제한하는 현지 법률을 준수하도록 요구한다. 특히 무슬림이 다수를 차지하는 국가에서는 이슬람법에 따라 운영되는 지역에서 사업 관행이 이슬람 원칙에 부합하도록 하는 추가적인 제한이 부과될 수 있다.

또한 기독교를 인정하지 않거나 기독교와 다른 지배적인 종교 이념을 가진 국가에서는 일상생활과 비즈니스 관행에 영향을 미치는 깊은 문화적 규범이 존재할 수 있다. 이러한 가치와 상충하는 행동을 하면 평판에 부정적인 영향을 미치거나 지역사회에서 완전히 배제당할 수 있으며, 기독교를 노골적으로 내세우는 브랜드나 활동 때문에 다른 종교가 지배적이거나 세속주의가 만연한 환경에서 반발을 초래할 수 있다.

● **사회적·정치적·종교적 위험을 극복하기 위한 해결책**

이러한 장애물을 극복하기 위해 새로운 시장에 진출하기 전에, ET 기업은 현지 법률 체계, 사회정치적 맥락, 문화적 규범을 이해하기 위한 포괄적인 연구에 투자해야 한다. 목표 국가에 대한 깊은 이해를 위해 현지 전문가, 법률 고문, 컨설턴트와 협력하면 잠재적인 위험과 기회에 대한 귀중한 통찰력을 얻을 수 있다.

또한, 무슬림이 다수를 차지하는 국가에서는 기업들이 기독교 정신을 훼손하지 않으면서도 무역의 공정성, 기업의 사회적 책임 등 이슬람의 윤리적 원칙에 부합하는 관행을 채택할 수 있다. 이는 지역사회의 가치를 존중하고 상호 이해를 촉진하는 데 기여할 것이다.

종교의 자유가 제한된 환경에서는 종교적 소속을 공개적으로 드러내지 않는 것이 현명할 수 있다. 대신 기업은 지역사회의 필요를 충족시키는 고품질의 제품이나 서비스 제공에 집중하거나, 명확한 진술보다는 행동을 통해 간접적으로 기독교 원칙을 보여주는 게 나을 수 있다. 동시에 ET 기업은 메시지와 운영 방식을 현지 규범에 맞게 조정해야 한다.

이를 위해 중립적인 인지도 확보 전략을 채택하고, 종교적 메시지보다 연민과 지역사회 봉사와 같은 보편적 가치를 우선시해야 할 필요가 있다. 또한, 현지 종교 관습과 명절을 이해하고 존중하는 것은 이해관계자들과의 관계를 강화하는 데 도움이 될 수 있다.

ET 벤처가 직면하는 또 다른 위협은 해당 국가의 정치적 불안정으로 인한 운영 및 보안상의 어려움이다. 정치적으로 불안정하거나 권위주의적인 국가에서는 정부의 감시, 자의적인 법 집행, 자산 몰수 등의 위험이 크다. 이런 지역에서 사업을 운영하는 기업은 금융 거래와 의사소통에 제한을 받을 수 있다. 특히 기독교 기업은 외국 세력의 영향으로 오해받을 수 있으며, 이에 따라 정부와 지역 주민들로부터 의심과 적대감을 받을 가능성이 높다.

또한 정치적 불안정은 폭력, 공급망 붕괴, 직원 채용 및 유지의 어려움과 같은 여러 위험을 초래할 수 있다. 기독교 기업은 특히 종교적 소수자가 표적이 되는 지역에서 직원과 현지 파트너의 안전에 대해 더욱 우려할 수 있다. 이러한 정치적 불안정에 대비하기 위해서는 강력한 비상 계획이 필수적이다. 기업은 예기치 않은 혼란에 직면했을 때 직원 보호, 자산 확보, 운영 연속성 보장 등의 전략을 마련해야 한다. 이를 위해 위험 보험에 투자하고 명확한 대피 계획을 수립하는 것이 중요하다.

정치적 불안정성을 완전히 해결할 수는 없지만, 신뢰할 수 있는 현지 파트너와의 관계를 구축함으로써, 이 위험을 어느 정도 완화할 수 있다. 현지 파트너는 규제 요건과 문화적 기대치를 충족하는 데 필요한 지침을 제공할 수 있으며, 동시에 신뢰도를 높여 지역사회 내에서 긍정적인 관계를 형성하는 데 기여할 수 있다.

지역사회 개발 프로젝트에 투자하거나 지역사회의 필요를 충족시키는 것은 기독교 기업이 지역사회에서 수용성을 높이는 데 기여할 수 있다. 지역 주민들의 생계 개선을 위한 진정한 노력을 보여줌으로써, 기업은 지역사회에서 긍정적인 영향을 미치는 존재로서의 인식을 더욱 강화할 수 있다.

사회적·정치적 위험이 존재하는 지역에서 활동하는 기업에 디지털 기술을 활용한 도구는 위험을 완화하는 데 중요한 역할을 할 수 있다. 원격 관리 시스템과 가상 소통 플랫폼을 활용하면 기업은 현장에 최소한의 인원만 배치한 채로도 운영을 지속할 수 있어 물리적 위험에 대한 노출을 줄일 수 있다.

따라서 사회적·정치적·종교적으로 제약이 많은 어려운 지역에서 사업을 운영하기 위해서는 법적·문화적 운영상의 복잡성을 신중하게 고려해야 한다. 문화적으로 민감한 접근 방식을 채택하고, 강력한 윤리적 기반을 유지하며, 규정 준수와 지역사회 참여를 우선시함으로써 ET 기업은 위험을 줄일 수 있을 뿐만 아니라 지역사회 발전에도 의미 있게 기여할 수 있다. 이러한 노력은 선교 중심의 기업가 정신을 구현하며, 가장 제한적인 환경에서도 신앙 기반의 원칙이 사업 목표와 조화를 이룰 수 있음을 보여준다.

● 도전 과제 10: 지역사회 참여 증진

ET 벤처가 직면하고 있는 도전 중 하나는 그들이 봉사하고자 하는 지역사회의 참여를 끌어내는 것이다. ET 벤처의 성공은 그들이 봉사하고자 하는 지역사회와의 관계의 깊이와 진정성에 의해 결정된다. 앞서 언급된 문화적 장벽, 언어 장벽, 그리고 무엇보다 신뢰 문제로 인해 발생하는 지역사회와의 강력한 관계를 구축하는 데 어려움이 따르며, 이는 ET 벤처가 극복해야 할 중요한 과제 중 하나이다.

다양한 문화적 배경을 가진 ET 실무자들은 그들의 접근 방식이 외국적 가치를 강요하는 것으로 인식될 경우, 긴밀하게 결속된 지역사회에 통합하는 데 어려움을 겪을 수 있다. 또한 ET 사업은 외국, 특히 덜 개발된 국가의 지역사회와 교류할 때, 역사적으로 착취나 불신을 경험한 현지인들이 외부 기업에 대해 경계심을 가질 수 있다. 이러한 지역사회에서 발생하는 특정 문제를 해결하기 위해서는 지역사회와의 강력한 관계와 신뢰를 구축하는 것이 윤리적 의무일 뿐만 아니라 전략적으로도 필수적이다.

의미 있는 커뮤니티 참여를 촉진하는 방법

이러한 장애물을 극복하기 위해 ET 벤처는 문화 교육, 언어 습득, 그리고 커뮤니티 중심의 사업 관행에 투자해야 한다. 지역사회 참여의 핵심은 신뢰를 구축하고, 지역의 필요를 이해하며, 지역사회의 고유한 특성에 공감하는 지속 가능한 해결책을 창출하는 것이다.

ET 벤처가 지역사회와 소통함으로써 그들의 해결책이, 지역사회의 과제, 주민들의 구체적인 필요 및 열망, 그리고 문화적 맥락에 대한 진정한 이해를 바탕으로 이루어졌음을 보여줄 수 있다. 적극적으로 경청하고 의사 결정 과정에 지역사회의 구성원을 참여시킴으로써 ET 스타트업은 피상적인 해결책을 제시하는 대신 문제의 근본 원인을 해결하는 방안을 설계할 수 있다.

예를 들어, 시골 지역에서 운영되는 건강 중심의 ET 벤처는 처음에는 의료 클리닉 설립을 목표로 할 수 있다. 그러나 지역사회에 깊이 참여하다 보니 깨끗한 물의 원활한 공급이 지역 주민들의 주요 관심사라는 것을 깨닫는다고 해보자. 그렇게 깨끗한 물이 건강 문제에 직접적인 영향을 미친다는 사실을 알게 된다면 우선순위를 다르게 설정하게 된다. 즉, 시급한 문제를 먼저 해결함으로써 신뢰를 쌓을 뿐만 아니라, 더 영향력 있고 지속 가능한 해결책을 마련할 수 있게 된다.

또한, 지역사회와 협력하여 개발한 해결책은 지속 가능성이 더욱 높다. 지역사회의 참여 없이 개발된 해결책은 종종 현지 지식, 주인의식,

그리고 지원이 부족한 경우가 많다. 그러나 지역사회 구성원들이 프로젝트에 대한 주인의식을 느끼게 되면, 그들도 프로젝트를 성공시키기 위해 더 많은 투자를 하게 된다. 이는 외부 기관에 대한 의존도를 줄이고 지역사회가 시간이 지나도 해결책을 유지하고 발전시킬 수 있도록 힘을 실어준다.

지역사회와 협력하여 직면한 고유한 문제를 해결한 모범사례가 있다. 원 에이커 펀드(One Acre Fund)는 2006년에 설립된 비영리 단체로 사하라 이남 아프리카의 소규모 농가를 지원하고 있다. 이 단체는 아프리카의 소규모 농부들과 협력하여 농업 생산성과 재정적 성과를 향상시키기 위한 포괄적인 서비스 패키지를 제공한다.[8]

이 농업 BAM 벤처는 커뮤니티 회의를 통해 고품질 종자와 비료에 대한 유통 네트워크, 현대 농업 기술에 대한 교육, 수확 주기에 맞춘 저렴한 자금 조달 옵션 등 지역 농부들이 직면한 특정 과제에 맞춰 맞춤형 교육 프로그램을 제공하는 등 다양한 해결책을 공동 개발하고 있다. 이러한 통합적인 접근 방식을 통해 농부들은 더 많은 식량을 재배하고, 토지에서 더 많은 수입을 올리고 있다.

원 에이커 펀드는 현재 케냐·르완다·탄자니아·에티오피아를 포함한 여러 국가에서 운영되고 있다. 이 프로그램에 참여하는 농부들은 농업 수확량이 평균 50% 증가하고, 농장 소득이 평균 45% 상승하는 성과를 보인다. 이러한 변화는 식량 안보를 개선하고 교육 및 의료 서비스에 대한 접근성을 높여 가족들에게 더 나은 기회를 제공하는 데 기여하고 있다.

원 에이커 펀드의 사례에서 알 수 있듯이, 강력한 지역사회와의 파트너십을 구축하기 위해서는 무엇보다도 지역사회의 문화를 존중하고, 적극적으로 경청하며 지역사회와 협력하여 공동의 해결책을 마련하는 것이 중요하다. 이를 위해서는 하향식 접근 방식을 탈피하고, 지역사회를 미션의 동등한 이해관계자로 간주하는 파트너십 모델을 수용해야 한다.

ET 벤처는 공동 창조와 투명성을 우선시함으로써 이러한 파트너십을 촉진할 수 있다. 이러한 협력적 접근 방식은 지속적인 변화를 위한 토대를 강화하고, ET 벤처의 미래 지향적 정신을 보여준다. 열린 소통, 공유된 목표, 상호 존중을 위한 노력을 통해 ET 벤처는 지역사회와의 신뢰를 쌓고 유지함으로써 끊임없이 변화하는 경제 환경을 헤쳐 나가며 궁극적으로 더 밝은 미래를 만드는 데 기여할 수 있다.

● 도전 11: 네트워크 확대를 통한 영향력 강화

ET 벤처의 역동적이고 상호 연결된 생태계에서 그 영향력을 극대화하기 위해서는 강력한 네트워크를 구축하는 것이 필수적이다. 이 네트워크는 ET 벤처의 성장에 중요한 역할을 하며, 강력한 지원 시스템으로 기능하여 미션 중심의 목표 달성을 돕는다.

그러나 ET 벤처는 특히 언어적 또는 문화적으로 익숙하지 않은 외국에서 운영할 때 비즈니스 네트워크를 개발하고 확장하는 데 어려움을 겪는 경우가 많다. 이러한 어려움은 신뢰, 파트너십 그리고 지속 가능한 성장을 저해하는 다양한 전략적·운영적 요인들의 조합에서 비롯된다.

해외 또는 창의적인 접근 방식이 요구되는 지역에서 운영되는 ET 벤처는 종종 문화적·언어적 장벽으로 인해 효과적인 의사소통이 방해받아 신뢰 구축이 더욱 복잡해질 수 있다. 또한 비즈니스 에티켓, 협상 스타일, 사회적 규범에 대한 오해는 지역 파트너 및 이해관계자와의 강력한 관계 형성을 저해할 수 있다.

이러한 문화적·언어적 장벽으로 인한 어려움 외에도 스타트업은 성장에 필수적인 멘토, 투자자 및 파트너와의 강력한 네트워크에 대한 접근이 제한되어 어려움을 겪는 경우가 많다. 기존 기업과는 달리 스타트업은 자원이 제한적이거나 가시성이 부족하여 적절한 이해관계자를 식별하고 참여시키는 데 어려움을 겪을 수 있다. 예를 들어, 동남아시아의 경쟁 시장에 진출하기 위해서는 현지 공급망과 고객 행동에 대한 세밀한 이해가 필요하지만, 이는 기존의 연락처가 없으면 파악하기가 어렵다.

앞서 언급한 바와 같이 신뢰는 ET 벤처의 기본 요소이며, 특히 서비스가 부족한 지역사회나 외국 투자자와의 교류 시 더욱 중요하다. 특히 새로운 스타트업은 자신들에 대한 회의적인 시각을 극복해야 한다. 예를 들어 저개발 지역에서 소액 금융 서비스를 제공하는 신생 기업은 지역사회에서 착취적인 접근을 하거나, 지역적 어려움에 대한 이해가 부족하다고 인식되면 신뢰를 구축하는 데 어려움을 겪을 수 있다.

영향력을 확대하기 위한 네트워크 확장 전략

이러한 어려움을 해결하기 위해서는 무엇보다 먼저 문화 교육에 투자하고 지역 전문가를 고용하여 문화적 및 언어적 차이를 신속하게 파악하는 것이 중요하다. 업계에서 풍부한 경험을 가진 전문가와의 연결은 귀중한 지침과 지원을 제공한다.

이를 통해 ET 벤처는 최신 트렌드, 모범사례 및 새로운 기회에 대한 정보를 얻을 수 있다. 이러한 지식은 정보에 기반한 의사 결정을 내리고 변화에 적응하며 앞서 나가는 데 매우 중요하다. 업계의 선두 자리를 유지함으로써 ET 벤처는 빠르게 변화하는 환경에서도 해결책의 관련성과 효율성을 유지할 수 있다. 또한 멘토는 현명한 조언자로서 통찰력을 제공하고 자신의 경험을 공유하여 ET 벤처가 직면할 수 있는 문제를 해결하는 데 도움을 준다.

네트워크 구축을 위한 또 다른 전략으로는 링크드인(LinkedIn)과 같은 기존 플랫폼을 활용하는 것이 있다. 다행히도 네트워킹과 인맥 구축을 용이하게 하기 위해 특별히 설계된 다양한 온라인 플랫폼과 전문 커뮤니티가 존재한다. 이러한 플랫폼은 잠재적인 파트너 · 멘토 · 협력자와 연결하는 데 유용한 도구와 기능을 제공한다.

특히 링크드인은 다양한 산업 분야의 전문가들이 널리 사용하는 대표적인 플랫폼으로, 매력적인 프로필을 작성하고 플랫폼에서 적극적으로 활동함으로써 ET 벤처는 성공에 중요한 다양한 인물들과 연결될 수 있다. 이러한 플랫폼을 전략적으로 활용함으로써 ET 벤처는 네트워크를 확장하고, 귀중한 자원과 전문 지식에 접근하여 궁극적으로 성장과 영향력을 가속할 수 있다.

강력한 네트워크를 구축하기 위해서는 시간과 노력 그리고 지속적인 참여가 필수적이다. 이를 위해서는 적극적인 접근 방식과 다른 사람들로부터 배우려는 의지, 상호 이익이 되는 관계를 형성하려는 노력이 필요하다. 이러한 연결망을 통해 ET 벤처는 긍정적인 변화의 미래를 향해 나아갈 수 있는 강력한 지원 시스템을 구축할 수 있다. 이처럼 공유된 지식, 전문성, 자원을 통해 보다 지속 가능하고 공정한 세상을 만들기 위한 공동의 노력을 해야 한다.

지금까지 ET 벤처가 직면한 다양한 도전 과제와 이를 극복한 실제 사례들을 살펴보았다. 이를 통해 언어와 문화가 다르고 정치적·종교적으로 복잡한 지역에 진출하여 사업을 운영하기 위해서는 법적·문화적 운영상의 복잡성을 자세히 파악해야 한다는 사실을 알았을 것이다. 또, 이러한 환경에서 성공하기 위해서는 현지 규범을 인정하고 존중하는 문화적으로 민감한 접근 방식과 윤리 기준에 대한 확고한 의지가 필요하다는 것을 배웠다. 더불어, 규정 준수를 우선시하고 지역사회에 적극적으로 참여하는 것이 신뢰와 협력을 증진하며 잠재적 위험을 완화하는 데 필수적인 전략이라는 사실도 알게 되었다.

ET 기업의 이러한 노력은 선교 중심의 기업가 정신의 본질을 잘 보여준다. 신앙에 기반한 원칙을 사업 목표와 통합함으로써, ET 기업은 가장 어려운 환경에서도 영적 가치와 직업적 야망이 조화롭게 공존할 수 있음을 입증하고 있다. 앞서 제시한 도전 과제를 극복한다면 지속 가능한 성공을 이루는 것뿐만 아니라, 의미 있는 지역 개발에도 이바지하여 지역사회에 긍정적이고 지속적인 영향을 미칠 것이다.

ET 벤처의 성장과 확장 전략

ET 벤처의 발전에 따라 사업 확장뿐만 아니라 사회적 영향력을 극대화하는 것이 점점 더 중요해지고 있다. 이 단계에서 ET 기업은 기존 기업과는 달리 재정적 성장에 그치지 않고, 그 성장을 통해 선교 중심의 목표에 부합하는 보다 광범위하고 깊이 있는 사회적 변화를 이루기 위해 확장을 추구한다.

여기서는 ET 벤처가 특히 복제, 프랜차이징 및 기타 영향력 있는 접근 방식을 통해 확장하고 규모를 키우기 위한 포괄적인 전략을 살펴보려고 한다.

● ET 벤처 확장 목표

ET 벤처의 비즈니스 확장은 일반적인 비즈니스 확장 목표와는 다른 방향으로 진행된다. 전통적인 스타트업의 경우 시장 지배력과 수익 극대화를 우선시하는 경향이 있지만, ET 벤처는 경제적 생존력 달성, 사회적 환경적 그리고 영적 문제 해결을 위한 미션 확대, 서비스 지역의 문화적 상황에 대한 민감성 유지 등 독특하고 다각적인 목표를 가지고 있다. 이러한 목표를 통해 ET 기업은 사업을 성장시키면서 의미 있고 지속 가능한 영향을 미칠 수 있다.[9,10]

ET 벤처의 핵심인 경제적 생존력은 비즈니스가 선교 미션을 성공적으로 수행하면서 재정적으로 자립할 수 있도록 보장한다. 이는 운영 비용을 충당하고, 성장에 투자하며, 사회적 또는 영적 이니셔티브에 재투자할 수 있는 충분한 수익을 창출하는 것을 포함한다. 경제적 실행 가능성은 ET 벤처가 외부 자금에 의존하지 않고 독립적으로 운영할 수 있게 하여 장기적인 안정성과 확장성을 보장하기 때문에 매우 중요하다.

ET 벤처의 미션 확장은 기업이 성장함에 따라 사회적 또는 영적 과제를 해결할 수 있는 능력을 더욱 강화하는 것을 의미한다. ET 벤처는 단순히 지리적이나 운영상의 입지를 넓히는 것에 그치지 않고, 선교적 영향력을 심화하기 위해 지속적으로 노력하고 있다. 이러한 노력에는 고용 기회 확대, 필수 서비스에 대한 접근성 향상, 그리고 비즈니스 관행을 통해 윤리적·영적 가치를 증진하는 것이 포함된다.

주목할 만한 사례로는 '성경적 비즈니스 훈련(BBT: Biblical Business Training)'이 있다. 이는 윤리적이고 효과적인 비즈니스 관행을 위한 성경적 원칙을 가르쳐 리더의 역량을 강화하는 것으로, BBT가 확장됨에 따라 여러 지역의 비즈니스 리더들은 영적 가치를 비즈니스에 통합할 수 있는 능력을 갖추게 되었으며, 그 사명은 더욱 확대되고 있다. 이러한 파급효과는 지역사회에 긍정적인 영향을 미치는 윤리적 기업을 육성하여 경제적 성공과 영적 변화를 결합함으로써, 영적 가치가 지역 전체의 비즈니스에 통합되도록 한다.[11]

ET 벤처가 사업을 확장하려는 중요한 목적 중 하나는 지역적 가치와의 관련성과 일치성을 유지하는 것이다. 새로운 지역으로의 확장을 위해서는 현지의 전통, 신념, 사회 구조에 대한 깊은 이해를 바탕으로 비즈니스가 이러한 가치에 부합하고 이를 존중할 수 있도록 해야 한다. 이러한 요소를 간과하면 저항이나 오해가 발생하고 비효율적인 운영으로 이어질 수 있다.

따라서 ET 벤처가 효과적으로 확장하기 위해서는 이러한 목표들이 원활하게 통합되어야 한다. 경제적 실행 가능성을 달성하면 재원을 다른 유의미한 사업 부문에 재투자할 수 있어 선교의 영향력을 확대하는 데 기여할 수 있다. 또한, 문화적·상황적 민감성은 포용적인 성장을 보장하고 지역사회를 존중하며 신뢰와 장기적인 관계를 형성하는 데 도움을 준다.

명시적으로 ET 벤처는 아니지만, 인도의 아라빈드(Aravind) 안과 시스템은 통합된 목표를 가지고 확장하는 매력적인 사례로 주목받고 있다. 아라빈드는 예방할 수 있는 실명과 같은 사회적 문제를 해결하면서 고품질의 저렴한 안과 진료 서비스를 제공한다. 이 혁신적인 비즈니스 모델은 단계별 가격 책정 시스템을 통해 경제적 지속 가능성을 보장하며, 비용을 낼 수 없는 환자도 포함하여 연간 수백만 명의 환자를 치료함으로써 그 미션을 확장할 수 있게 한다. 이 단체는 현지 문화적 규범과 필요에 민감하게 반응하여 접근성이 뛰어나고 널리 받아들여지는 서비스를 제공한다.

ET 벤처의 확장은 재정적 안정성, 미션 확장, 문화적 조화라는 세 가지 요소를 동시에 고려해야 하는 섬세한 균형을 요구한다. BBT와 아라빈드와 같은 실제 사례는 이러한 균형을 이루기 위한 효과적인 전략을 잘 보여준다. 통합된 목표에 집중함으로써 ET 벤처는 지속 가능한 성장을 통해 광범위한 경제적·사회적·정신적 변화를 끌어낼 수 있다. 이러한 다각적인 확장 목표를 가진 ET 벤처의 실제 확장 모델과 전략에 대해 살펴본다.

● 확장 전략 1: 복제(Replication) 전략

비즈니스 모델의 복제 전략은 최소한의 적응을 통해 새로운 지역에서 성공적인 사업 모델을 재현하고 사업 범위를 확장할 가능성을 보장한다. 이 전략을 효과적으로 활용하기 위해서는 핵심 미션의 일관성과 현지 상황에 대한 적응 가능성 간의 균형을 유지해야 한다. 성공적인 복제는 원래 모델이 가진 경제적·사회적·영적 영향력이 다양한 지역에서도 지속될 수 있도록 보장한다. 문제는 ET 벤처의 가치 무결성(integrity)을 보호하면서 효율적으로 복제할 수 있는 프레임워크를 구축하는 것이다. 이 전략에는 몇 가지 주요 단계가 포함된다.

1) 복제 가능한 모델 구축하기

성공적인 복제는 벤처의 본질을 포착하는 표준화된 모델에서 시작된다. 이를 위해서는 원래의 비즈니스 모델을 철저히 문서화해야 한다. 이 과정에는 일상적인 프로세스부터 장기적인 전략적 목표에 이르기까지 벤처의 모든 측면을 상세히 설명하는 포괄적인 운영 매뉴얼을 작성하는 것이 포함된다. 이러한 지침은 사명, 비전, 영향력 측정에 대해 명확한 용어로 설명하여 모든 위치에서 벤처의 본질이 일관되게 유지될 수 있도록 해야 한다.

영향력 목표를 정의할 때 벤처가 추구하는 경제적, 사회적, 환경적 그리고 영적 변화를 명확히 하고 이에 따른 영향력 목표를 설정해야 한다. 이러한 명확한 초점은 모든 조직이 긍정적인 변화를 위한 약속을 지속적으로 유지하는 데 도움을 준다. 또한, 운영 방법론과 영향력 전달 메커니즘 등 벤처를 차별화하는 고유한 가치 제안 요소를 분명히 설명해야 한다.

이 청사진은 새로운 시장에서 성공의 본질을 유지하는 데 기여하며, 기본 목적이 확장의 모든 측면을 안내할 수 있도록 한다. 이 모델은 원래의 미션과 운영 프레임워크를 충실히 반영하여 핵심 가치와 영향력 목표의 일관성을 보장하는 새로운 벤처를 시작하기 위한 로드맵 역할을 수행한다.

2) 일관성과 품질 보장을 위한 툴 키트 제작

비즈니스 모델은 청사진을 제공하지만, 모든 프랜차이즈나 복제된 운영에서 일관성과 품질을 유지하는 것도 매우 중요하다. 즉 ET 벤처의 복제를 쉽게 하려고 비즈니스 프로세스, 마케팅 전략, 품질 관리 방안을 포함한 상세한 운영 매뉴얼을 개발하는 경우가 많다.

이러한 문서는 새로운 벤처가 확립된 표준을 준수하고, 영향력 있는 목표를 일관되게 달성할 수 있도록 안내하는 동시에 현지의 필요에 맞게 어느 정도 맞춤화할 수 있도록 설계되어야 한다. 예를 들어 교육에 중점을 둔 ET 벤처는 수업 계획, 교사 교육 가이드, 지역사회 참여 전략을 복제 툴 키트에 포함해 품질과 관련성을 보장할 수 있다.

이 운영 매뉴얼은 정기적인 모니터링 및 평가 프로세스를 통해 모든 벤처가 미션과 품질 기준을 준수하고 있는지 확인할 수 있도록 지원한다. 이 단계는 다양한 지역에서 모델의 효과와 영향력의 무결성을 유지하는 데 매우 중요하다.

앞서 소개된 인도의 아라빈드 안과 진료 시스템은 명시적으로 ET 기업은 아니지만 복제 툴 키트의 효과를 잘 보여주는 사례이다. 저렴한 안과 진료 모델을 확장하는 과정에서 Aravind는 표준화된 수술 프로토콜, 의료 종사자를 위한 교육 모듈, 지역사회 봉사 활동을 위한 템플릿을 개발하였다. 이러한 도구들을 통해 이 단체는 고품질 진료에 대한 헌신을 유지하면서 여러 지역에서 모델을 성공적으로 복제할 수 있었다.

3) 파일럿 복제를 통한 모델 테스트 및 개선 작업

ET 벤처는 본격적인 복제에 앞서 파일럿 프로젝트를 통해 유사한 시장에서 모델을 테스트하는 경우가 많다. 이 단계에서는 핵심 가치를 훼손하지 않으면서 문제를 파악하고, 피드백을 수집하며, 필요한 조정을 할 수 있다. 또한, 파일럿 프로젝트는 새로운 환경에서 모델의 실현 가능성을 입증함으로써 이해관계자와 파트너 간의 신뢰를 구축하는 데 도움을 준다.

접근이 제한된 국가에서 기독교 지도자를 양성하는 BAM 벤처기업인 Café 1040은 파일럿 복제를 효과적으로 활용하여 성공적으로 확장한 사례로 주목받고 있다. 처음에는 문화와 물류 환경이 유사한 국가에서 훈련 프로그램을 테스트함으로써 Café 1040은 운영의 청사진을 다듬었다. 이러한 시범 운영을 통해 프로그램의 효과성과 적응성을 확인한 이 벤처 기업은 신앙에 기반한 맥락에서 리더십 개발이라는 핵심 사명을 유지하며 여러 국가의 모델을 성공적으로 복제할 수 있었다.[12]

ET 벤처는 핵심 정체성을 유지하면서도 현지 현실에 적응하는 균형을 찾아야 한다. 복제는 일관성을 강조하는 경향이 있지만, 새로운 장소의 문화적 · 경제적 · 사회적 뉘앙스를 존중하는 것도 매우 중요하다.

이러한 감수성은 장기적인 성공을 위해 필수적인 신뢰와 수용을 촉진한다.

아프리카의 소규모 농가를 지원하는 BAM 벤처인 '원 에이커 펀드'는 지역사회의 문화적 민감성을 잘 반영하여 현지에 적합한 접근 방식을 구현한 모범사례이다. 이 단체는 여러 국가로 사업을 확장하면서 현지 농업 관행과 문화적 규범에 맞춰 농업 교육 및 자원 전달 시스템을 조정하였다. 이러한 일관된 미션과 상황에 따른 유연성을 결합함으로써 원 에이커 펀드는 지역사회를 소외시키지 않고 영향력을 넓힐 수 있었다.

복제는 ET 벤처가 여러 지역으로 영향력을 확장할 수 있는 강력한 전략이다. 벤처 기업은 비즈니스 모델을 문서화하고, 효과적인 툴 키트를 개발하며, 파일럿 복제를 통해 다양한 상황에 적응하면서도 미션의 무결성을 유지할 수 있다. 아라빈드 안과, 카페 1040, 원 에이커 펀드와 같은 실제 사례들은 신중하게 실행될 때 복제가 지닌 혁신적인 잠재력을 잘 보여준다. ET 벤처에서 복제는 각 커뮤니티의 고유성을 존중하며 긍정적인 영향을 확대하는 방법이다.

● 확장 전략 2: 프랜차이즈 전략

프랜차이즈는 ET 벤처에 강력한 확장 전략으로 작용하며, 선교 중심의 사업을 확장하고 현지 기업가들에게 힘을 실어줄 수 있는 두 가지 기회를 제공한다. ET 벤처는 프랜차이즈 모델을 채택함으로써 긍정적인 사회적 · 영적 변화를 위한 헌신을 유지하면서 성장을 이룰 수 있다.

1) 프랜차이즈를 통한 현지 기업가의 역량 강화

복제와 프랜차이즈는 벤처의 범위를 확장할 뿐만 아니라 다양한 방식으로 영향력을 강화하는 데 기여한다. 프랜차이즈를 통해 ET 벤처는 현지 개인들이 ET 벤처의 사명에 부합하는 비즈니스를 운영할 수 있도록 도구, 교육 및 지원을 제공한다. 이를 통해 벤처의 범위를 넓히고 여러 방면에서 영향력을 증대시킬 수 있다. 이 모델은 상당한 이점을 제공한다.

첫째, 현지 소유권을 강화할 수 있다. 프랜차이즈는 현지 기업가에게 사업 소유권을 부여함으로써 경제적 역량을 증진하고 지역사회의 참여를 촉진한다. 현지 기업가는 지역 경제의 이해관계자로서 지속 가능한 발전을 이끌고 외부 원조에 대한 의존도를 줄일 수 있다.

둘째, 신속한 확장을 촉진할 수 있다. 프랜차이즈 모델은 가맹점의 자원과 네트워크를 활용하여 더 빠른 시장 진입과 성장을 가능하게 한다. 이미 현지 상황에 익숙한 프랜차이즈 사업자는 외국 사업자보다 낮은 진입 장벽으로 사업을 시작할 수 있다.

셋째, 미션의 무결성(integrity)을 유지할 수 있다. 프랜차이즈 계약을 통해 ET 벤처는 운영 관행, 윤리적 가치, 미션 중심의 목표를 표준화할 수 있다. 이를 통해 모든 프랜차이즈 지점에서 일관성을 유지하여 브랜드의 무결성과 영향력 목표를 보호할 수 있다.

2) ET 벤처의 프랜차이즈 단계

프랜차이즈 모델을 성공적으로 운영하기 위해서는 몇 가지 중요한 단계를 거쳐야 한다. 첫 번째 단계는 프랜차이즈의 지침을 명확하게 정의하는 것이다. 명확하고 포괄적인 지침은 운영의 일관성을 유지하고 미션과의 일치를 보장하는 데 필수적이다. 이러한 지침에는 성과 지표와 윤리 기준이 포함되어야 한다. 성과 지표는 일자리 창출이나 지역사회 지원 노력과 같은 영향력을 측정하는 요소와 함께 재무 목표를 설정하는 데 도움을 준다. 윤리 기준은 프랜차이즈가 중요한 사명에 부합하는 가치와 관행을 준수하도록 하는 기준을 제공한다.

두 번째 단계는 미션에 부합하는 파트너를 선정하는 것이다. 프랜차이즈 파트너를 신중하게 선택하는 것은 이 모델의 성공에 매우 중요하다. 이상적인 파트너를 선정할 때는 다음과 같은 몇 가지 사항을 확인해야 한다.

① ET 벤처의 사회적 또는 영적 목표에 대한 깊은 헌신이 필요하다.
② 기업가 정신과 현지 시장의 역학 관계에 대한 이해가 중요하다.
③ 프랜차이즈 법인의 가치 및 비전과의 호환성도 고려해야 한다. 예를 들어 많은 성공적인 프랜차이즈 모델에서 볼 수 있듯이, 엄격한 인터뷰와 온보딩(onboarding) 프로세스를 통해 파트너 간의 일치성을 보장할 수 있다.

세 번째 단계에서는 지속적인 지원과 모니터링을 시행한다. 프랜차이즈의 성공을 위해서는 강력한 지원 시스템이 필수적이다. 지속적인 교육과 멘토링 그리고 미션 관련성과 재무적 성과에 대한 정기적인 모니터링은 벤처가 기준을 유지하고 목표를 달성할 수 있도록 보장한다.

BAM 프랜차이즈의 성공적인 사례로 캄보디아의 카페 이니셔티브인

'점토의 항아리(Jars of Clay)'가 있다. 이 사업은 인신매매 생존자들에게 고용과 기술 교육을 제공하기 위한 미션 중심의 노력으로 시작되었다. 프랜차이즈 모델을 채택한 '점토의 항아리'는 현지 가맹점주들에게 개별 매장을 관리할 권한을 부여하며 운영을 확장해 나갔다. 각 카페는 사회적 치유를 촉진하는 핵심 사명을 유지하면서도 각 지역사회의 필요에 맞춘 맞춤형 서비스를 제공한다. 이 모델은 벤처의 혁신적인 영향력이 여러 지역에 복제될 수 있도록 하며, 동시에 현지 운영자에게 경제적 기회를 창출하는 데 기여하고 있다.[13]

요약하자면 ET 벤처의 확장 전략으로서 프랜차이즈는 ET 벤처가 영향력을 확대하는 데 매우 효과적인 도구가 된다. 프랜차이즈는 현지 소유권을 촉진하고 성장을 이끌며, 사명 일치를 보호함으로써 ET 벤처가 다양한 환경에서 영향력을 넓힐 수 있도록 지원한다. '점토의 항아리'와 같은 사례에서 볼 수 있듯이 프랜차이즈 모델은 기업가적 역량을 강화하여 긍정적인 사회적 및 정신적 변화를 확산할 수 있는 큰 잠재력을 가지고 있다. 이러한 전략은 ET 벤처가 시작한 긍정적인 변화를 배가시킬 뿐만 아니라, 더 광범위한 기업가 및 비즈니스 네트워크를 동원하여 공동의 영향력 목표를 달성함으로써 보다 공정하고 지속 가능한 세상을 만드는 데 크게 기여할 수 있다.

● 확장 전략 3: 전략적 제휴(Partnership) 전략

ET 벤처는 종종 내부 성장 전략만으로는 야심 찬 목표를 달성하기에 부족하다는 사실을 인식하게 된다. 진정한 영향력을 확장하기 위해 ET 벤처는 자체 운영 범위를 넘어 미션과 목표를 공유하는 조직과 전략적

파트너십을 구축해야 한다. 이러한 협업을 통해 ET 벤처는 공유 자원을 활용하고 새로운 시장으로 확장하며 사회적·영적 영향력을 더욱 강화할 수 있다.

1) 비영리 단체와 기업 간의 협력을 통해 확장성과 영향력을 강화하기

ET 벤처는 비정부기구(NGO)나 종교 단체와 같은 비영리 단체와의 파트너십을 통해 소외된 지역사회에 대한 지원 범위를 확장할 수 있다. 비영리 단체는 현지의 필요와 문화적 맥락에 대해 깊은 이해를 하고 있는 경우가 많아, 사회적 영향력을 극대화하고자 하는 ET 벤처에 이상적인 협력 파트너가 될 수 있다. 이러한 단체들은 협력을 통해 기반 시설, 지식, 네트워크 등의 자원을 공유함으로써 비용을 절감하고 노력의 효율성을 높일 수 있다.

예를 들어, 인도주의 단체인 월드비전(World Vision)은 지속 가능한 개발 목표를 달성하기 위해 영리 기업과의 협력을 자주 진행한다. 월드비전은 비즈니스와의 파트너십을 통해 경제 활동과 자선 사업을 통합하여 지역사회의 장기적인 역량 강화를 촉진하며, 동시에 기업은 더 깊은 사회적 영향력을 누릴 수 있는 혜택을 얻게 된다.

2) ET 기업 간의 협력

ET 벤처는 다른 ET 조직과의 제휴를 통해 더 큰 성공을 거두는 경우가 많다. 이러한 파트너십을 통해 ET 벤처는 공급망 관리, 마케팅, 재무 계획 등 다양한 전문 지식을 공유할 수 있으며, 이는 새로운 시장에 진출할 때 특히 유용하다. 이러한 협업은 각 파트너의 강점을 결합하여 중복된 노력을 줄이고 혁신을 촉진하는 데 기여한다.

주목할 만한 사례로는 지역 교회 및 기타 선교 중심의 비즈니스와 협력하여 동남아시아 전역에서 기업가 교육을 제공하는 '10/40 벤처스(10/40 Ventures)'가 있다. '10/40 벤처스'는 영적·사회적 목표를 공유하는 현지 기관과 협력하여 프로그램이 상황에 맞고 널리 적용될 수 있도록 한다. 이러한 파트너십을 통해 이 벤처는 운영 규모를 확장하면서도 경제적 및 정신적 변화를 촉진하는 사명을 지속적으로 수행할 수 있다.

3) 효과적인 전략적 파트너십 구축을 위한 핵심 요소

영향력 있는 전략적 파트너십을 구축하고 유지하기 위해 ET 벤처는 조율(alignment)과 생산성을 보장하는 기본 원칙을 준수해야 한다. 따라서 성공적인 파트너십을 형성하기 위해 다음과 같은 몇 가지 핵심 요소를 명확히 확인해야 한다.

첫째, 성공적인 파트너십을 위해서는 사명과 가치관이 일치해야 한다. ET 벤처의 경우, 이는 종종 사회 변화, 윤리적 실천, 그리고 많은 경우 영적 성장에 헌신하는 파트너를 찾는 것을 의미한다. 예를 들어, 공정 무역 의류 브랜드인 텐사우전드빌리지와 개발도상국의 현지 장인 간의 파트너십은 윤리적 거래를 통해 경제적 역량 강화를 목표로 하고 있다. 이러한 비전을 공유함으로써 이 브랜드는 장기적인 협업을 지속할 수 있었고, 불우한 지역사회에 공정한 임금과 시장 접근성을 제공할 수 있었다.

둘째, 상호 보완적인 강점과 자원을 갖추는 것이 중요하다. 성공적인 파트너십은 시너지 효과를 통해 번창하기 때문에 각 당사자는 고유한 자원, 전문성 또는 네트워크를 제공하여 단일 기업이 혼자서는 해결할 수 없는 문제를 더 효과적이고 혁신적으로 해결할 수 있다.

셋째, 효율성을 보장하고 혼란을 방지하기 위해서는 파트너십 내에서 역할과 책임을 명확히 정의하는 것이 필수적이다. 처음부터 명확한 기대치와 지침을 설정하면 책임감을 높이고 조화롭고 생산적인 협업을 촉진할 수 있다.

결론적으로, 전략적 제휴는 ET 벤처가 사업을 확장하고 영향력을 강화하는 데 매우 효과적이다. 그러나 성공적인 제휴를 위해서는 사명이 일치하는 파트너를 신중하게 선택하고, 각 당사자의 고유한 강점을 최대한 활용하며, 명확한 협력 프레임워크를 구축해야 한다. 이를 통해 벤처는 시너지 효과를 창출하고 영향력 있는 생태계를 조성할 수 있다. 이러한 과정은 벤처가 선교라는 가장 중요한 목표를 달성하는 데 기여할 뿐만 아니라, 더 공정하고 지속 가능한 세상을 만드는 데에도 큰 도움이 된다. ET 벤처는 이러한 전략적 제휴를 통해 광범위한 사회적 · 환경적 변화를 실현하고, 모두를 위한 더 나은 미래를 향한 중요한 진전을 이룰 수 있을 것이다.

ET 벤처의 불확실성을 극복하기 위한 전략

ET 비즈니스의 성공으로 가는 길은 종종 독특한 경로를 따른다. 대부분의 ET 기업은 시장 · 사회 · 정치 세력이 예측할 수 없는 방식으로 상호작용하는 역동적이고 불안정한 환경에서 운영된다. 이러한 환경에서 성공하기 위해서는 ET 벤처가 회복탄력성을 키워야 한다. 회복탄력성을 통해 피할 수 없는 도전을 극복할 뿐만 아니라, 더 강하고 적응력 있는 기업으로 성장할 수 있다. 앞서 이 주제를 간략히 언급했는데, 여기서는 회복탄력성을 강화하고 불확실성을 극복하는 데 도움이 되는 구체적인 전략을 자세히 살펴보고자 한다.

● ET 벤처의 혁신과 학습의 촉진

ET BAM 벤처의 회복력은 혁신과 지속적인 학습 문화를 육성하는 데서 시작된다. 이 두 가지 원칙은 서로 보완적일 뿐만 아니라, 사회적 기업가 정신의 불확실성을 극복하기 위한 필수 요소이다. 혁신은 창의성과 문제 해결을 촉진하며, 지속적인 학습은 조직이 새로운 도전에 적응하고 대응할 수 있도록 돕는다.

'빨리 실패하고, 더 빨리 배우자(Fail Fast, Learn Faster)'라는 철학은 실험의 중요성을 강조한다. 아이디어를 신속하게 테스트하고 그 결과를 평가함으로써 벤처 기업은 접근 방식을 반복하고 개선하여 실패를 성장의 기회로 전환할 수 있다. 특히 소외된 시장에서 운영되는 벤처 기업은 대체 유통 채널을 실험하거나 지역사회 요구를 더 잘 충족시키기 위해 제품을 현지화할 수 있다.

이러한 적응적 실험은 위험을 최소화하고 시장 역학에 대한 깊은 이해를 증진시킨다. 다양한 전략을 테스트하고 신속하게 평가함으로써 ET 벤처는 실수로부터 배우고 비효율적인 아이디어를 배제하며, 더 유망한 전략으로 나아갈 수 있다.

또한, 정기적인 평가와 반복 과정을 통해 전략이 외부 현실과 일치하도록 보장해야 한다. 세상은 끊임없이 변화하기 때문에 적응력이 매우 중요하다. 이를 위해서는 영향력과 효율성을 평가하기 위한 데이터 기반 접근 방식과 이해관계자의 피드백을 결합하여 전략을 지속적으로 점검함으로써 벤처는 무엇이 효과적이고 무엇이 비효과적인지를 파악할 수 있다.[14]

이러한 반복적인 프로세스를 통해 사회적 공익을 추구하는 데 있어 관련성과 영향력을 유지할 수 있다. 예를 들어, 커뮤니티 구성원과의 빈번한 상담을 통해 벤처의 전반적인 목표와 일관성을 유지하면서 지역 문제를 더욱 효과적으로 해결하기 위한 서비스 개선에 기여할 수 있다.

팀원에게 권한을 부여하는 것은 매우 중요한 요소이다. 직원들이 자신이 소중하다고 느끼고, 계산된 위험을 감수하며 혁신적인 아이디어를 제안하도록 장려하면 주인의식과 참여도가 높아진다. 이러한 권한 부여는 창의성과 민첩성을 바탕으로 문제를 해결하는 탄력적인 조직 문화를 형성하는 데 기여한다.

● 학습 태도 기르기

학습 자세는 모든 조직, 특히 ET 벤처 회복탄력성의 기초이다. 이러한 자세는 경험을 통해 성장을 촉진하며, 성공과 실패에서 얻은 교훈을 변화의 원동력으로 삼는 것을 강조한다. 개방적인 소통과 피드백은 이러한 학습 문화를 조성하는 데 중요한 역할을 한다. 정직이 최선의 정책이라는 원칙에 따라, 조직 내에서 개방적이고 정직한 의사소통을 장려하면 신뢰와 지속적인 개선의 기반을 마련할 수 있다.

직원·파트너·수혜자 등 모든 이해관계자 간의 투명한 소통은 신뢰를 구축하고 건설적인 비판을 촉진한다. 이를 통해 벤처는 사명과 외부의 기대에 부합하도록 업무를 더 효과적으로 조정할 수 있다. 정기적인 팀 브리핑은 운영상의 비효율성에 대한 통찰력을 제공하고, 커뮤니티 파트너의 의견은 변화하는 사회적 요구를 반영하는 데 큰 도움이 된다.

실험과 위험 감수를 수용하는 것은 매우 중요하다. 기존의 틀을 깨는 것을 두려워하지 말고 계산된 위험 감수와 실험을 벤처 기업의 핵심 요소로 삼는 것이 필요하다. 실험이 장려되면 벤처 기업은 실패에 대한 두려움 없이 새로운 영역을 탐험할 수 있다. 이러한 접근 방식은 실패에 대한 두려움을 없애고, 오히려 혁신을 위한 더 깊은 이해와 성공을 향한 발판으로 작용하는 데 기여한다.

마지막으로, 정기적인 성찰과 적응은 학습 과정을 더욱 견고하게 만든다. ET 벤처는 조직의 관행, 영향력 측정 지표, 외부 조건 등을 주기적으로 검토하여 필요에 따라 방향을 전환할 수 있다. 한걸음 물러서서 평가하고, 집단적 성찰을 위한 시간을 따로 마련함으로써 벤처는 경험을 통해 배우고, 미래를 위한 전략을 수립할 수 있다. 이러한 지속적인 성찰과 적응은 개선과 회복력을 위해 노력하는 학습 조직의 핵심 특징이다.

● 회복력을 조직의 DNA에 통합하기

ET 벤처의 회복력은 일회성 성과가 아니라 지속적인 실천의 결과이다. 이를 위해서는 혁신, 실험 그리고 지속적인 학습의 문화를 조직의 핵심 가치로 삼아야 한다. 이러한 문화적 변화는 회복력이 벤처 운영 체계의 본질적인 요소로 자리 잡도록 보장한다. 앞서 언급한 실패를 신속하게 인정하고, 더 빠르게 배우는 사고방식을 채택하면, 벤처 기업은 변화하는 시장 동향, 경기 변동, 경제 불안정과 같은 예기치 못한 상황이나 외부 압력에 효과적이고 신속하게 대응할 수 있다. 또한, 팀원들에게 실험할 수 있는 자율권을 부여하면 창의력, 문제 해결 능력 그리고 운영 민첩성이 향상된다.

이러한 전략은 ET 벤처가 자원 제약, 변화하는 규제 환경, 변동하는 커뮤니티 요구와 같은 복잡한 문제를 해결하는 데 도움을 준다. 이 벤처 기업들은 사명 중심의 영향력에 집중함으로써 회복력의 중요성을 보여주고 있으며, 그것을 통해 장애물과 좌절을 극복하고 장기적으로 지속 가능한 성장으로 나아가려 한다.

ET 벤처는 비즈니스 선교의 여정을 통해 그들의 이야기와 전략이 더 넓은 사회적 기업가 정신 커뮤니티에 귀중한 교훈이 되고 있음을 보여주고 있다. 이들은 혁신과 학습에 대한 헌신을 바탕으로 한 회복탄력성이 우리 사회에 지속적이고 긍정적인 변화를 불러오는 열쇠임을 입증하고 있다.

여기에서 설명하는 전략을 통해 ET 벤처는 외부의 압력에 효과적으로 적응하고 내부의 도전을 극복하면서도 미션 중심의 영향력을 유지하게 된다. 불확실성 속에서도 강하게 버틸 수 있는 이러한 능력은 회복력 있는 벤처가 다른 벤처와 차별화되는 중요한 요소이다. ET 벤처의 회복력 추구는 적응력, 창의성 그리고 사명 중심의 영향력에 대한 확고한 집중을 특징으로 하는 지속적인 여정이다. 이러한 벤처가 불확실성을 극복하는 과정에서, 수익성과 의미 있는 변화를 균형 있게 추구하는 다른 이들에게 본보기가 되는 청사진을 제공한다.

● 시나리오 계획과 유연한 비즈니스 모델을 통해 회복력을 강화하기

ET 벤처의 여정은 예측할 수 없는 불확실성 속에서 번창하는 것이다. 따라서 현재의 위기를 극복하는 것뿐만 아니라, 더 강해질 수 있는 회복력이 무엇보다 중요하다. 회복력은 단순한 방어적 전략이 아니라, 도전에 직면했을 때 예측하고 적응하며 성장할 수 있는 능동적인 역량이다. 두 가지 핵심 전략인 시나리오 계획과 유연한 비즈니스 모델은 이러한 회복력을 키우는 데 중요한 역할을 한다. 이 두 가지 도구는 ET 벤처가 잠재적인 변화를 예측하고, 예상치 못한 상황에 신속하게 적응하며, 불확실한 환경에서 장기적인 영향력과 성장을 극대화할 수 있도록 지원한다.

1) 다양한 미래를 구상하기 위한 시나리오 계획

시나리오 계획은 불확실한 미래를 헤쳐 나갈 통찰력을 ET 벤처에 제공하는 전략적 방법론이다. 전통적인 계획이 단일하고 선형적인 경로를 가정하는 것과는 달리, 시나리오 계획은 다양한 미래의 가능성을 고려한다. 이러한 접근 방식을 통해 벤처는 미래의 경로와 관계없이 민첩성과 준비성을 유지할 수 있다.

시나리오 계획의 첫 번째 단계는 다양한 미래 가능성에 대비하는 것이다. 잠재적인 시장 변화, 예상치 못한 규제, 새로운 기술 그리고 예기치 않은 파트너십 등 발생할 수 있는 도전과 기회를 모두 파악하여,

낙관적인 결과와 도전적인 상황을 아우르는 폭넓은 시나리오를 만드는 것이 중요하다.

예를 들어, 교육 불평등 문제를 해결하고자 하는 ET 벤처는 디지털 기반 시설 구축에 필요한 자금의 급증, 사회적 기업에 대한 제한적인 정부 정책의 등장, 소비자 지출을 제한하는 경기 침체 등 다양한 시나리오를 고려할 수 있다. 이러한 여러 가능성을 탐색함으로써 벤처는 운영에 영향을 미칠 외부 요인에 대해 포괄적으로 이해할 수 있게 된다.

시나리오가 구성되면, 각 잠재적 미래에 대한 실행 가능한 구체적인 전략과 조치를 수립하게 된다. 이러한 전략으로 자원 부족이나 정책 변화와 같은 위험을 완화하는 데 중점을 두면서, 파트너십이나 시장 확대와 같은 기회의 활용 방법을 모색한다. 이와 같은 이중 접근 방식은 벤처 기업이 불리한 상황에 대비하도록 준비할 뿐만 아니라, 유리한 상황이 발생했을 때 번창할 기반을 마련한다.

목표는 사전 예방적인 청사진을 만드는 것으로, 이는 벤처가 준비하고 적응하도록 즉시 배포할 수 있는 계획이다. 이러한 사전 예방적 접근 방식은 예기치 못한 상황으로 인해 발생할 방심의 함정을 피하는 데 도움을 준다. 시나리오 계획 수립을 통해 경제 위기를 극복하기 위해 수익원을 다양화할 필요성을 인식하거나, 긍정적인 시나리오에서 증가하는 수요를 충족하기 위해 요구되는 기술에 투자해야 할 필요성을 깨닫게 될 수 있다.

시나리오 계획 수립이 조직의 회복력을 향상하는 데 큰 도움이 된다는 연구 결과가 있다. Schoemaker(1995)의 연구에 따르면, 시나리오 계획을 활용하는 기업은 전략적 체계에 적응성을 포함함으로써 변동성을 더 효과적으로 처리할 능력을 갖추게 된다.[15] 이러한 능력은 기회와 도전이 빠르게 변화하는 역동적인 환경에서 운영되는 ET 벤처 기업에 특히 중요하다.

2) 적응을 위한 유연한 비즈니스 모델 구축

비즈니스 모델은 모든 기업의 구조적 틀로서 기업의 운영, 재무 전략 그리고 전반적인 사명을 형성하는 중요한 요소이다. ET 벤처를 통한 기업가적 변혁을 위해서는 이 모델이 일상적인 활동을 지원할 뿐만 아니라, 역동적인 외부 환경에 적응할 수 있는 유연성을 제공해야 한다. 유연한 비즈니스 모델은 전략적 대응을 효과적으로 실행하는 데 필요한 구조적 적응성을 제공함으로써 시나리오 계획을 보완한다. 비즈니스 모델의 유연성을 통해 ET 벤처 기업은 변화하는 상황에 신속하게 대응하고, 방향을 전환하며, 자원을 재구성하고, 목표를 재조정할 수 있다.

유연성은 수익 흐름, 운영 프로세스, 이해관계자 관계 등 비즈니스 모델의 다양한 측면에서 나타난다. 비즈니스의 유연성을 확보하기 위해서는 우선 하나의 수입원에 의존하지 않고 수익원을 다양화해야 한다. 단일 수입원에만 의존하는 것은 ET 벤처가 시장 수요의 변동, 경기 침체, 기부자의 우선순위 변화 등 여러 중대한 위험에 노출될 수 있음을 의미한다.

따라서 ET 벤처 기업은 제품 및 서비스 판매, 자선 단체의 보조금, 임팩트 투자, 전략적 파트너십 등 다양한 수익원을 적극적으로 탐색함으로써 단일 수익원에 대한 의존도를 줄이고, 시장 변동 시 재정적 안정성을 높여 견고한 재정 기반을 구축할 수 있다. 이를 통해 시장 동향의 변화나 자금 부족과 같은 외부 충격에 대한 취약성을 감소시켜 지속 가능한 운영과 성장을 보장할 수 있다.

소외된 지역사회에 직업 훈련을 제공하는 사회적 기업은 수업료를 통해 수익을 창출할 수 있으며, 개발 기관의 보조금과 훈련 과정에서 생산된 상품의 판매를 통해 추가적인 이익을 얻을 수 있다. 이러한 다양한 수익 전략은 재정적 안정성을 보장할 뿐만 아니라, 경제적 혼란 속에서도 사회적 사명을 지속적으로 수행할 기업의 역량을 강화한다. 『스탠포드 사회혁신 리뷰(Stanford Social Innovation Review)』의 연구에 따르면, 혼합형 수익 모델이 특히 어려운 경제 환경에서 미션 중심 조직의 지속 가능성을 어떻게 향상하는지를 강조하고 있다(Foster, Kim & Christiansen, 2009).[16]

운영의 유연성은 매우 중요하다. 체조 선수가 평균대 위에서 균형을 잡는 모습을 상상해 보자. 이것이 바로 ET 벤처가 추구하는 민첩성의 수준이다. 간결한 운영을 유지하고 지나치게 복잡한 구조나 프로세스를 피하면 신속한 의사 결정과 적응이 가능해진다. 이러한 민첩성은 역동적이고 불확실한 환경에서 특히 중요하며, 새로운 정보나 변화하는 시장 상황에 신속하게 대응하여 전략을 전환할 수 있도록 도와준다.

코로나19 팬데믹 동안 많은 사회적 기업들이 디지털 플랫폼으로 전환하거나 서비스 제공 방식을 수정하며 놀라운 민첩성을 보여주었다. 교육 관련 벤처 기업은 온라인 학습으로 전환하였고, 건강 관련 이니셔티브는 원격 의료 솔루션을 도입했다. 이러한 적응적 대응은 지속성을 보장할 뿐만 아니라 영향력과 성장을 위한 새로운 기회를 열어준다. 딜로이트 컨설팅이 발행하는 '딜로이트 인사이트(Deloitte Insights)'는 간소화된 의사 결정 과정과 다기능 팀을 특징으로 하는 조직의 민첩성이 불확실성을 효과적으로 극복하는 데 필수적이라고 강조한다(딜로이트 인사이트, 2020).[17]

비즈니스 모델에 유연성을 통합하는 것은 학술 문헌에서도 충분히 뒷받침되고 있다. Teece 외(1997)는 경쟁 우위를 확보하기 위해 기회를 감지하고 포착하며 운영을 변화시키는 능력, 즉 역동적 역량의 중요성을 강조하고 있다.[18] ET 벤처의 경우, 핵심 강점을 파악하고 이를 활용함으로써 가장 큰 영향을 미칠 분야에 자원과 노력을 집중할 수 있다. 핵심 강점은 전문 지식, 강력한 커뮤니티 관계, 독점 기술 등 고유한 역량을 포함한다. 이러한 강점에 집중함으로써 벤처 기업은 경쟁력을 강화하고, 경쟁사와의 차별화를 이루며, 사회적 및 환경적 기여도를 극대화할 수 있다.

예를 들어, 소외된 지역에서 운영되는 재생 에너지 벤처 기업은 독립형 태양광 기술에 대한 전문성을 우선시할 수 있다. 이 틈새시장에 집중함으로써 벤처 기업은 중요한 에너지 접근 문제를 해결하는 동시에 신뢰할 만한 솔루션 제공업체로서의 명성을 쌓을 수 있다. 이러한 전략적 초점은 벤처 기업의 운영 효율성을 향상할 뿐만 아니라, 그 사명이 활동의 최전선에 있도록 보장한다. 전략적 관리의 자원 기반 이론에 관한 연구는 지속적인 경쟁 우위를 위해 고유한 조직 역량을 활용하는 것의 중요성을 강조하고 있다(Barney, 1991).[19]

● 시나리오 계획과 유연성 간의 시너지 효과

유연성은 변화에 적절히 대응하는 구조적 적응성을 제공하는 반면, 시나리오 계획은 다양한 가능성을 예측하고 이에 대비하는 데 필요한 전략적 통찰력을 제공한다. 이 두 가지 전략을 함께 활용하면 벤처 기업은 잠재적인 어려움을 혁신, 성장 그리고 영향력 확대를 위한 기회로 전환할 수 있다.

ET 벤처는 시나리오 계획과 유연한 비즈니스 모델의 결합으로 시너지 효과를 창출하여 회복력을 위한 견고한 프레임워크를 마련하고, 불확실한 미래에 대비할 수 있다. 시나리오 계획은 다양한 가능성을 예측하고 이에 대한 전략적 통찰력을 제공하는 반면, 유연성은 변화에 적응할 수 있는 구조적 적응성을 부여하여 조직이 계획을 효과적으로 실행할 수 있도록 해준다. 이러한 도구들을 함께 활용함으로써 ET 벤처는 잠재적인 어려움을 혁신, 성장, 그리고 영향력 확대를 위한 기회로 전환할 수 있다.

농촌 지역의 물 부족 문제를 해결하기 위한 사회적 기업을 구상해 보자. 이 기업은 시나리오 계획을 통합하여 기후 변화로 인한 가뭄이나 규제 변화와 같은 잠재적 위험을 파악하고, 이에 대한 비상 전략을 개발할 수 있다. 동시에 다양한 자금 조달 방식, 적응 가능한 기술 그리고 지역 이해관계자와의 파트너십을 특징으로 하는 유연한 비즈니스 모델을 통해 기업이 이러한 전략을 효과적으로 실행할 수 있게 된다. 이러한 이중 접근 방식으로 기업의 회복력을 높일 뿐만 아니라, 기업이 역동적이고 능동적인 변화의 주체로 자리매김할 수 있다.

정치적으로 불안정한 지역에서 운영되는 ET 벤처는 시나리오 계획

을 활용하여 잠재적인 규제 변화에 대비할 수 있다. 현지 비정부기구
(NGO)와의 파트너십 및 다양한 자금 출처를 포함한 유연한 비즈니스
모델을 채택함으로써, 이러한 벤처 기업은 불리한 정책에도 불구하고
지속적으로 운영될 수 있다. 계획과 적응성 간의 시너지는 연속성을 보
장할 뿐만 아니라, 어려운 상황에서도 벤처 기업이 사명을 달성할 수
있는 능력을 강화한다.

유연한 비즈니스 모델은 ET 벤처의 지속 가능한 영향력과 성장의 기
반이 된다. 수익원을 다양화하고, 민첩성을 수용하며, 핵심 강점을 활
용함으로써 벤처 기업은 불확실성을 극복하고 사명을 뒷받침하는 강력
한 프레임워크를 구축할 수 있다. 시나리오 계획과 결합한 이 모델은
벤처 기업이 복잡한 환경에서도 번창할 수 있도록 지원하며, 도전을 긍
정적인 변화의 촉매제로 전환하는 데 기여한다.

결론적으로 탄력성을 구축하는 과정은 전략적 선견지명과 구조적 적
응성을 요구하는 복합적인 과정이다. ET 벤처의 경우, 시나리오 계획
과 유연한 비즈니스 모델은 불확실성을 극복하는 데 필수적인 도구이
다. 이러한 전략을 통해 예측할 수 없는 상황을 장애물이 아닌 기회로
전환하여 벤처가 급변하는 환경에 적응하고 사명 중심의 영향력을 지
속할 수 있다.

제6장

기업가적 비즈니스 선교의 미래를 구상하다

"전도와 사회 행동은 가위의 두 날이나 새의 두 날개와 같습니다.
둘 다 복음이 날아오르기 위해 필수적입니다."

— 존 스토트(John Stott)

비즈니스를 미션으로 삼고 있는 ET 비즈니스의 환경은 역동적으로
변화하고 있다. 조각가가 원석을 세심하게 다듬듯, 새로운 트렌드와
기술 발전, 지속 가능성 및 윤리적 관행에 대한 전 세계적인 요구가
ET 벤처의 기반을 재편하고 있다. 진화하는 ET의 영역은 상업과 기독
교적 목적이 만나는 길을 지속적으로 밝혀주며, 의미 있는 변화를 끌
어낼 수 있는 전례 없는 기회를 제공한다. ET의 미래는 역동적인 가능
성과 복잡한 도전으로 특징지어지며, 미션 중심의 비즈니스를 통해 큰
영향을 미치고자 하는 기업가들에게는 혁신, 적응력, 미래 지향적인

접근 방식이 요구된다. 이 장에서는 이렇게 역동적으로 변화하는 환경 속에서 기업으로서 그리고 선교 전략으로서 ET 벤처의 미래를 살펴보려고 한다.

ET 비즈니스 생태계의 새로운 트렌드와 기회

ET 사역은 비즈니스와 선교가 별개의 구조로 존재하는 것이 아니라, 두 가지가 통합되어 하나님의 기업으로서 하나님 나라를 확장하는 것을 목표로 하는 사역이다. 이를 위해 기업이라는 도구를 활용하여 사역을 수행한다. 그러나 이러한 사역을 성공적으로 이끌어가기 위해서는 비즈니스 세계에서 지속적으로 생존하고 발전해야 한다. ET 비즈니스 분야는 급성장하는 시장에서 도전과 기회를 동시에 제공하는 혁신적인 경향으로 구성된 역동적인 환경이다. 따라서 이러한 ET 벤처가 직면할 미래의 환경을 파악하고 그 의미를 이해하는 것은 세상에 지속적이고 긍정적인 영향을 미치고자 하는 기업가에게 가장 중요한 과제이다.

● 지속 가능성과 환경 관리

ET 비즈니스 환경을 변화시키고 있는 가장 두드러진 추세 중 하나는 지속 가능성과 환경 보호에 대한 끊임없는 추구이다. 소비자, 투자자, 규제 기관은 더 이상 기업의 환경적 영향을 외면하지 않으며, 투명성과 책임성을 요구하고 있다. 이들은 기업이 탄소 발자국과 전반적인 환경 발자국에 대해 책임을 다할 것을 촉구하고 있다.

전 세계적으로 환경 파괴와 자원 부족에 대한 우려가 커짐에 따라, 기업들은 점점 더 지속 가능한 관행을 채택하고 있다. 이는 ET 벤처가 친환경 혁신의 선구자로 자리 잡을 특별한 기회를 제공한다. ET 벤처는 생산부터 유통까지 폐기물과 탄소 배출을 최소화하는 지속 가능한 공급망 개발을 선도할 수 있다.

생분해성 포장 솔루션을 전문으로 하는 ET 스타트업이 플라스틱 폐기물을 줄이며 식품 산업에 혁신을 가져온다고 가정해 보자. 또는 태양광 발전 장비와 같은 재생 에너지 솔루션 개발에 집중하거나, 가뭄에 시달리는 지역을 위한 혁신적인 물 절약 기술을 개발하는 ET 벤처를 상상해 볼 수 있다.

이러한 기업들은 재생 에너지를 적극적으로 도입하고, 폐기물 감소에 힘쓰며, 윤리적 외주를 우선시함으로써 사회적 책임을 중시하는 소비자들의 증가하는 기대에 부응할 것이다. 이러한 노력은 환경 보호에 크게 기여할 뿐만 아니라 브랜드 평판을 향상해 ET 신생 기업이 윤리적 비즈니스 운동의 선두 주자로 자리매김하는 데 기여할 것이다.

● **디지털 혁신**

디지털 혁명은 비즈니스 운영 방식을 끊임없이 재정의하고 있으며, ET 벤처도 이러한 혁신의 흐름에 발맞추고 있다. 운영 효율성을 높이는 디지털 플랫폼부터 전략적 의사 결정을 위한 데이터 분석에 이르기까지, 디지털 혁신은 비즈니스의 규모를 확장하고 그 영향력을 강화하는 도구를 제공한다. 이러한 디지털 기술을 활용함으로써 ET 비즈니스는 새로운 차원으로 도약할 획기적인 전환점을 맞이할 수 있다.

블록체인 기술을 활용하면 복잡한 공급망의 투명성과 추적성을 확보할 수 있다. 예를 들어, 블록체인을 통해 커피가 재배되는 농장에서 소비자의 컵에 이르기까지 커피 원두의 흐름을 추적할 수 있다. 또한, 사회적 책임을 중시하는 소비자들을 위해 공정 거래 관행과 윤리적 조달을 보장하는 커피 회사를 상상해 보자. 이 회사는 AI를 활용하여 운영을 최적화하고, 특정 고객층을 위한 맞춤형 마케팅 활동을 진행하며, 챗봇을 통해 향상된 고객 서비스를 제공할 수 있다. 한편, ET 의료 스타트업은 AI를 활용하여 의료 데이터를 분석하고, 소외된 지역사회에 원격 상담을 제공함으로써 환자와 양질의 의료 서비스 간의 격차를 해소할 수 있다.

디지털 플랫폼은 특히 전통적인 기반 시설이 부족한 외딴 지역에서 ET 벤처의 시장 접근성을 크게 향상할 수 있다. 예를 들어, 외딴 마을의 장인들과 글로벌 구매자를 연결하여 경제적 기회와 문화적 교류를 촉진하는 ET 스타트업이 만든 온라인 장터를 생각해 볼 수 있다. 전자상거래와 모바일 결제 시스템을 통해 ET 비즈니스는 지리적 장벽을 넘어 외딴 지역의 소외된 시장에 도달할 수 있다.

ET 벤처 기업이 개발한 모바일 뱅킹 솔루션은 이전에 은행 서비스를 이용하지 못했던 사람들에게 금융 서비스를 제공하여 공식 경제에 참여할 기회를 제공한다. 이러한 디지털 혁신을 수용함으로써 ET 비즈니스는 영향력을 확장할 뿐만 아니라, 끊임없이 변화하는 시장 환경에 적응하여 장기적인 성공을 보장할 수 있다.

● 사회적 포용과 경제적 역량 증진

사회적 기업가 정신의 부상은 ET의 미래를 더욱 풍요롭게 만들어준다. 사회적 포용과 경제적 역량 강화를 더 이상 단순한 유행어로 치부할 수 없는 시대에 접어들었으며, 이는 오늘날 세계적으로 강조되는 사안이다. 젊은 세대가 목적 지향적인 경력을 우선시함에 따라, 의미 있는 영향을 미치고자 하는 열정을 가진 인재들이 점점 더 많아지고 있다.

사회적 불평등과 소외된 커뮤니티의 어려움에 대한 인식이 높아짐에 따라 포용, 평등, 권한 부여를 촉진하려는 ET 스타트업에게는 큰 기회가 열리고 있다. 또한, 전통적으로 소외된 사람들에게 교육, 의료, 금융 서비스 또는 고용 기회를 제공하는 벤처들은 긍정적인 사회 변화를 끌어낼 수 있는 독보적인 위치에 있다.

전쟁으로 폐허가 된 지역이나 난민 캠프의 어린이들에게 원격 학습 기회를 제공하기 위해 관련 교육 기술을 개발하는 ET 스타트업을 상상해 보자. 또는 의료 분야에서 혁신을 이루어 저소득층 커뮤니티에 양질의 의료 서비스를 제공하기 위해 저렴하고 접근하기 쉬운 의료 기기나 이동식 클리닉을 만드는 ET 벤처를 생각해 볼 수 있다. ET 벤처가 개발한 소액 금융 이니셔티브는 개발도상국의 여성 기업가들에게 힘을 실어주어, 성공적인 비즈니스를 구축하고 가족을 부양하는 데 필요한 자원을 제공할 수 있다.

이러한 사회적 불평등을 해결함으로써 ET 기업은 미션 중심의 목표를 달성할 뿐만 아니라, 모든 사람이 번영할 기회를 제공하는 더 포용적이고 탄력적인 사회를 만드는 데 기여할 것이다. ET 스타트업은 이러한 에너지를 활용하여 사명에 깊이 헌신하는 팀을 구성할 수 있으며, 같은 가치관을 가진 조직과의 협력 네트워크와 파트너십은 ET 벤처의 영향력과 범위를 확장하는 데 중요한 역할을 할 것이다.

● 협력 경제

자원을 공유하고 재사용하거나 공동으로 소유하는 협업 경제의 부상은 ET 비즈니스에 커뮤니티 기반의 생산, 소비 및 소유 모델을 발전시킬 특별한 기회를 제공한다. 이 경제 모델은 자원공유의 중요성과 커뮤니티의 회복력을 강화하는 데 중점을 두고 있다.[1] ET 스타트업은 자원 공유를 촉진하고 협업 정신을 함양하는 플랫폼을 구축함으로써 이러한 추세를 효과적으로 활용할 수 있다.

소외된 지역사회를 위해 공동 작업 공간을 개발하여 창업자들이 사무실 공간, 장비, 네트워킹 기회를 저렴하게 이용하도록 하는 ET 벤처 기업을 상상해 보자. ET 기업이 운영하는 장비 라이브러리는 지역사회 구성원들이 개별적으로 공구를 구매하는 대신 빌리게 하여 자원 효율성을 높이고 공동의 책임감을 키울 수 있다.

ET 벤처가 개발한 공유 교통 서비스는 개인 차량 대신 저렴하고 환경친화적인 대안을 제공함으로써 교통 혼잡을 줄이고 지속 가능한 교통 관행을 장려할 수 있다. 이처럼 ET 비즈니스는 협업 경제를 활성화하여 모든 이해관계자에게 혜택을 주는 지속 가능하고 포용적인 경제 체제를 구축함으로써 공동체의 주인의식과 공동 번영을 증진할 수 있다.

결론적으로, 앞으로 ET 비즈니스의 미래는 무한한 가능성으로 가득 차 있다. 이는 의미 있는 변화를 이끌어내고 세상에 지속적으로 긍정적인 영향을 미칠 기회로 가득한 미래이다. 지속 가능성, 디지털 혁신, 사회적 포용, 협업 경제와 같은 혁신적인 트렌드를 이해하고 활용함으로써 ET 기업가들은 성공을 위한 탄탄한 기반을 마련할 수 있을 것이다.

ET 벤처는 혁신을 수용하고 적응력을 키우며 그들의 사명에 충실함으로써 비즈니스와 사역을 연결하는 길을 지속적으로 밝혀나갈 수 있다. 미션 중심의 목표를 향한 공동의 노력과 헌신, 그리고 변화를 기꺼이 수용하려는 의지를 통해 ET 벤처는 더 공정하고 지속 가능한 미래를 만들어갈 수 있다. 즉, 비즈니스 성공이 주변 세계에 긍정적인 영향을 끼치는 미래를 만드는 데 중추적인 역할을 할 수 있을 것이다.

궁극적으로 ET 벤처의 미래는 시장에서 하나님의 지속적인 역사를 증명하는 데 있다. 기업가들이 자신의 직업적 재능을 영적 목적과 통합하라는 부르심에 응답할 때, 그들은 하나님의 사명을 수행하는 도구가 되어 궁핍한 세상에 희망과 변화를 가져다줄 것이다.

이 여정은 어려움과 도전이 따르지만, 그 과정에서 얻는 시간적 · 영적 보상은 이루 말할 수 없을 만큼 클 것이다. 따라서 ET의 미래는 그리스도의 사랑을 반영하는 기업을 상상하는 사람들, 그리고 가장 예상치 못한 곳에서 빛과 생명을 제공하려는 사람들의 손에 달려 있다.

선교 전략으로서 ET의 미래

앞서 비즈니스 관점에서 ET의 미래를 살펴보았다. 선교 환경 또한 비즈니스 환경과 마찬가지로 끊임없이 변화하고 있으며, 이러한 변화에 효과적으로 대응하기 위해서는 다양한 선교 전략이 필요하다. 특히 기독교가 허용되지 않는 국가나 기독교 선교사들의 입국과 활동이 제한된 국가에서는 전통적인 선교 방법으로는 효과적인 접근이 어려워지고 있어, 새로운 선교 전략이 절실히 요구되고 있다.

무슬림 국가와 공산주의 체제 국가에서의 선교가 점점 더 어려워지는 상황 속에서, ET는 활기차고 다면적인 개념으로 자리 잡고 있다. 이는 사회적 · 정신적 · 경제적 변혁을 촉진하려는 확고한 의지와 비즈니스 세계의 결합을 통해 나타난다. 이때 기업은 기독교 가치에 부합하는 심오한 사회적 영향을 미치며 운영해야 한다.

앞서 언급한 바와 같이, 1989년 필리핀 마닐라에서 열린 로잔 세계복음화대회에서 평신도 비즈니스 선교의 중요성이 발표되기 전에도 다양한 형태의 비즈니스 선교가 선교지에서 이루어져 왔다. 그러나 전통적인 목회자 선교사들에 의한 비즈니스 선교는 거의 이루어지지 않았다. 최근에는 선교 제한 지역이나 창의적 접근 지역에서 비자를 받거나 장기 체류를 목적으로 하는 비즈니스 선교에 관한 관심이 증가하고 있다.

비즈니스 선교는 '선교는 거룩한 것이고 비즈니스는 세속적이다'라는 전통적인 이원론적 사고에서 벗어나, 비즈니스 자체를 하나님 나라를 확장하는 도구로 활용하는 선교 전략이다.[2] 이는 선교라는 사명을 기업 운영에 통합하는 접근 방식이다. 이러한 변화하는 선교 환경 속에서, ET 사역의 미래가 선교 전략적인 측면에서 어떻게 전개될지 살펴보자.

● 창의적 접근 지역에서 ET의 미래

무슬림이 다수를 차지하는 지역에서 ET의 장래는 매우 밝다. 그러나 이를 실현하기 위해서는 신중한 전략과 문화적 이해 그리고 현지 상황에 대한 존중이 필요하다. 다양한 경제 구조와 사회적 규범, 기독교에 대한 수용 정도가 각기 다른 이 나라들은 ET 기업가들에게 미묘한 차이를 제공한다.

세계화와 무역 기회의 확대는 ET 이니셔티브에 유리한 환경을 조성하고 있으며, 동시에 사회적 기업가 정신에 관한 관심도 높아지고 있다. ET 기업은 경제적 역량을 강화하고 윤리적 실천을 통해 다양한 참여 기회를 창출하고 있다. 예를 들어 재생 에너지, 교육, 의료, 기술 등 특정 분야에 집중하는 ET 사업은 복음의 원칙을 통합하면서도 실질적인 필요를 해결할 수 있는 경로를 제공한다. 많은 무슬림 국가는 중소기업 개발과 경제 다각화를 우선시하고 있으며, ET 벤처 기업은 일자리를 창출하고 기술을 전수함으로써 지속 가능한 개발을 촉진할 기반을 마련하고 있다.

이슬람 윤리는 공정한 거래, 투명성 그리고 공동체의 안녕을 강조한다. 이러한 점에서 ET 사업의 가치 중심 접근 방식과 자연스럽게 일치하는 부분이 있다. 전 세계의 소비자와 정부가 윤리적 관행을 더욱 요구함에 따라, ET 기업들은 이러한 원칙에 부합하는 기업으로서의 이

미지를 활용하여 신뢰를 구축하고 공동체의 자산으로 자리매김할 수 있다.

또한 직업 훈련, 농업, 의료, 청정에너지와 같은 분야는 많은 무슬림 국가에서 매우 중요한 영역이다. 따라서 이러한 긴급한 사회적 요구를 충족하기 위해 ET 비즈니스 모델을 이에 맞게 조정하면 수용성을 높일 수 있다. 예를 들어, 현대 기술을 도입한 농업 협동조합은 경제 생산량을 증가시키고 생활 수준을 향상할 수 있다.

미래의 또 다른 중요한 측면은 점점 더 세계의 영향력과 진보적인 아이디어에 개방적인 젊은 세대의 출현이다. 이슬람 국가에서의 급속한 도시화와 청년 인구의 증가는 전략적 기회를 제공한다. 교육, 멘토링, 고용 기회를 제공하는 ET 기업들은 이러한 인구 통계를 활용하여 공유 가치와 기술을 갖춘 미래의 리더를 양성할 수 있다.

따라서 ET 기업들은 이슬람 윤리 체계에 부합하는 혁신적인 비즈니스 모델을 홍보함으로써 이러한 인구학적 변화를 활용할 수 있으며, 동시에 그리스도의 자비·정의·봉사의 원칙을 섬세하게 구현할 수 있다. 그러나 이러한 지역에서 사업을 발전시키기 위해서는 샤리아법, 현지 관습 그리고 지역적 민감성에 대한 깊은 이해가 필요하며, 이를 통해 사업을 성공적으로 실현할 수 있을 뿐만 아니라, 현지 문화를 존중하는 것도 가능해진다.

이슬람 문화에서는 관계의 중요성을 강조하지 않을 수 없다. 일상적인 비즈니스 상호 작용을 통해 깊고 진실한 관계를 구축하는 것은 미묘한 영향력을 행사할 기회를 제공한다. 겸손·친절·봉사와 같은 기독교적 가치를 실천하는 것은 시간이 지남에 따라 자연스럽게 영적인 대화의 문을 열 수 있는 기회를 마련해 준다. 존경받는 지역사회 지도자와 협력하거나 정부가 승인한 프로그램에 참여함으로써 비즈니스를 합법화할 수 있다. 또한, 외국인을 착취하는 것이 아니라 공동체의 번영을 위해 헌신하는 기업이라는 인식을 강화할 수 있다.

무슬림이 다수를 차지하는 국가들의 지정학적 역학 관계는 매우 중요하다. 일부 지역에서는 기독교 전도를 명확히 거부하는 경우도 있지만, ET 사역자들은 전도보다 인도주의적 영향력을 우선시함으로써 법적이고 사회적인 틀 안에서 활동할 수 있다. 신중함과 장기적인 관계 구축은 신뢰를 형성하고 지속 가능한 변화를 끌어내는 데 가장 중요한 요소이다.

무슬림 다수 사회에서 외국 투자에 대한 개방성이 증가하고, 젊고 진취적인 에너지가 결합하면서 ET 기업에 대한 전망이 밝아지고 있다. 그러나 이러한 지역에서 선교 전략으로서 ET의 미래는 복음을 충실히 따르면서도 현지 상황에 대한 민감성을 조화롭게 유지하는 능력에 달려 있다. ET 기업은 그리스도의 사랑과 기독교적 가치를 실천하며, 시급한 사회 및 경제 문제를 해결함으로써 문화적·종교적 경계를 넘어 경제 발전, 사회적 복지, 상호 존중에 이바지하여 삶과 공동체를 변화시킬 수 있다.

따라서 ET 사역의 성공은 다양한 문화와 전통에 참여하고 혁신·협력·겸손에 대한 헌신에 달려 있다. 그 잠재력은 매우 크다고 할 수 있다. ET 기업들이 성장하고 확산함에 따라, 이들은 영적·경제적 쇄신의 촉매 역할을 할 수 있으며, 희망이 절실히 필요한 지역에서 분열을 해소하고 하나님의 나라를 실현할 수 있을 것이다. 기도와 인내 그리고 신실한 청지기 직분을 통해, 모든 국가에 영향을 미치는 글로벌 ET 사역의 비전은 더욱 밝은 현실로 다가올 것이다.

● 저개발 지역에서 ET의 미래

앞서 살펴본 창의적 접근 지역과는 달리 저개발국(LDC)에서는 입국이 허용되고 선교 활동이 자유롭게 이루어질 수 있다는 점이 가장 큰 차이점이다. 이러한 지역에서 ET의 미래는 체계적인 빈곤, 경제 침체, 사회적 불평등을 해결하는 동시에 전인적 참여를 통해 복음을 전파하는 역동적인 전략을 의미한다.

이 지역들은 기반 시설이 부족하고 실업률이 높으며 필수 서비스에 대한 접근이 제한적인 경우가 많아, 혁신적인 ET 벤처에게 중요한 기회를 제공한다. 팬데믹 이후의 회복 기간은 경제 침체에 대한 혁신적인 해결책의 필요성을 더욱 부각했고, ET 기업은 경제 재건과 생계 개선에 핵심적인 역할을 하는 기업으로 자리매김하고 있다.

저개발 지역에서 기반 시설, 기술, 직업 훈련에 대한 수요가 급증함에 따라 ET 기업들은 사회적 · 영적 사명을 사업 운영에 통합할 기회를 얻게 되었다. 기업가들은 개인이 시장에서 경쟁력 있는 기술을 습득하도록 돕는 사업을 구축할 가능성을 가지게 되었다.

ET 벤처 기업은 지역 리더십과 소유권을 강화함으로써 장기적인 지역사회 변화를 끌어낼 수 있다. 앞으로 저개발국의 이러한 지역에서 ET 기업은 어떤 방식으로 사역을 전개하고, 어떤 분야에 이바지할 수 있을까?

첫째, 저개발국에서 공통으로 나타나는 기본 자원의 심각한 부족 문제를 해결함으로써 ET 기업의 역할을 강조할 수 있다. 저개발국에서는 교육, 의료, 농업, 깨끗한 물 공급, 재생 가능 에너지 분야가 특히 유망한 영역으로 주목받고 있다. 이러한 중요한 자원의 부족 문제를 해결함으로써 ET 사업은 개발 분야에서 신뢰할 만한 파트너로 자리매김할 수 있다. 또한, 신앙 기반의 가치를 비즈니스 관행에 통합하면 윤리적 행동을 촉진하고 신뢰를 구축하며 복음 전파의 씨앗을 심을 토대를 마련할 수 있을 것이다.

예를 들어, 소외된 학교에 저렴한 교육 기술을 도입하는 ET 벤처는 아이들에게 지식과 희망, 기회의 가치를 심어줄 수 있다. 또한, 의료 서비스에 중점을 둔 기업은 의료 시설에 대한 접근이 제한된 외딴 지역에 이동 진료소를 제공함으로써 필요에 맞는 혁신적인 해결책을 제시할 수 있다. 이러한 프로젝트는 생활 수준을 향상할 뿐만 아니라, 실질적인 개입을 통해 신뢰를 구축하고, 더 깊은 지역사회 참여를 위한 길을 열어준다. 이는 말보다는 행동으로 복음의 메시지를 전달할 기회를 제공한다.

둘째, 경제적 자립을 촉진함으로써 지역사회 발전에 기여할 수 있다. 많은 저개발국에서는 실업과 저임금, 낮은 고용 수준이 만연해 있어 발전을 저해하고 빈곤의 악순환을 지속시키고 있다. ET 사업은 공정한 임금, 안전한 근무 환경, 기술 개발 프로그램을 통해 지속 가능한 일자리 기회를 제공함으로써 이러한 악순환을 끊을 수 있다. 또한, 일자리 창출을 통해 개인의 경제적 역량을 강화하면 가족을 부양하고 지역사회를 더욱 튼튼하게 만드는 긍정적인 파급효과를 가져올 수 있다.

여성과 청소년을 위한 직업 훈련에 중점을 둔 ET 기업은 소외된 집단이 자립할 도구를 제공한다. 이러한 이니셔티브를 통해 가난한 사람들을 지원하고 정의를 촉진하며, 참여자들 간에 목적의식과 존엄성을 고취한다. 이는 연민, 정의, 청지기 정신이라는 성경적 가르침을 실천할 기회를 제공한다.

셋째, 지역 공급망 개발을 통해 지역 경제를 강화할 수 있다. 많은 저개발국은 수입품과 외부 원조에 크게 의존하고 있어 지역 경제 성장에 제약을 받고 있다. ET 기업은 지역화된 공급망을 구축하고 농부, 장인, 소규모 사업체와의 파트너십을 통해 관련 문제를 해결할 수 있다. 이러한 벤처 기업은 지역사회 내에서 재료와 인재를 조달함으로써 경제적 이익이 지역 내에 머물도록 하여 지역 경제를 더욱 강화할 수 있다.

예를 들어, 지속 가능한 농업 협동조합을 설립하기 위해 현지 농민들과 협력하면 생산성을 높이고 빈곤을 감소시키며 천연자원의 관리를 촉진할 수 있다. 또한, 장인들을 훈련해 수출용 고품질 제품을 생산하도록 하는 이니셔티브는 전통 기술을 보존하면서 세계 시장에 진출할 기회를 제공할 수 있다.

넷째, 여성과 소외 계층의 역량 강화하여 지역사회에 긍정적인 변화를 이끌어낼 수 있다. 체계적인 장벽으로 인해 개발도상국의 여성과 소외 계층은 교육·고용·창업의 기회를 제대로 누리지 못하는 경우가 많다. ET 기업은 포용적인 작업 공간을 조성하고, 소액 금융 기회를 제공하며, 목표 지향적인 교육 프로그램을 시행함으로써 이러한 변화를 촉진하는 역할을 할 수 있다.

소규모 사업 대출과 멘토링을 통해 여성의 역량 강화를 목표로 하는

ET 벤처는 경제적 자립을 촉진할 뿐만 아니라 사회적 태도에도 긍정적인 영향을 미칠 리더를 양성하고 있다. 이러한 노력은 공평성과 포용성이라는 가치와 일치하며, 지역사회의 전반적인 번영에 이바지하게 된다.

다섯째, 기술 활용을 통해 사회 전반에 긍정적인 영향을 미칠 수 있다. 기술의 발전은 ET 기업이 최빈국에서도 효율적으로 운영될 수 있도록 전례 없는 도구를 제공한다. 모바일 플랫폼, 디지털 결제 시스템, 재생 에너지 솔루션을 통해 기업은 운영 비용을 최소화하면서 소외된 계층에 접근할 수 있다. 모바일 뱅킹 서비스는 많은 최빈국에서 금융 포용성을 혁신적으로 변화시켰으며, ET 기업은 영적이고 윤리적인 차원을 제품과 서비스에 통합함으로써 이러한 영향력을 더욱 확대할 수 있다.

결론적으로, 저개발국 지역에서 선교 전략으로서 ET의 미래는 막대한 잠재력과 독특한 도전 과제를 동시에 지니고 있다. 저개발국의 경제적 잠재력과 개발 요구에 대한 전 세계적인 인식을 볼 때 ET 비즈니스가 번창할 수 있는 유리한 환경이다. 이러한 벤처가 성장함에 따라 그들은 당면한 문제를 해결할 뿐만 아니라 기업가 정신을 육성하고, 일자리를 창출하며, 윤리적 관행을 촉진함으로써 체계적인 변화에 기여할 수 있을 것이다.

저개발국에서 사업을 운영하기 위해서는 정치적 불안정, 부패, 기반 시설 부족 등의 문제를 해결해야 하는 경우가 많다. 이러한 문제를 극복하기 위해 ET 실무자들은 혁신적인 위험 관리 전략을 채택하고 회복

력을 강화해야 한다. 또한, 현지 이해관계자들과의 강력한 관계를 구
축하고 윤리 기준을 준수하며, 장기적인 참여에 대한 약속이 필수적이
다.[3]

지속 가능한 비즈니스 모델과 그리스도 중심의 가치를 통합함으로써
ET는 이 지역에서 변화를 이끌어내는 원동력이 될 것이다. 복음의 원
칙을 실천하며 중요한 필요를 해결하는 ET 사역자들은 희망을 불어넣
고, 분열을 해소하며, 영적·사회적 갱신을 위한 씨앗을 심을 수 있을
것이다. 혁신, 회복력 그리고 충실한 청지기 직분을 통해 모든 국가에
영향을 미치는 ET의 비전은 현실에 한걸음 더 가까워지고 있다. 앞으
로 수십 년 동안 회복력, 창의성 그리고 확고한 신앙으로 그 소명을 기
꺼이 받아들일 사람들에게는 엄청난 기회가 주어질 것이다.

ET 벤처의 산업별 및 지역별 기회

ET 환경은 산업·지역·벤처의 특정 상황에 따라 형성되는 기회와
도전의 역동적인 상호 작용을 보여준다. ET 벤처는 지역과 산업의 고
유한 특성을 이해함으로써 위험을 완화하고 영향력 있는 기회를 포착
할 수 있다.

여기서는 ET 벤처가 앞으로 의미 있는 변화를 주도할 산업과 지역을
살펴보고자 한다. 다만, 지금 소개되는 산업 분야와 지역은 많은 유망
한 산업과 지역 중에서 독자들의 ET 벤처 여정을 돕기 위해 제시된 극
히 일부에 불과하다는 점을 미리 밝혀둔다.

● 의료 서비스 분야

의료 분야에서 원격 의료는 지리적으로 고립된 지역사회와 양질의 의료 서비스 간의 격차를 해소하는 혁신적인 기술로서 주목받고 있다. 예를 들어, 자격을 갖춘 의료 전문가를 찾기 어려운 개발도상국의 농촌 마을을 떠올려 보자. ET 벤처는 원격 의료 플랫폼을 통해 이러한 지역 사회와 수 마일 떨어진 곳에 있는 의사와 전문가를 연결할 수 있다. 원격 상담, 진단, 치료 계획을 통해 환자들은 힘든 여정을 거치지 않고도 지리적 장벽을 극복할 수 있다. 이는 필수 의료 서비스에 대한 접근성을 높일 뿐만 아니라, 여행 및 기반 시설과 관련된 재정적 부담도 줄여주는 효과도 가져온다.

저렴한 의료 기기의 혁신은 중요한 기회를 제공한다. ET 벤처는 원격 의료를 넘어 자원이 부족한 환경을 위해 특별히 설계된 저렴한 의료 기기를 개발하여 의료 격차를 해소할 수 있다. 예를 들어, 사용이 간편한 휴대용 소형 초음파 기기를 통해 원격 진료소의 의료진이 필수적인 진단을 수행할 수 있다. 일반적인 질병에 대한 저렴한 진단 도구와 휴대용 치료 장비를 결합하면 현지 의료진이 더 높은 수준의 진료를 제공할 수 있다. 이러한 비용 효율적인 접근법으로 의료 서비스가 부족한 지역의 구체적인 문제를 해결하여, 선진 의료 서비스가 소수의 특권층만 누릴 수 있는 사치가 되지 않도록 해준다.

예방 의료 및 교육 캠페인을 통한 의료 이니셔티브는 지역사회를 더욱 변화시킬 수 있다. 지역사회 아웃리치 프로그램을 통해 주민들에게 질병 예방 전략, 건강한 생활 습관, 기본적인 위생 관행에 대해 교육할 수 있다. 교육 캠페인은 현지 언어로 진행되는 대화형 워크숍과 위생 및 건강 관행에 대한 인식 제고를 위해 매력적인 시각 자료를 활용하면서, 예방할 수 있는 질병에 대한 잘못된 인식을 불식시키고, 지역사회가 스스로 건강을 관리할 역량을 강화하여 웰빙 문화를 조성하는 데 기여할 수 있다. 이는 이미 과중한 부담을 안고 있는 의료 시스템의 부담을 줄이는 데도 도움이 될 것이다.

● 교육 분야

교육 분야는 BAM 벤처에 지속적인 영향력을 미칠 수 있는 막대한 잠재력을 지니고 있다. 교육 정보 기술(Ed Tech) 플랫폼의 개발은 특히 자원이 부족한 지역에서 양질의 교육을 제공하는 강력한 도구로 자리 잡고 있다. 예를 들어, 기초적인 문해력과 수리 능력부터 직업 훈련 프로그램까지 포괄적인 커리큘럼을 제공하는 온라인 플랫폼이 모바일 기기를 통해 접근 가능하다고 가정해 보자. 이를 통해 외딴 지역의 사람들은 물리적 위치나 기존 학교에 대한 접근성과 관계없이 자신의 속도에 맞춰 학습할 수 있다. 또한, 교육 정보 기술 플랫폼은 교육 콘텐츠가 사전 로드된 오프라인용으로 설계되어 있어 인터넷 연결이 제한된 지역에서도 지속적인 학습 기회를 보장함으로써 포용성과 학습 평등을 촉진할 수 있다.

지역 경제의 요구에 맞는 직업 훈련 프로그램은 효과적인 ET 교육 전략의 또 다른 중요한 요소이다. 이러한 프로그램은 개인에게 고용을 보장하고 생계를 개선하는 데 필요한 기술을 제공함으로써 빈곤의 악순환에서 벗어날 수 있도록 돕는다. 목공, 냉동 기술, 의류 제작, 재생에너지 설치와 같은 분야에서 지역 산업의 특정 요구에 맞춘 맞춤형 교육 프로그램은 개인에게 실용적인 기술을 제공하여 고용 가능성을 높일 뿐만 아니라 지역 경제의 전반적인 발전에도 이바지한다.

소액 장학금은 소외된 배경을 가진 재능 있는 개인들이 교육의 꿈을 실현할 수 있도록 재정적 격차를 해소하는 데 중요한 역할을 한다. 이러한 장학금 프로그램은 학비, 도서 및 기타 필수 교육 비용을 지원하기 위해 소액의 재정 보조금을 제공하며, 재정적 제약으로 인해 학업을 포기해야 하는 이들에게 힘을 주고 있다. 이를 통해 교육을 받고 사회 발전에 기여할 유능하고 역량 있는 미래 세대의 리더를 양성할 수 있다.

● **농업 분야**

농업 부문은 특히 기후 변화에 직면하여 지속 가능성과 회복력을 증진할 ET 벤처 기업에 많은 기회를 제공한다. 이러한 기업들은 기후 변화의 영향을 완화하고 환경을 보호하는 지속 가능한 농업 접근 방식을 제시한다. 농작물 순환, 농림업(나무와 관목을 농업 경관에 통합하는 방법), 유기 비료 사용과 같은 기후 스마트 농업 기술은 토양 건강을 보존하고 생물 다양성을 증진하면서 농업 생산성을 향상할 수 있다. 예를 들어, ET 이니셔티브는 가뭄에 강한 작물 품종과 물 절약형 관개 기술을 도입하여 현지 농부들과 협력함으로써 변화하는 기후에 효과적으로 대응하고 식량 안보를 보장할 수 있다.

공정 무역과 유기농 시장은 또 다른 중요한 영향력을 발휘할 경로이다. 소규모 농민들을 이 시장과 연결함으로써, ET 벤처 기업들은 지속 가능한 방식으로 생산된 농산물을 공정한 가격에 판매할 수 있도록 지원한다. 이는 환경친화적인 농법을 채택하도록 장려할 뿐만 아니라, 재정적 인센티브를 제공하여, 소비자들이 윤리적으로 생산된 고품질 식품을 이용할 수 있게 한다. 농민들의 농산물을 집계하여 국제 구매자들과 연결하는 협동조합을 설립하는 것은 이 모델을 더욱 강화하여 공정한 이익을 창출하고 세계 시장 통합을 촉진할 수 있도록 한다.

효율적이고 포용적인 농업 가치 사슬을 개발함으로써 전체 농업 생태계가 강화되어 생산자와 소비자 모두에게 이익을 가져다줄 수 있다. ET 벤처는 농부, 운송업체, 소매업체 등 다양한 이해관계자와 협력하여 물류를 간소화하고 음식물 쓰레기를 최소화하며 공급망의 모든 단계에서 공정한 가격을 보장한다. 이러한 노력은 소비자의 비용을 절감할 뿐만 아니라 농부의 수익을 증대시키고, 보다 투명하고 지속 가능한 농업 생태계를 구축하는 데 기여한다. ET 벤처는 이러한 이니셔티브를 통해 농업이 환경과 조화를 이루며 번영하는 미래를 위한 길을 열어 갈 수 있다.

● 의류 산업

매혹적인 화려함과 유행을 선도하는 스타일로 잘 알려진 패션 세계는 환경과 사회에 상당한 영향을 미친다. 그러나 이러한 복잡한 상황 속에서 ET 벤처 기업은 지속 가능하고 윤리적인 변화를 주도할 특별한 기회를 발견할 수 있다. ET 벤처는 고유한 미션 중심의 접근 방식을 통해 지속 가능성과 윤리적 관행을 옹호하며, 환경 보존과 사회 정의에 기여할 뿐만 아니라 책임감 있는 패션 선택에 대한 소비자의 증가하는 수요에도 완벽하게 부응할 수 있다.

ET 벤처의 혁신적인 접근 방식 중 하나는 재활용 소재의 힘을 활용하는 것이다. 버려진 페트병, 헌 옷, 심지어 기타 폐기물을 생동감 넘치는 원단과 세련된 아이템으로 변형함으로써, 재활용 소재를 생산 공정에 도입하면 천연자원에 대한 의존도를 크게 줄일 수 있다. 또한, 원자재 추출로 인한 환경적 부담을 경감하고 패션 산업 내 순환 경제를 촉진하는 데 기여할 수 있다.

재활용 소재를 활용하는 ET 의류 브랜드는 지역 재활용 시설과의 강력한 파트너십을 통해 쌓여 있는 플라스틱 폐기물을 철저히 분류하고 처리하여 고품질 원단으로 재탄생시킨다. 이를 통해 지속적으로 증가하는 플라스틱 오염 문제를 해결하고, 자원 보존을 우선시하는 지속 가능한 공급망을 구축할 수 있다. 따라서 각 의류는 환경적 책임을 증명하는 증거가 되어, 지구에 미치는 소비자가 선택하는 영향을 점점 더 의식하는 소비자들에게 깊은 공감을 불러일으킬 수 있다.

ET 벤처의 또 다른 중요한 분야는 친환경 염료 개발이다. 전통적인 염색 공정으로 선명한 색상을 만들어내지만, 종종 해로운 화학 물질에 크게 의존하게 된다. 이러한 화학 물질은 수원을 오염시키고 주변 생태계를 파괴하는 원인이 된다. ET 벤처 기업은 식물과 광물에서 추출한 천연염료와 섬유 폐기물에서 얻은 재활용 염료와 같은 대안을 지지하고 있다.

이러한 접근 방식은 환경 피해를 줄이는 동시에 지역에서 공급되는 의미 있는 염료를 활용하여 문화유산을 보존하는 데 기여한다. 이러한 노력은 지속 가능한 생산에 이바지하며, 환경친화적인 옵션을 찾는 소비자들에게 매력적으로 다가갈 것이다.

패션 공급망 전반에 걸쳐 공정한 노동 관행을 촉진하는 것은 매우 중요하다. ET 벤처는 공정한 임금, 안전한 근무 조건, 윤리적인 조달을 지지함으로써 업계 내 형평성의 기준을 설정할 수 있다. 또한, 투명한 공급망과 공정 무역 단체와의 협력을 통해 장인부터 공장 노동자에 이르기까지 모든 이해관계자가 경제적·사회적 혜택을 누리도록 함으로써 윤리적 패션의 선두 주자로 자리매김할 수 있다.

생산 외에도, ET 벤처는 빠른 패션의 환경적·사회적 비용을 소비자에게 인식시켜 행동에 영향을 미칠 수 있다. 지속 가능한 선택의 장점을 강조하는 교육 캠페인은 소비자들이 윤리적 브랜드를 우선시하도록 영감을 주며, 업계가 책임 있는 관행을 보다 널리 채택하도록 유도할 수 있다.

결론적으로, 패션 산업은 ET 벤처가 새로운 패션의 정의를 제시함으로써 지속 가능성과 스타일이 조화를 이룰 수 있음을 보여준다. 재활용 소재를 활용하고 친환경 염료를 사용하며 공정한 노동 관행을 촉진함으로써 환경에 미치는 영향을 줄이는 동시에, 보다 공정하고 지속 가능한 미래를 만드는 데 기여할 수 있다. 소비자들의 의식이 점점 높아지고 책임 있는 관행을 요구하는 가운데, ET 벤처는 패션 업계의 윤리적이고 지속 가능한 미래를 향한 유리한 위치에 있다.

● 개발도상국

개발도상국의 피라미드형 시장(BoP: Base of the Pyramid)은 아직 개발되지 않은 거대한 기회를 제공한다. 이 시장은 전 세계 인구의 상당 부분을 차지하며, 특정한 요구와 제한된 자원을 가진 저소득층 소비자들로 구성되어 있다. 이러한 시장은 ET 벤처에게 사회적 · 경제적 변화를 촉진할 독특한 도전과 기회를 제공한다. ET 벤처는 저소득 소비자의 특정 요구를 충족하기 위해 혁신적이고 저렴하며 접근할 수 있는 해결책을 맞춤화함으로써 지속 가능한 기업을 구축하고 동시에 발전을 끌어낼 수 있다.

효과적인 접근 방법 중 하나는 현지 수요를 직접 충족시키는 제품과 서비스를 개발하는 것이다. 예를 들어, 태양광 랜턴은 전력망이 없는 지역사회에 깨끗하고 저렴한 조명을 제공하여 해로운 등유 램프에 대한 의존도를 줄일 수 있다. 또한, 현지 언어로 농업 관련 조언을 제공하는 모바일 애플리케이션은 소규모 농민들이 정보에 기반한 결정을 내리도록 도와주어 작물 수확량과 생계를 개선하는 데 기여할 수 있다. 이러한 혁신은 시급한 문제를 해결할 뿐만 아니라 BoP 소비자의 삶에 자연스럽게 통합되어 긍정적인 사회적 · 경제적 영향을 창출할 수 있다.

기반 시설 개발에 대한 투자는 개발도상국에서 활동하는 ET 벤처에 또 다른 중요한 분야이다. 깨끗한 물, 위생, 에너지 접근성을 개선하는 프로젝트는 이러한 지역사회의 삶의 질과 건강 결과를 크게 향상할 수 있다. 지방 정부 및 NGO와 협력하여 시골 마을에 정수 시스템을 설치하면 깨끗한 식수를 공급하고 수인성 질병의 발생률을 낮출 수 있으며, 태양광 패널이나 마이크로 수력 발전소와 같은 소규모 독립형 재생 에너지 솔루션은 소외된 지역사회에 깨끗하고 안정적인 전기를 제공할 수 있다. 이러한 기반 시설 프로젝트는 생활 수준을 향상할 뿐만 아니라, 더 넓은 경제 발전을 위한 토대를 마련하여 지역사회가 새로운 기회를 창출할 수 있도록 돕는다.

금융 포용 서비스를 제공하는 것은 개발도상국의 ET 벤처에 또 다른 혁신적인 기회를 제공한다. ET 벤처는 금융 서비스와 자본에 대한 접근성을 높임으로써 소규모 기업가와 중소기업의 역량을 강화하고, 이를 통해 경제 성장과 빈곤 감소의 촉매 역할을 할 수 있다. 모바일 뱅킹 플랫폼과 같은 이니셔티브는 여성 기업가를 위한 소액 대출을 해주거나, 은행 계좌가 없거나 은행 서비스를 이용하지 못하는 사람들에게 안전하고 편리한 금융 서비스를 제공하는데 이는 개인의 권한을 강화할 뿐만 아니라 지역 경제의 전반적인 발전에도 기여하여 긍정적인 변화의 파급효과를 만들어낸다.

요약하자면 개발도상국의 BoP 시장은 ET 벤처가 의미 있는 변화를 끌어낼 수 있는 비옥한 토양을 제공한다. 이러한 이니셔티브는 목표 지향적인 혁신, 기반 시설 개선, 재정적 포용 전략을 통해 어려움을 기회로 전환하고, 지속 가능하며 사회적으로 책임 있는 비즈니스를 창출함으로써 지역사회를 발전시킬 수 있다.

ET 사역을 시작하는 이들을 위한 제언

세계는 이제 수익성뿐만 아니라 사회 및 환경 관련 문제 해결을 우선시하는 새로운 세대의 기업가가 필요하다. ET는 기업과 그 미션을 통합하고, 기업이 세계 시장에서 경쟁할 기회를 창출하는 혁신적인 프레임워크를 제공한다. 이 여정은 세상을 재구성하겠다는 약속으로 시작되며, 비전·전략·행동의 확고한 조정이 필수적이다.

이 책의 첫 장에서 이미 설명된 내용이지만, ET 사역을 시작하는 많은 사람들이 간과하기 쉬운 부분이므로 여기서 다시 한번 강조하고자 한다.

● 설득력 있는 사명을 수용하라

명확하고 설득력 있는 사명은 모든 ET 벤처의 기초를 형성한다. 이 사명은 열정을 의미 있는 변화로 이끄는 원동력이다. 기업가는 자신의 가치관이 ET 벤처의 여정 내내 중심이 될 수 있도록 깊이 공감할 원인을 찾아야 한다. 이러한 목적을 명확하게 표현함으로써 벤처 기업은 이해관계자들에게 영감을 주고, 공동의 목표를 중심으로 연합을 구축할 수 있다. 지역사회가 환경 보호와 경제 성장의 균형을 유지하도록 지원하는 플랫폼을 통해 삼림 벌채 문제를 해결하는 것은 사명이 어떻게 행동으로 전환되는지를 보여주는 좋은 사례이다.

● 탄력적이고 적응력이 뛰어난 팀을 구성하라

ET 벤처의 복잡성은 다양한 기술과 관점을 가진 팀의 필요성을 강조한다. 이러한 다양성은 창의성을 촉진하고, 다각적인 문제에 대한 포괄적인 해결책을 제공한다. 또한, 장애물을 극복하고 변화하는 상황에 적응하는 팀의 탄력성 역시 매우 중요하다. 성공적인 벤처 기업은 기술적 전문 지식, 전략적 통찰력, 지역사회 참여를 결합하여 소외된 지역의 깨끗한 물이나 재생 가능 에너지 접근과 같은 문제를 해결하기 위한 협업을 촉진한다.

● 전략적 협업을 활용하라

어떤 ET 벤처도 고립된 상태에서는 성공할 수 없다. 전략적 파트너십은 자원, 전문 지식, 네트워크를 결합하여 영향력을 증대시킨다. 같은 목표를 가진 조직과의 협력을 통해 더 넓은 범위의 지원을 받고, 공유 학습을 통해 체계적인 변화를 위한 통합적인 노력을 추진할 수 있다.[4] 예를 들어 교육 기술 이니셔티브는 NGO, 정부 기관, 기술회사와 협력하여 집단적인 노력이 개별적인 성과를 초월하는 방법을 보여줌으로써 그 영향력을 확대할 수 있다.

● 지속적인 성장 문화를 조성하라

ET 벤처의 성공은 지속적인 평가와 진화를 요구하는 역동적인 과정이다. 피드백 루프와 영향력 측정은 전략 개선에 있어 매우 중요한 요소이다. 벤처 기업은 재무 건전성 지표뿐만 아니라 사회적·환경적 기여도 또한 추적해야 하며, 이러한 데이터를 활용하여 효과를 극대화해야 한다. 적응성은 벤처 기업이 빠르게 변화하는 세상에서 지속적으로 관련성과 영향력을 유지할 수 있도록 보장한다.

● 지속적인 변화를 추구하라

끊임없이 변화하는 ET 벤처 환경에서 성공적으로 대응하기 위해서는 지속적인 학습이 필수적이다. 기업가들은 경쟁력과 혁신성을 유지하기 위해 새로운 기술, 사회적 변화, 정책 개발에 대한 정보를 지속적으로 파악해야 한다. 또한, 옹호 활동도 매우 중요하다. 지속 가능한 관행을 지원하는 정책을 지지하고 ET 원칙에 대해 다른 사람들을 교육함으로써, 기업가들은 윤리적이고 영향력 있는 비즈니스를 위한 생태계를 구축할 수 있다.

● 더 나은 미래를 함께 만들어가기

ET의 미래는 무한한 가능성으로 가득 차 있다. ET는 세상에 지속적으로 긍정적인 영향을 미칠 수 있는 특별한 벤처를 창출할 기회를 제공한다. 이 분야에서의 성공은 목적과 수익성, 윤리와 기업, 연민과 경쟁력의 조화에 달려 있다. 이러한 원칙을 받아들이고 열정·헌신·협업의 정신으로 이 여정을 시작한다면, ET 비즈니스는 긍정적인 사회적·환경적 변화를 끌어내는 미래를 창조할 수 있을 것이다.

이 로드맵을 따르며 변화하는 환경에 지속적으로 적응함으로써 도전 과제를 해결하고 기회를 포착하여, 다음 세대에 긍정적인 변화의 유산을 남길 수 있다. 단순히 비즈니스를 구축하는 것이 아니라, 더 나은 미래를 만들어가고 있다는 점을 잊지 않아야 한다.

제4부

현장에서 배우다

ENTREPRENEURIAL
TRANSFORMATION
OPENING UP NEW PATHS
FOR MISSION

제7장

사례를 통해 살펴보는 ET 비즈니스 선교의 현황

"기독교 기업은 단순히 기독교인을 고용하거나 기독교 음악을 재생하는 것이 아닙니다. 오히려 사람들을 대하는 방식, 결정을 내리는 방식, 자원을 사용하는 방식에서 그리스도의 성품을 보여주는 것입니다."

— 존 베켓(John Beckett)

ET 스타트업의 성공은 많은 도전으로 가득 차 있지만, 이를 이루기 위해서는 탄력성과 적응력 그리고 경제적 · 사회적 · 환경적 · 영적 영향에 대한 확고한 의지가 필요하다. 이 장에서는 실제 사례를 통해 도전 과제를 극복하고 ET 사역을 확장하는 데 필요한 통찰력을 제공하려고 한다.

소개되는 몇 가지 사례는 BAM Global Think Tank에서 발행한 Issue Group Report에 포함된 BAM 기업을 포함하고 있다. 일부 기업은 비영리 단체와 사회적 기업으로, 엄밀히 말해 ET 기업으로 분류되지는 않지만, 이들 모두는 단순한 이윤 추구를 넘어 사회적·환경적·영적 영향력을 미치고자 하는 사명이 있다.

이러한 실제 기업들이 ET 기업이 겪는 유사한 문제들을 어떻게 극복했는지를 보여줌으로써, ET 사역을 지망하는 이들과 헌신적인 크리스천 기업가들에게 ET 사역의 로드맵과 동기 부여의 원천이 될 것이다. 이를 통해 이들이 장애물을 극복하고 복잡한 환경을 헤쳐 나갈 수 있도록 도와줄 것이다.

ET 벤처에서 사례 연구가 필수적인 이유

실제 사례 연구는 비즈니스와 사회적 공익을 결합하는 현실에 대한 깊이 있는 지식을 제공하는 귀중한 도구다. 성공적인 벤처 기업들이 장애물을 어떻게 극복했는지를 상세히 설명함으로써 자금 확보, 시장 역학 탐색, 운영상의 복잡성 관리와 같은 유사한 도전에 대한 실질적인 통찰을 제공한다. 또한 사례 연구는 성공적인 스타트업이 팀과 운영 내에서 어떻게 회복탄력성을 키웠는지를 강조하며, 지속적인 성공을 위한 견고한 기반을 구축하는 데 필요한 교훈을 제공한다.

개발도상국에서 활동하는 '스타트업 리사이클드 라이드(Recycled Rides)'는 견고한 조직 문화와 민첩한 운영 전략이 어떻게 벤처 기업이 경제 및 시장의 변동성을 극복하는 데 기여하는지를 잘 보여준다. 기업가들은 이러한 사례를 연구함으로써 팀과 운영의 회복력을 강화하고, 장기적인 성공을 위한 튼튼한 기반을 마련하는 데 필요한 통찰력을 얻을 수 있다.

또한 사례 연구를 통해 확장을 위한 청사진을 확인할 수 있다. 기존의 벤처 기업들이 어떻게 효과적으로 영향력을 확대했는지를 살펴보는 것은 대규모 변화를 이루기 위한 귀중한 지침을 제공한다. 예를 들어, 인신매매로부터 구조된 청소년을 포함한 위험에 처한 청소년들에게 교육과 취업 기회를 제공하는 망고트리 카페(The Mango Tree Café)와 같은 기업은 인신매매와 같은 사회적 문제를 기업의 미션에 직접 통합함으로써 대규모 영향력을 어떻게 달성할 수 있는지를 보여준다. 이러한 사례를 통해 ET 벤처는 핵심 미션에 충실하면서 사회적·환경적 영향력을 확대하는 전략을 설계하고 실행하는 방법을 배울 수 있다.

선정된 사례들은 다양한 산업, 도전 과제 그리고 전략적 성공을 다루고 있어 ET 벤처 생태계 전반에 걸쳐 적용할 수 있다. 재생 에너지, 지속 가능한 농업, 교육 기술, 지역 사회 개발 등 여러 분야에서 등장한 벤처 기업들은 유사한 기업에 맞춤형 학습 기회를 제공한다. 또한 자금 조달, 시장 진출, 인재 확보, 영향력 측정과 같은 일반적인 문제를 극복한 스타트업에 대한 사례 연구는 신규 창업가들에게 유사한 문제를 해결할 수 있는 전략과 자신감을 심어준다.

● **사례 연구의 주요 교훈**

이 사례 연구는 단순한 성공 사례를 넘어, 인내와 혁신, 그리고 미션 중심의 기업가 정신이 지닌 변혁적 힘에 대한 깊은 교훈을 제공한다. 새로운 벤처 기업가들은 성공 사례를 자세히 분석함으로써, 벤처 내에서 영향력, 회복력 그리고 확장성을 위한 잠재적인 경로를 구상할 수 있다. 예를 들어, 소외되고 경제적으로 낙후된 지역에서 활동하는 탈란타(Talanta)와 THRIVE 파머스 커피(THRIVE Farmers Coffee)의 사례는 운영의 모든 측면에 선교를 통합하여 영향력과 지속 가능성을 동시에 키울 방법을 보여준다.

사례 연구는 종종 선교 중심의 기업가 정신을 이끄는 열정과 목적의식을 다시 일깨우는 동기 부여의 등대 역할을 한다. 또한, 장애물을 극복하기 위한 전략뿐만 아니라 사회적 기업가 정신의 복잡성을 효과적으로 탐색하는 방법에 대한 깊이 있는 이해를 제공한다. 이러한 실제 벤처의 여정을 통해 ET 기업가들은 집단적 지혜를 활용하여 문제를 해결하고, 탄력적인 조직을 구축하며, 혁신적인 변화를 끌어낼 수 있게 된다.

따라서 이 사례 연구에서 얻은 교훈은 미션 중심의 변혁을 이끄는 기업가 정신의 여정이 결코 직선적이지 않으며, 오히려 성장과 배움의 기회로 가득 차 있다는 점을 강조한다. 이러한 실제 사례에 몰입하는 기업가들은 경제적으로 실행 가능한 벤처를 창출할 뿐만 아니라, 사회 및 환경 변화를 위한 촉매제가 될 수 있는 더 나은 준비를 갖추게 된다. 이러한 실제 여정을 통해 ET 스타트업은 영향력·회복력·혁신에 대한 자신만의 이야기를 만들어 보다 공정하고 지속 가능한 글로벌 미래에 이바지할 수 있다.

사례 1: 망고트리 카페(The Mango Tree Café)[1]

태국 북부에 위치한 망고트리 카페는 인신매매에서 구출된 청소년을 포함한 위험에 처한 청소년들에게 교육과 취업 기회를 제공하는 데 전념하는 BAM 벤처 기업이다. 이 사회적 기업은 태국 문화의 따뜻한 환대와 권한 부여, 존엄성, 자급자족이라는 글로벌 사명을 결합한 모델을 가지고 있다. 망고트리는 카페 운영을 통해 빈곤과 착취와 같은 중요한 사회 문제를 해결하며, 지속 가능하고 영향력 있는 비즈니스를 창출하고 있다. 이 벤처는 기업가 정신이 취약 계층의 역량을 강화하고 지역사회 발전을 촉진하는 혁신적인 도구로 어떻게 활용될 수 있는지를 잘 보여주는 사례이다.

● 도전 과제 극복

망고트리는 사업 운영 과정에서 문화적 차이, 재정적 제약, 운영상의 복잡성 등 다양한 도전에 직면했다. 특히, 사회적 문제로 인해 낙인이 찍힌 지역에서는 지역사회의 신뢰와 동의를 얻는 것이 중요한 장애물 중 하나였다. 이를 극복하기 위해 카페는 아웃리치 프로그램에 참여하고, 지역사회 행사를 주최하여 지역사회를 지원하며, 미션에 대한 공개 대화를 촉진하였다. 이러한 노력은 카페의 긍정적인 영향을 보여주었고, 점차 신뢰를 구축하며 지역사회 내 인식을 변화시키는 데 기여했다.

BAM 기업은 종종 수익과 목적 간의 균형을 맞추는 데 어려움을 겪어 재정적 지속 가능성에 대한 우려가 있었다. 이러한 재정적 제약을 해결하기 위해 망고트리는 수익원을 다각화하였다. 카페 운영 외에도 케이터링 서비스와 문화 행사를 도입하여 추가 수입을 창출하였다. 이러한 다각화는 재정적 안정성을 강화할 뿐만 아니라 지역사회 참여와 가시성을 높이는 데에도 기여하였다.

특히, 사명을 희석하지 않으면서 규모를 확장하는 과정에서 발생하는 운영상의 어려움은 표준화된 운영 가이드를 활용하고 현지 리더십을 강조함으로써 완화되었다. 이 카페는 미션과 문화적 맥락을 모두 이해하는 현지 관리자를 교육하는 데 투자하여 원활한 운영과 진정한 커뮤니티 참여를 끌어내는 데 성공했다.

● **확장 전략**

망고트리 카페는 혁신적인 확장 전략을 통해 사업 영역을 넓히고 영향력을 강화했다. 또한, 문화적 감수성과 미션에 대한 충실성 사이에서 균형을 잘 유지하고 있다.

1) 현지화에 기반한 복제 전략

이 카페의 확장 전략은 서비스 제공 지역의 취향과 선호에 맞춰 새로운 지점을 여는 것을 포함하고 있다. 이러한 전략을 통해 각 카페는 주변 환경과 조화를 이루면서도 역량 강화를 위한 핵심 사명을 지속적으로 유지할 수 있었다. 고객 서비스, 음식 준비, 직원 교육 등 다양한 분야에 대한 상세한 운영 매뉴얼이 마련되어 있으며, 이러한 가이드는 비즈니스가 여러 지역으로 확장되더라도 서비스 품질과 미션 준수의 일관성을 유지할 수 있도록 돕고 있다.

2) 포괄적인 교육 프로그램 개발

망고트리는 사업 확장을 지원하기 위해 전문성과 개인 개발을 아우르는 확장 가능한 교육 커리큘럼을 개발하였다. 이 프로그램은 고객 응대 방법, 금융 이해력, 정서적 웰빙을 강조하여 교육생들이 자립할 수 있도록 역량을 강화하는 데 중점을 두고 있다. 또한, 이 카페는 지역 NGO와 협력하여 위험에 처한 청소년을 효과적으로 파악하고 모집하여 교육함으로써 사회적 사명에 부합하도록 노력하고 있다. 이러한 파트너십 모델은 사회 복지 분야의 자원과 전문 지식에 대한 접근을 쉽게 하여 교육 프로그램을 더욱 영향력 있고 지속 가능하게 만들고 있다.

● 영향과 성과

망고트리 카페는 위험에 처한 청소년들에게 의미 있는 취업 기회와 생활 기술을 제공함으로써 그들의 삶에 큰 변화를 가져왔다. 많은 교육생들이 호텔 업계에서 경력을 쌓거나 벤처 기업을 창업하여 빈곤과 착취의 악순환을 끊는 데 성공했다. 또한, 이 카페는 인신매매와 같은 사회 문제에 대한 인식을 높이고, 다른 이들이 행동에 나서도록 영감을 주며 지역사회 발전에 기여하고 있다.

경제적 관점에서 이 벤처 기업은 소외된 시장에서도 사회적 기업이 성공할 수 있음을 입증하였다. 이러한 성공은 유사한 BAM 벤처들에 영감을 주었으며, 기업이 수익성과 목적을 효과적으로 조화롭게 이룰 방법을 제시하였다.

● **교훈**

망고트리 카페는 의미 있는 지속 가능한 영향을 창출하고자 하는 ET 기업가들과 단체들에 몇 가지 중요한 교훈을 제공한다. 첫째, 사회적 목적과 건전한 사업 관행을 결합하는 힘의 본보기로 자리 잡고 있다. 망고트리 카페는 수익성과 사회적 영향이 상호 배타적이지 않다는 것을 보여주며, 재정적으로 지속 가능하면서도 긍정적인 영향을 미칠 수 있음을 입증했다. 이 모델은 ET 기업이 재정적 생존 가능성과 사회적 영향력 중 하나를 선택해야 한다는 전통적인 개념에 도전하며, 두 가지를 동시에 달성할 수 있음을 보여준다.

이 카페의 성공은 사회적 영향에 대한 종합적인 접근의 중요성을 잘 보여준다. 망고트리 카페는 인신매매와 같은 문제를 해결하기 위해서는 다각적인 접근이 필요하다는 것을 인식하고는, 단순히 고용 기회를 제공하는 것 이상의 역할을 했다. 전문성 개발, 재정적 이해, 정신 건강을 아우르는 종합적인 교육 프로그램을 통합함으로써, 이 카페는 개인이 장기적인 자급자족을 이루고 착취의 악순환에서 벗어날 수 있도록 필요한 기술과 자원을 제공한다. 이러한 종합적인 접근 방식은 사회적 문제의 근본 원인을 해결하고 자립을 향한 여정에 있는 개인에게 포괄적인 지원을 제공하는 것의 중요성을 시사한다.

마지막으로, 망고트리 카페는 성공적인 사회적 기업 개발에 있어 지역사회 참여와 문화적 민감성이 얼마나 중요한지를 잘 보여준다. 이 카페는 지역사회와 적극적으로 소통하며 신뢰를 쌓고, 지역사회의 필요와 문화적 특성을 이해함으로써 강력한 지역사회 관계를 구축하고 이니셔티브의 지속 가능성을 확보했다. 이는 조직이 운영되는 고유한 맥락을 이해하고 존중하는 것, 그들이 봉사하는 지역사회와 진정한 관계를 형성하는 것, 그리고 그들의 개입이 문화적으로 적절하고 장기적으로 지속 가능하게 하는 것의 중요성을 강조한다.

결론적으로, 망고트리 카페는 사회적 기업가 정신의 강력한 모델로서 사회적 영향을 최우선으로 하는 사업의 혁신적인 가능성을 보여주고 있다. 망고트리 카페는 건전한 사업 관행과 사회 정의, 지역사회 역량 강화를 위한 깊은 헌신을 결합하여, 재정적 지속 가능성을 달성하면서도 긍정적인 변화를 끌어낼 수 있다는 것을 입증했다.

● 전망

앞으로 망고트리 카페는 인신매매와 착취가 여전히 만연한 동남아시아의 다른 지역으로 사업을 확장할 계획이다. 이를 위해 온라인 플랫폼을 활용하여 교육 프로그램을 확대하고, 더 넓은 범위와 접근성을 확보할 예정이다. 또한 NGO 및 정부 기관과의 파트너십을 강화하여 영향력과 옹호 활동을 더욱 확대할 계획이다. 카페는 포장 상품 및 호스피탈리티 컨설팅 서비스 제공과 같은 새로운 수익원을 모색하며, 미션 중심의 운영을 지속함으로써 비즈니스 모델을 개선할 방침이다.

망고트리 카페는 지속적인 혁신과 적응을 통해 전 세계 선교 중심 비즈니스의 청사진을 제시하고 있다. 이 카페의 여정은 경제적 지속 가능성을 유지하면서 의미 있는 사회 변화를 끌어내는 BAM 벤처의 잠재력을 보여줌으로써, 사회적 기업가를 꿈꾸는 이들에게 중요한 사례 연구로 자리 잡고 있다.

사례 2: 아프리카 미션 헬스케어(African Mission Healthcare)[2]

아프리카 미션 헬스케어(AMH)는 서비스가 부족한 지역의 미션 병원과 협력하여 사하라 이남 아프리카 전역의 건강 관리 시스템을 혁신하는 데 전념하는 비영리 단체이다. 이 단체의 핵심 사명은 의료 전문가를 교육하고 파트너 병원의 기반 시설을 개선하여 지역 역량을 강화하는 동시에 접근성이 제한된 지역사회에 필수적인 의료 서비스를 제공하는 것이다. AMH는 이러한 노력을 통해 대륙 전역의 수백만 명에게 장기적인 치료를 제공할 수 있는 지속 가능한 의료 시스템을 구축하는 것을 목표로 하고 있다.

AMH의 주요 활동에는 직접적인 의료 서비스 제공, 병원 기반 시설 개선, 자격을 갖춘 의료 전문가 수를 늘리기 위한 교육 프로그램 운영 등이 포함된다. 이 단체는 특히 의료 인력이 심각하게 부족하고 의료 시설이 열악한 지역, 특히 농촌 및 외딴 지역에 중점을 두고 있다. 이러한 지역에서 지역 병원과 협력하여 생명을 구하는 수술, 모자 건강 서비스, HIV/AIDS, 말라리아, 결핵 등 다양한 질병에 대한 치료를 제공함으로써 치료 제공 역량을 향상하고 있다. 또한, 이 조직은 필수 의약품과 의료 장비가 부족한 병원에 필요한 자원을 공급하고 있다.

● 도전 과제 극복

AMH가 직면한 시급한 장애물은 세 가지가 있는데 그중 하나는 사하라 이남 아프리카 지역에 널리 퍼져 있는 부적절한 의료 기반 시설이다. 특히 농촌 지역이나 서비스가 부족한 곳에 위치한 많은 병원들은 높은 의료 수요를 충족할 준비가 되어 있지 않았고, 기본 의료용품과 필수 의약품, 심지어 전기조차도 자주 부족하여 양질의 치료를 제공하는 데 어려움을 겪고 있다.

이러한 문제를 해결하기 위해 AMH는 병원과 직접 협력하여 의료 시설을 건설하거나 업그레이드하고, 효과적인 치료를 제공하는 데 필요한 도구를 갖출 수 있도록 지원하고 있다. 이 지원에는 산소 플랜트 및 수술 도구와 같은 중요한 장비를 설치하고, 국제 보건 기준을 충족하도록 의료 시설의 전반적인 기반 시설을 개선하는 것이 포함되어 있다.

둘째로 시급한 문제는 숙련된 의료 전문가의 만성적인 부족이었다. AMH는 지역 의료 종사자에게 지역사회에서 봉사하는 데 필요한 기술과 지식을 제공하기 위해 설계된 교육 프로그램을 운영하여 이 문제를 해결하고 있다. 이러한 프로그램은 특히 훈련된 전문가가 부족한 농촌 지역에서 의료 전문성의 격차를 해소하는 데 큰 도움이 되고 있다. 또한 AMH는 지역 의료 시스템과의 파트너십을 통해 교육 중에 습득한 기술과 지식을 활용하여 AMH가 떠난 후에도 지역 주민들에게 서비스를 제공할 수 있는 지속 가능한 의료 시스템을 구축하였다.

마지막으로 꼽을 만한 난제로는, 이들 지역의 높은 의료 비용을 들 수 있다. 많은 사람들이 빈곤선(poverty line) 이하에서 생활하기에 치료비와 약값에 대한 경제적 부담으로 치료를 받지 못하는 경우가 발생하고 있다. 이러한 문제를 완화하기 위해 AMH는 보조금을 지원하는 의료 서비스를 제공하여 가장 취약한 계층이 더 저렴하게 치료받을 수 있도록 노력하고 있다. 또한, 이동 진료소를 포함한 대외 활동 프로그램을 개발하여 외딴 지역으로 직접 의료 서비스를 제공함으로써 가장 소외된 사람들도 필수 의료 서비스를 이용할 수 있도록 하고 있다.

● 확장 전략 및 영향력 증대

AMH의 영향력 확대는 파트너 병원 네트워크의 확장과 기존 시설의 역량 강화를 포함하고 있다. 이 단체는 사하라 사막 이남 아프리카의 여러 국가에 위치한 병원들과 협력하여 그 범위를 넓히는 데 상당한 진전을 이루었다. 의료 서비스가 가장 필요한 지역에 집중함으로써 AMH는 소외된 사람들에게 의료 서비스를 제공할 능력을 더욱 향상하고 있다.

또한, 네트워크 확장을 위해 기존 병원에서 제공하는 의료 서비스의 질을 개선하는 데 중점을 두고 있으며, 의료 서비스가 부족한 지역에서도 의료 서비스를 제공할 수 있도록 의료진을 교육하는 '미션 헬스케어 교육 네트워크'와 같은 의료 교육 이니셔티브를 통해 이를 추진하고 있다.

기술은 AMH의 확장 전략에서 중요한 역할을 하고 있다. 온라인 교육 플랫폼을 활용하여 의료진을 원격으로 교육함으로써 도달 범위를 넓히고 지리적 장벽을 극복하고 있다. 이러한 기술을 통해 AMH는 교육 프로그램을 더 많은 개인에게 확대하여 의료 인력이 지역의 증가하는 의료 수요를 충족할 수 있도록 적절히 준비하고 있다.

AMH는 지역 및 국가 차원의 의료 시스템을 강화하기 위해 정부와 비정부기구와 협력하여 지역 의료 시스템을 발전시키고 있다. 이를 통해 AMH는 의료 시스템의 지속 가능성과 회복력을 향상하여 외부 지원에 의존하지 않고도 지역사회에 지속적인 치료를 제공할 수 있도록 돕고 있다.

● 영향과 성과

AMH의 작업 영향은 치료받은 환자 수, 수술 및 의료 개입의 성공률, 교육을 받은 의료 전문가 수, 병원 기반 시설 개선 등 다양한 주요 지표를 통해 평가할 수 있다. AMH는 또한 지원하는 병원의 장기적인 지속 가능성을 추적하여 초기 개선 이후에도 효과적으로 운영될 수 있도록 한다. 환자 방문, 수술 절차 및 건강 결과에 대한 데이터는 조직 프로그램의 효과에 대한 통찰력을 제공하며, 병원 성과에 대한 지속적인 감사는 운영 효율성을 측정하는 데 기여한다.

AMH는 필수 의료용품의 가용성과 기반 시설 개선을 추적하여 개입의 성공에 대한 확실한 증거를 제공한다. 이 조직은 모자 건강 개선, 예방할 수 있는 질병 유병률 감소, 생명을 구하는 치료에 대한 접근성 증가와 같은 긍정적인 건강 결과를 달성하였으며, 이러한 성과는 사하라 이남 아프리카 전역의 의료 시스템 혁신에 긍정적인 영향을 미치고 있다.

● 교훈

AMH는 글로벌 보건 성과를 향상하기 위해 노력하는 조직에 몇 가지 중요한 교훈을 제공한다. 첫째, 지속 가능한 의료 시스템 구축의 중요성을 강조한다. AMH는 현지 의료 전문가 교육, 병원 기반 시설 개선, 그리고 현지 기관과의 장기적인 파트너십 구축에 중점을 두어, 지역사회가 스스로 의료 문제를 해결할 수 있도록 지원하는 지속 가능한 접근 방식의 필요성을 강조한다. 이를 통해 지역사회에서 서비스하는 국가 의료 시스템에 지속적인 변화를 불러온다.

AMH는 의료 서비스 접근성을 확대하고 서비스 제공을 개선하는 데 있어 기술의 힘을 효과적으로 보여주고 있다. 온라인 교육 플랫폼을 활용하여 의료 종사자들을 원격으로 교육함으로써, AMH는 지리적 장벽을 극복하고 더 많은 사람들에게 서비스를 제공할 수 있게 되었다. 이러한 혁신적인 접근 방식은 기술이 의료 서비스 제공을 어떻게 향상시키고, 가장 외진 지역이나 의료 서비스가 부족한 지역에서도 양질의 의료 서비스에 대한 접근성을 개선하는 데 효과적으로 활용될 수 있는지를 잘 보여준다.

마지막으로, AMH는 프로그램의 효과를 평가하고 개선하는 데 있어 데이터 기반 의사 결정과 영향 평가의 중요성을 강조한다. AMH는 환자 결과, 의료 종사자 교육, 기반 시설 개선과 같은 주요 지표를 자세히 추적함으로써 개입의 영향을 효과적으로 측정하고 개선이 필요한 영역을 파악할 수 있다. 이러한 데이터 기반 접근 방식을 적용하면, 자원이 효율적으로 배분되고 프로그램이 지속적으로 개선되어 그 영향력을 극대화하며 해당 지역사회에 최대한의 이익을 제공할 수 있다.

결론적으로, AMH는 글로벌 보건 성과 향상을 위해 노력하는 단체들에게 귀중한 모델로 자리매김하고 있다. 지속 가능성, 기술 활용, 데이터 기반 의사 결정을 강조함으로써 AMH는 효과적인 파트너십과 혁신적인 접근 방식, 그리고 장기적인 영향에 대한 헌신이 어떻게 의료 시스템을 변화시키고 전 세계 수백만 명의 삶을 개선할 수 있는지를 보여주고 있다.

● 전망

AMH는 사하라 이남 아프리카 전역에서 활동 범위를 확장하고 의료 시스템을 강화하는 데 주력하고 있다. 앞으로도 지원하는 미션 병원의 수를 늘리고 지역 의료 시스템의 역량을 더욱 강화할 계획이다. 예방적 치료와 필수 의약품 접근성 개선에 중점을 두고 AMH는 이 지역 전체에서 지속 가능하고 확장할 수 있는 의료 서비스를 제공하기 위한 변화 창출을 목표로 하고 있다.

지속 가능성은 AMH의 핵심 초점으로 남아 있으며, 그 영향력이 즉각적일 뿐만 아니라 장기적으로도 지속될 수 있도록 노력하고 있다. AMH는 지역 의료 종사자들에게 교육과 지역 보건 시스템 지원을 통해 권한을 부여함으로써 지속 가능한 의료 서비스에 필요한 기반 시설을 구축하는 데 기여하고 있다. 조직의 지속적인 확장과 기술의 전략적 활용을 통해 AMH는 더욱 소외된 지역사회에 도달하고, 사하라 이남 아프리카에서 의료 서비스를 혁신하려는 사명을 더욱 발전시킬 수 있다.

장기적으로 AMH는 사하라 이남 아프리카에서 회복력 있고 지속 가능하며 증가하는 인구의 요구를 충족하는 의료 시스템을 구상하고 있다. AMH는 파트너십, 교육 프로그램 및 기반 시설 개선을 통해 대륙 전역에서 의료 서비스 접근성을 높이고 지속 가능하며 혁신적인 영향을 미칠 수 있는 유리한 위치에 있다.

사례 3: 재활용 차량(Recycled Rides)[3]

필리핀에 본사를 둔 리사이클드 라이드는 자동차 폐기물을 지속 가능한 제품으로 전환하는 벤처 기업으로 환경·사회·경제 문제 해결에 중요한 역할을 하고 있다. 이 기업은 중고 차량을 친환경 제품으로 변환하여 자동차 폐기물을 줄이고 지속 가능한 개발을 촉진함으로써 순환 경제를 지원하는 데 주력하고 있다.

리사이클드 라이드에서는 자동차 자재를 재활용하여 환경에 미치는 영향을 최소화하는 동시에, 폐기물 처리 문제로 어려움을 겪고 있는 지역사회에 고용 기회를 창출하는 제품을 개발하고 있다. 이 과정에서 오래된 차량을 개조하고 금속·플라스틱·고무와 같은 귀중한 자원을 추출하여 다른 용도로 재사용함으로써 오염을 줄이고 자원을 보존하고 있다.

● 도전 과제 극복

고귀한 목표에도 불구하고 리사이클드 라이드는 그 사명을 달성하는 데 몇 가지 중요한 도전에 직면해 있었다. 큰 장애물 중 하나는 충분한 폐자재를 조달하는 것이었다. 필리핀에서는 많은 차량이 버려지거나 부적절하게 폐기되어 재활용할 수 있는 차량이 부족한 상황이다. 또한, 오래된 자동차를 개조하고 재사용할 수 있는 자재를 추출하는 과정에는 전문 지식과 기반 시설이 필요하지만, 시골이나 소외된 지역에서는 이러한 기반 시설이 부족하여 어려움을 겪고 있다.

이러한 장애물을 극복하기 위해 이 기업은 지방 정부, 폐차장 그리고 자동차 제조사와 협력하여 중고차의 수거 및 처리를 간소화하였다. 이러한 파트너십을 통해 이 기업은 차량 재활용과 환경 지속 가능성의 중요성에 대한 인식을 높이는 동시에 폐자재의 안정적인 공급을 확보할 수 있었다.

이 단체가 직면한 또 다른 중요한 장애물은 필리핀의 낙후된 폐기물 관리 시스템을 극복하는 데 필요한 규제 문제였다. 환경 기준은 마련되어 있지만, 단속이 미흡한 경우가 많아 불법 투기가 여전히 주요 문제로 남아 있었다. 리사이클드 라이드는 더 강력한 환경 정책을 지지하며, 기존 체제 내에서 국가 및 지역 규정을 준수하기 위해 지속적으로 노력하고 있다.

이 단체는 광범위한 지역사회 지원 프로그램에 참여하여 대중에게 차량 재활용의 환경적 이점에 대해 교육하고 있다. 이를 통해 책임감 있는 폐기 관행을 장려하고 불법 투기 발생률을 줄이며, 풀뿌리 차원의 재활용 노력을 촉진하고 있다.

● 확장 전략

리사이클드 라이드는 운영을 효과적으로 확장하기 위해 처리되는 자재의 양과 운영의 지리적 범위를 모두 넓히는 다양한 전략을 개발했다. 핵심적인 확장 방법의 하나는 첨단 재활용 기술에 투자하여 자재 회수 효율을 높이는 것이었다. 이를 통해 재활용 프로세스의 일부를 자동화하여 더 많은 차량을 처리하고, 더 많은 재활용 가능한 자재를 회수할 수 있는 능력을 강화하고 있다.

또한, 기술적인 발전뿐만 아니라 스크랩 수거 물류 개선을 위한 노력도 포함되어 있으며, 필리핀 전역에 재활용 센터 네트워크를 확장하여 품질이나 운영 효율성을 저하시키지 않으면서 더 많은 차량을 수용할 수 있도록 최선을 다하고 있다.

리사이클드 라이드는 현지 및 지역 폐차 공급업체와의 추가 파트너십을 통해 공급망을 강화하고자 네트워크를 확장하고 있다. 이러한 네트워크 확장은 처리 차량 수를 증가시키는 데 기여하며, 이를 통해 리사이클드 라이드는 일관되고 지속 가능한 원자재 공급을 보장하면서 영향력을 확대할 수 있었다. 또한, 사업 확장을 위한 노력의 하나로 인력 개발에도 집중하고 있다. 새로운 기술 교육과 안정적인 일자리 제공을 통해 지역사회 발전에 이바지하고, 성장하는 녹색 경제에 필요한 지식과 경험을 갖춘 인재를 양성하고 있다.

● 영향과 성과

리사이클드 라이드는 대량의 차량 폐기물이 매립지로 보내지는 것을 방지하고, 오염을 줄이며 부적절한 폐기로 인한 환경 피해를 완화하는 데 크게 기여하고 있다. 금속·플라스틱·고무와 같은 재료를 재활용함으로써 천연자원을 보존하고 원자재에 대한 수요를 줄이는 것은 지속 가능한 순환 경제를 촉진하는 데 매우 중요하다. 또한, 재료 재사용에 중점을 둔 이니셔티브는 새로운 제품 생산과 관련된 탄소 발자국을 줄여 기후 변화 대응에도 크게 기여하고 있다.

사회적 관점에서 리사이클드 라이드는 사업을 운영하는 지역사회에 일자리를 창출하여 소외된 주민을 포함한 지역 주민들에게 안정적인 일자리를 제공한다. 또한, 재활용 공정 및 기타 가치 있는 기술에 대한 교육을 통해 개인의 역량을 강화하고 지역 경제를 활성화하는 데 크게 기여하고 있다.

이 단체는 환경 지속 가능성에 대한 대중의 인식을 높이는 데 중요한 역할을 하고 있으며, 지역사회 교육 프로그램을 통해 자동차 폐기물로 인한 환경 문제와 책임 있는 재활용의 중요성에 대한 이해를 증진하고 있다.

리사이클드 라이드의 영향력을 측정하는 주요 지표로는 재활용된 자재의 양, 처리된 차량의 수, 그리고 회사가 운영되는 지역사회에서 창출된 신규 일자리 수 등이 있다. 또한, 매립지로 보내지는 폐기물의 감소 여부를 추적하고 교육 프로그램의 효과를 평가함으로써 폐기물 처리 및 재활용에 대한 대중의 인식을 변화시키는 데 기여한다. 이러한 지표를 통해 환경적 지속 가능성과 지역사회 발전에 대한 조직의 기여도를 명확히 파악할 수 있다.

● 교훈

필리핀의 선구적인 벤처기업인 리사이클드 라이드는 환경 및 사회적 문제 해결을 위해 노력하는 조직에 귀중한 교훈을 제공한다. 첫째, 이 기업은 환경에 미치는 영향을 완화하는 순환 경제 원칙의 중요성을 잘 보여준다. 리사이클드 라이드는 폐기된 차량을 귀중한 자원으로 전환함으로써 폐기물을 최소화하고, 천연자원을 보존하며, 새로운 상품 생산에 따른 환경 발자국을 줄이고 있다. 이러한 접근 방식을 통해 환경 문제를 해결하고 보다 지속 가능한 미래를 만드는 데 있어 순환 경제 모델의 중요한 역할을 환기할 수 있다.

리사이클드 라이드는 환경 문제와 사회 문제를 동시에 해결하는 것의 중요성을 잘 보여준다. 이 단체는 지역사회에 고용 기회를 창출하고 개인에게 가치 있는 기술을 제공함으로써 환경적 지속 가능성과 사회적 형평성이 서로 연결되어 있으며 상호 강화된다는 점을 입증하고 있다. 이러한 통합적 접근 방식은 환경 문제의 사회적·경제적 차원을 고려하며, 환경적·사회적 요구를 모두 충족하는 해결책을 개발하는 것의 중요성을 강조한다.

마지막으로, 리사이클드 라이드는 지속 가능한 영향을 달성하기 위해 지역사회 참여와 이해관계자 협력의 중요성을 강조한다. 이 기업은 지방 정부, 폐차장, 기타 이해관계자들과의 협력을 통해 운영을 지원하고 영향력을 강화하는 강력한 네트워크를 구축하였다. 이러한 협력적 접근 방식은 복잡한 환경 및 사회적 문제를 효과적으로 해결하기 위해 강력한 파트너십을 육성하고 지역사회의 지지를 구축하는 것의 중요성을 부각시킨다.

결론적으로, 리사이클드 라이드는 지속 가능하고 공정한 미래를 지향하는 단체들에게 강력한 모델이 된다. 이 모델은 순환 경제 원칙의 중요성을 강조하며, 사회적·환경적 고려 사항을 통합하고, 강력한 커뮤니티 파트너십을 촉진한다. 이를 통해 리사이클드 라이드는 오늘날의 시급한 환경적·사회적 문제를 해결하고자 하는 단체들에 귀중한 교훈을 제공한다.

● 전망

미래를 내다보는 리사이클드 라이드는 사업 확장과 환경적·사회적 영향력 확대에 대해 긍정적으로 전망하고 있다. 이 단체는 필리핀 전역에 재활용 센터를 늘려 운영 규모를 확장하고, 동남아시아 인근 지역으로의 진출을 목표로 하고 있다. 지속 가능성 문제에 대한 전 세계적인 인식이 높아짐에 따라, 리사이클드 라이드는 정부와 민간 부문으로부터 더 많은 지원을 받아 성장을 가속화하고 사명을 더욱 강화할 것으로 기대한다.

기술 혁신은 여전히 미래의 핵심 초점이다. 리사이클드 라이드는 효율성과 최종 제품의 품질을 향상하기 위해 재활용 프로세스를 개선할 방법을 모색하고 있다. 새로운 기술을 통합함으로써 재활용 재료로 제작된 제품의 가치를 높이는 동시에 운영 과정에서 환경에 미치는 영향을 더욱 줄이는 것을 목표로 하고 있다.

장기적으로 자동차 폐기물이 더 이상 환경에 부담을 주지 않고, 순환 경제에 이바지하는 소중한 자원이 되는 상황을 꿈꾸고 있다. 지속적인 사업 확장과 지역사회 참여, 혁신에 대한 집중을 통해 필리핀에서 지속 가능하고 환경을 고려한 미래를 만드는 데 중요한 역할을 할 것이다.

사례 4: 컴패션 티 컴퍼니(Compassion Tea Company)[4]

컴패션 티 컴퍼니는 아프리카의 소외된 지역에서 의료 불균형 문제를 해결하기 위해 미국에서 설립된 선교 중심의 사회적 기업이다. 이 회사의 사명은 아프리카 의료 선교 단체와의 협력을 통해 고립된 지역 사회에 생명을 구하는 의료 서비스를 제공하는 동시에, 전 세계 소비자들에게 윤리적으로 공급된 고품질의 차를 제공하는 것이다. 컴패션 티 컴퍼니는 차 판매 외에도 자사의 플랫폼을 활용하여 아프리카의 의료 문제에 대한 인식을 높이고 있으며, 교육 이니셔티브를 통해 고객들이 의료 구호 활동을 지원하도록 독려하여 아프리카의 의료 부담을 완화하는 데 기여하고 있다.

컴패션 티 컴퍼니는 영리사업을 통해 의료 선교와 의료 서비스 제공을 위한 지속 가능한 자금을 확보하고, 고객에게 다양한 제품과 서비스를 제공한다. 이 회사의 비즈니스 모델의 독특한 점은 세금을 제외한 모든 수익의 100%를 아프리카 오지의 의료 서비스 기금인 컴패션 티 재단(CompassioNow)에 기부하겠다는 약속이다. 이러한 비즈니스 모델은 상거래와 자선 활동을 통합하여 소비자가 소외 계층의 필수 의료 이니셔티브를 지원하는 제품을 구매함으로써 더 큰 대의에 이바지할 수 있도록 돕는다.

● 도전 과제 극복

많은 미션 중심의 비즈니스와 마찬가지로, 컴패션 티 컴퍼니도 여러 운영 및 전략적 과제에 직면해 있다. 그중 하나는 아프리카의 외딴 지역사회에 의료 지원을 제공하는 데 따른 물류의 복잡성이다. 열악한 기반 시설, 불안정한 교통, 제한된 자원으로 인해 이러한 지역에서는 의료 서비스를 효율적으로 제공하는 데 어려움을 겪고 있다. 이러한 문제를 해결하기 위해 컴패션 티 컴퍼니는 현지 전문성을 갖춘 모바일 헬스 클리닉과 같은 현지 단체와 파트너십을 맺고, 고립된 지역사회에 더욱 효과적으로 접근할 수 있는 네트워크를 구축했다.

또 다른 중요한 과제는 특히 점점 더 혼잡해지는 시장에서 고객 참여를 유지하는 것이었다. 컴패션 티 컴퍼니는 차 판매와 의료 선교 간의 직접적인 연관성을 지속적으로 전달함으로써 강력한 소비자 충성도를 구축했다. 스토리텔링, 투명한 영향력 보고, 뉴스레터, 블로그, 소셜 미디어 캠페인 등 매력적인 디지털 콘텐츠를 통해 컴패션 티는 고객들에게 그들의 구매가 도움이 필요한 사람들의 삶에 어떤 실질적인 변화를 불러오는지를 지속적으로 알리고 있다.

마지막으로, 컴패션 티 컴퍼니는 포화 상태에 있는 프리미엄 차 시장에서 경쟁하고 있다. 고객들은 뛰어난 품질뿐만 아니라 자신이 지지하는 브랜드에 대한 목적의식도 요구하고 있어, 이에 따라 컴패션 티 컴퍼니는 생명을 구하고 건강 형평성을 증진한다는 사명을 중심으로 차별화된 이야기를 구축하고 있다. 이를 통해 차 애호가들뿐만 아니라 긍정적인 사회적 영향을 미치고자 하는 개인 소비자들에게도 매력을 보여주고 있다.

● 확장 전략

컴패션 티 컴퍼니는 운영 규모를 확장하고 영향력을 강화하기 위해 다양한 전략을 채택했다. 우선, 제품군의 다양화에 중점을 두어 선물 세트, 차 액세서리, 구독 서비스 등을 제공함으로써 새로운 시장 부문을 성공적으로 공략하고 추가 수익원을 창출하여 브랜드 인지도를 높였다.

또 다른 중요한 확장 전략은 종교 기반 단체, 학교, 커뮤니티 그룹과의 전략적 파트너십을 구축하는 것이었다. 이러한 파트너십은 컴패션 티 컴퍼니의 사명을 널리 알리고, 지역사회의 참여를 촉진하며, 지속적인 매출을 창출하는 데 기여하였다. 비슷한 가치를 공유하는 단체와 협력함으로써 컴패션 티는 사명을 강화하고 영향력을 확대할 수 있었다.

이 회사는 성장을 위한 중요한 도구로 전자상거래를 도입하였으며, 최적화된 웹사이트와 사용자 경험, 검색 엔진 가시성에 중점을 둔 덕분에 온라인 인지도를 성공적으로 높일 수 있었다. 그렇게 전자상거래를 통해 전 세계 고객에게 접근할 수 있게 되었고, 컴패션의 사명을 확장하며 국제적 성장을 촉진할 수 있었다. 또한, 컴패션 티 컴퍼니는 기업 선물 사업에도 진출하여 이벤트용 차 선물 세트를 제공하고 있다.

● **영향과 성과**

컴패션 티 컴퍼니의 사회적 영향력은 주로 의료 분야에서 두드러진다. 이 회사는 기부금을 통해 예방 접종, 산모 관리, 질병 예방, HIV/AIDS와 같은 만성 질환 치료 등 중요한 의료 서비스를 소외된 사람들에게 제공하는 병원에 자금을 지원하고 있다. 이러한 서비스의 범위는 매우 다양하며, 의료 시설에 대한 접근이 제한된 지역사회의 주요 건강 문제를 해결하는 데 크게 기여하고 있다.

경제적 관점에서 볼 때, 컴패션 티 컴퍼니의 활동은 의료 서비스 제공자와 지역사회에 힘을 실어주어 지역 경제 발전에 기여하고 있다. 이 회사는 의료 활동에 자금을 지원하고 지역 의료 종사자를 돕는 방식으로 노동 생산성을 높이며, 예방할 수 있는 질병으로 인한 경제적 부담을 줄이는 데 기여하고 있다.

컴패션 티 컴퍼니 재단은 여러 측정 가능한 결과를 통해 그 영향력을 자세히 추적하고 있다. 여기에는 매년 서비스 받는 환자 수, 의료 미션의 지리적 범위, 파트너 클리닉에 배포된 의료용품의 양이 포함된다. 이러한 지표들은 회사의 기여 효과를 평가하고 향후 이니셔티브를 안내하는 데 유용한 데이터를 제공한다.

● 교훈

컴패션 티 컴퍼니의 경험은 미션 중심 비즈니스를 운영할 때 직면하는 도전과 기회에 대한 귀중한 통찰을 제공한다. 특히 중요한 교훈은 소비자 인식과 참여의 중요성이다. 효과적인 스토리텔링, 투명성 그리고 회사의 영향력에 대한 지속적인 소통은 소비자의 신뢰와 충성도를 유지하는 데 필수적이다. 이 분야에서 조직이 이룬 성공은 기업이 사회적 사명을 소비자의 개인적 가치와 연결해야 한다는 필요성을 강조한다.

또 다른 중요한 교훈은 파트너십의 가치이다. 아프리카 현장에서 풍부한 경험을 가진 잘 구축된 조직과 협력함으로써 컴패션 티 컴퍼니는 기부금이 효과적으로 활용되어 가장 도움이 필요한 사람들에게 전달될 수 있도록 하였다. 이러한 파트너십은 회사의 영향력을 확대하고 의료 서비스 제공을 위한 더 깊은 협력의 기반을 마련해 준다.

마지막으로, 컴패션 티 컴퍼니는 지속 가능한 자금 조달을 위해 혁신의 필요성을 인식하게 되었다. 창의적인 제품을 제공하고 수익원을 다양화하며 전략적 파트너십을 구축함으로써, 회사는 장기적인 재정적 안정성을 확보하고 사명을 지속할 수 있었다.

● 전망

컴패션 티 컴퍼니는 전략적 성장을 통해 영향력을 확대하기 위해 지속적으로 노력하고 있다. 회사는 의료 서비스 제공자 및 종교 단체와의 파트너십을 강화하여 신규 시장과 기존 시장 모두에서 비즈니스 모델을 확장할 계획이다. 또한, 컴패션 티 컴퍼니는 윤리적으로 생산된 제품에 대한 수요가 증가하고 있는 신흥 시장에서의 입지를 강화하기 위해 힘쓰고 있다.

또한, 환경적 지속 가능성에 대한 노력을 더욱 강화하고 있다. 컴패션 티 컴퍼니는 장기적인 비전 중 하나로 환경에 미치는 영향을 줄이는 동시에 소비자들의 친환경 요구에 부응할 포장 솔루션과 지속 가능한 차 공급 방식을 모색하고 있다.

궁극적으로 컴패션 티 컴퍼니는 수익과 미션을 결합하고자 하는 다른 기업들을 위한 청사진으로 자사의 비즈니스 모델을 구상하고 있다. 이 회사의 접근 방식은 고품질 제품을 제공하는 것뿐만 아니라, 전 세계의 건강과 복지에 지속적인 영향을 미치는 성공적이고 지속 가능한 기업을 구축할 수 있음을 보여준다.

사례 5: 항아리 카페(Jars of Clay Cambodia)[5]

항아리 카페는 캄보디아의 취약 계층 젊은 여성들에게 지속 가능한 생계 수단을 제공하기 위해 노력하는 사회적 기업이다. 1998년에 설립된 이 단체는 프놈펜에서 카페를 운영하며, 인신매매에서 생존한 위험에 처한 여성들에게 고용 기회와 기술 교육, 비즈니스 운영에 관한 직업 훈련을 제공한다. 이 기업의 사명은 개인, 특히 여성에게 힘을 실어주고 지역사회 발전에 이바지함으로써 의미 있는 사회적 영향을 창출하는 데 중점을 두고 있다. 항아리 카페는 서비스업에 대한 열정과 사회 변화에 대한 헌신을 결합하여, 이 여성들이 개인적·직업적 성장을 위해 필요한 기술을 습득하고, 지원적인 공동체를 형성하는 것을 목표로 하고 있다.

항아리 카페의 음식은 서양식 가정식 요리와 아시아에서 영감을 받은 요리가 조화를 이루어, 현지 고객과 해외 방문객 모두를 만족시킬 수 있도록 준비된다. 또한, 항아리 카페는 일반 메뉴 외에도 행사 케이터링과 맞춤형 케이크를 제공하며, 이러한 서비스는 지역사회에서 특히 인기가 높다.

이 카페는 신선한 현지 식재료를 사용하여 고객이 가족 친화적인 분위기 속에서 고품질의 음식을 즐길 수 있도록 운영되고 있다. 다양한 카페 메뉴는 폭넓은 고객층을 확보하는 데 기여하며, 제공되는 모든 식사를 통해 긍정적인 사회적 영향을 창출하는 사명을 실현하고 있다.

● 도전 과제 극복

사회적 기업으로서 항아리 카페는 서비스업계와 더 넓은 사회적 기업 분야에서 공통으로 발생하는 여러 문제에 직면해 있다. 주요 장애물 중 하나는 재정적 지속 가능성을 확보하면서 사회적 사명과 사업 운영 현실 간의 균형을 맞추는 것이었다. 경쟁이 치열한 시장, 특히 서비스업 분야에서 항아리 카페는 유사한 제품과 서비스를 제공하는 다른 식당 및 카페와의 차별화 문제에 직면하고 있다. 또한, 직원 이직률이 높은 식당 업계는 일관되고 숙련된 인력을 구축하는 작업을 더욱 복잡하게 만들고 있다.

이러한 어려움에도 불구하고 항아리 카페는 사회적 사명에 중점을 두어 충성 고객층과 헌신적인 직원을 성공적으로 유지하고 있다. 안정적인 고용과 교육 기회를 제공하려는 조직의 노력으로 직원 유지율을 높이는 지원적인 직장 문화를 형성할 수 있었으며, 이를 통해 직원들도 기술적 역량과 자신감을 얻었다. 그 덕분에 여성들이 조직 내에서 성공할 수 있었고, 미래의 취업에 필요한 시장성 있는 기술을 갖출 수 있었다. 이러한 사회적 영향과 비즈니스 통찰력의 결합으로 항아리 카페는 서비스업 부문의 전형적인 어려움을 극복하면서도 사명에 충실할 수 있었다.

● 확장 전략

항아리 카페는 5명의 직원으로 시작하여 현재 20명 이상의 직원이 근무하는 두 개의 사업장으로, 성공적으로 확장하였다. 이러한 성장은 전략적으로 이루어졌으며, 카페가 프놈펜의 지역 주민과 외국인 관광객 모두를 끌어들일 최적의 위치에 자리 잡고 있기 때문이다.

성장 전략은 강력한 커뮤니티를 유지하며, 각 새로운 지점이 설립 초기부터 항아리 카페의 핵심 가치인 서비스, 권한 부여, 사회적 책임을 준수하도록 하는 데 중점을 두고 있다. 이러한 사명에 대한 헌신은 기업의 사회적 목표를 희생하지 않으면서도 성장을 이루는 데 중요한 역할을 하고 있다.

확장을 더욱 지원하기 위해, 항아리 카페는 일반 카페 운영을 넘어 다양한 서비스를 제공하기 시작했다. 이벤트 케이터링 도입과 맞춤형 케이크 제작을 통해 새로운 시장 세그먼트에 진입하고 추가적인 수익원을 창출할 수 있었다. 또한, 다른 지역의 사업체 및 조직과의 잠재적인 파트너십을 통해 가시성을 높이고 성장을 촉진할 기회를 모색하고 있다. 이러한 신중한 사명 중심의 확장은 조직의 사회적 목표를 유지하면서 운영 규모를 확장할 수 있도록 돕고 있다.

● **영향과 성과**

항아리 카페는 지속적인 고용과 직업 훈련을 통해 어려운 환경에 처한 많은 여성들의 삶을 크게 개선하는 데 기여하고 있다. 취약한 지역사회에 속한 여성들은 이제 자신과 가족을 부양할 기회를 얻게 되었으며, 빈곤과 불평등의 악순환을 끊을 가능성을 가지게 되었다. 또한, 직원들의 개인적 역량 강화를 넘어 수익의 일부를 개발과 사회 복지에 중점을 둔 지역 비정부기구에 재투자하여 더 넓은 지역사회에도 긍정적인 영향을 미치고 있다.

항아리 카페는 사회적·경제적 영향을 측정하기 위해 질적 및 양적 지표를 함께 활용한다. 직원 개발은 고용된 여성의 수, 그들이 습득한 기술, 그리고 이들이 노동 인구로 성장하는 과정을 통해 추적된다. 지역사회 참여는 지역 비영리 단체와의 파트너십 및 이러한 이니셔티브에 대한 재정적 기여를 통해 평가된다. 또한 고객 만족도와 재구매율은 기업이 사명에 충실하면서 양질의 서비스를 제공할 수 있는 능력에 대한 통찰력을 제공한다. 이러한 지표들은 항아리 카페의 사회적 영향과 비즈니스 지속 가능성에 대한 노력을 종합적으로 반영한다.

● 교훈

항아리 카페의 경험은 사회적 기업 운영에서 직면하는 어려움과 그에 따른 보상에 대한 귀중한 통찰을 제공한다. 특히 중요한 교훈은 소비자 인식과 투명한 소통의 중요성이다. 항아리 카페는 조직의 이야기와 영향력을 공유함으로써, 카페의 사명을 이해하고 지지하는 충성 고객층을 형성하였다.

또한, 영향력을 확대하기 위해서는 파트너십이 필수적이라는 점을 깨달았다. 지역 비정부기구와의 협력을 통해 항아리 카페는 그들의 노력이 더 넓은 지역사회 발전과 사회 변화에 이바지할 수 있도록 하였다. 마지막으로, 항아리 카페의 경험은 혁신적인 수익 창출의 중요성을 강조한다. 제공하는 서비스의 다양화와 새로운 시장 부문의 개척을 통해 이 단체는 재정적 지속 가능성을 유지하면서 사회적 영향력을 확대할 수 있었다.

● 전망

앞으로 항아리 카페는 여성에게 힘을 주고 지역사회 발전을 지원하는 사명을 더욱 확고히 하며 사업을 지속적으로 확장할 계획이다. 이 단체는 더 많은 여성이 필수적인 직업 기술과 경력 발전 기회를 얻을 수 있도록 교육 프로그램을 개선하는 것을 목표로 하고 있다. 또한, 항아리 카페는 새로운 유형의 이벤트 케이터링을 모색하고 메뉴를 다양화하여 건강에 좋은 옵션을 더 많이 포함하는 등, 변화하는 고객의 요구를 충족하기 위해 제품 범위와 서비스를 확장할 계획이다.

캄보디아 경제는 빠르게 성장하고 있으며, 이에 따라 항아리 카페와 같은 사회적 기업이 확장하고 지속적인 영향을 미칠 수 있는 잠재력이 그 어느 때보다 커졌다. 항아리 카페는 사명에 충실함으로써 개인과 지역사회 모두에게 이익이 되는 지속 가능하고 사회적으로 책임 있는 기업을 구축할 수 있음을 보여주며, 이익과 목적을 결합하고자 하는 다른 기업들의 모델이 되고자 한다.

사례 6: 푸르나아(Purnaa)[6]

네팔에 본사를 둔 사회적 기업 푸르나아는 고품질 제조와 강력한 사회적 사명을 결합하는 비전을 가지고 설립되었다. 이 회사는 착취와 인신매매의 생존자를 포함한 소외된 개인들에게 새로운 시작과 풍요로운 삶을 제공하는 것을 사명으로 삼고 있다. 푸르나아는 엄격한 환경 및 사회적 책임 기준을 준수하며 맞춤형 의류, 가방 및 기타 섬유 제품을 생산하여 글로벌 윤리적 패션 브랜드를 지원하고 있다.

또한, 유기농 면과 재활용 직물과 같은 친환경 소재를 활용하여 지속 가능한 패션에 대한 증가하는 수요에 부응하고 차별화를 꾀하고 있다. 이 회사의 핵심 초점은 지속 가능한 제품을 제공하는 것뿐만 아니라, 사업을 사회 변화의 도구로 활용하여 경제적 주류에서 소외된 개인들의 삶을 개선하는 데 있다.

푸르나아는 환경 지속 가능성에 대한 약속 외에도 공정한 임금, 안전한 근무 조건 그리고 포괄적인 직원 지원에 중점을 두고 있다. 이러한 지원은 공정한 보상뿐만 아니라 개인 개발 프로그램, 의료 서비스, 그리고 근로자의 고용 가능성을 높이기 위한 교육 기회도 포함된다. 푸르나아의 모델은 노동의 존엄성과 직원의 권한 부여를 강조하며, 일을 통해 삶을 변화시키는 것을 목표로 하고 있다.

● 도전 과제 극복

네팔에서 사업을 운영하는 것은 불안정한 공급망, 정치적 불안정, 제한된 기반 시설 등 다양한 독특한 문제를 해결해야 한다는 것을 의미한다. 이러한 장애물을 극복하기 위해, 푸르나아는 현지 공급업체들과 강력하고 지속적인 관계를 구축하는 데 주력했다. 이 전략은 공급망의 신뢰성과 일관성을 높였으며, 외부적인 문제에도 불구하고 고품질의 제품을 적시에 제공할 수 있도록 했다. 또한, 푸르나아는 제품 품질을 유지하고, 운영을 효율화하며 납품 일정을 개선하기 위해 내부 프로세스에 상당한 투자를 진행했다.

푸르나아가 직면한 또 다른 중요한 도전 과제는 소외된 집단, 특히 인신매매와 착취의 생존자에 대한 사회적 낙인이었다. 이에 대응하여 푸르나아는 포용, 존중, 권한 부여에 중점을 둔 업무 문화를 적극적으로 조성해 왔으며, 이러한 문화는 회사의 직장 정책과 인력 통합 방식에 잘 반영되고 있다. 푸르나아는 비판하지 않는 환경을 조성함으로써 직원들에게 성공적인 경력을 쌓을 수 있는 도구를 제공할 뿐만 아니라, 소외된 개인에 대한 사회적 태도를 변화시키는 데에도 기여하고 있다.

● 확장 전략

푸르나아의 성장 전략은 지속 가능성, 협업, 그리고 역량 강화를 중심으로 한 다각적인 접근 방식이다. 주요 확장 전략 중 하나는 지속 가능성에 중점을 두는 것으로, 친환경 소재와 공정을 생산 모델에 도입함으로써 푸르나아는 환경에 대한 의식이 높은 패션 브랜드의 관심을 끌고, 서비스에 대한 수요를 증가시켰다. 회사의 지속 가능성에 대한 노력은 이러한 브랜드의 관심을 유도했을 뿐만 아니라, 윤리적 패션 제조 분야에서 푸르나아의 명성을 더욱 확고히 하는 데 기여했다.

세계적인 브랜드와의 전략적 협업은 푸르나아의 성장에 중요한 역할을 했다. 푸르나아는 윤리적인 패션 기업들과의 파트너십을 통해 시장 범위를 확장하고 신뢰를 쌓으며 대규모 생산 능력을 향상할 수 있었다. 이러한 협업은 푸르나아가 윤리적이고 지속 가능한 패션 제품의 신뢰할 수 있는 제조업체로 자리매김하는 데 기여했다.

푸르나아의 확장 전략에서 또 다른 중요한 측면은 직원들의 역량 강화를 중시한다는 점이다. 이 회사는 현지 근로자들에게 고급 재봉 기술을 교육하는 데 투자하여 그들이 국제 품질 기준을 충족할 수 있도록 지원하고 있다. 기술 개발에 집중하는 것은 푸르나아의 운영에 긍정적인 영향을 미칠 뿐만 아니라, 네팔의 제조 수준을 향상해 이 지역 경제 발전에도 기여하고 있다.

● 영향과 성과

푸르나아의 사회적 영향력은 매우 크다. 이 회사는 인신매매 피해자, 여성, 그리고 경제적으로 취약한 계층을 포함한 소외된 사람들에게 존엄한 일자리를 제공한다. 직원들은 푸르나아와의 협력을 통해 자존감, 재정적 독립성, 그리고 전반적인 삶의 질이 크게 향상되었다고 전한다. 공정하고 존엄한 일에 참여할 기회를 통해 개인이 자신의 삶을 주도하고 가족 및 지역사회에 긍정적인 기여를 할 수 있게 된다.

공정 무역 관행과 지역사회 개발 이니셔티브를 통해 푸르나아는 250여 가구에 긍정적인 영향을 미쳤다. 이 회사는 직원들에게 교육, 의료, 공정한 임금 등 다양한 지원을 제공하는 모델을 통해 많은 사람들의 빈곤 악순환을 끊는 데 기여하고 있다. 또한, 푸르나아의 환경 지속 가능성에 대한 헌신은 사회적 사명과 일치하여 직원들뿐만 아니라 지구에도 긍정적인 영향을 미치고 있다.

푸르나아의 성과는 일자리 창출, 직원 개발, 환경 지속 가능성 등 다양한 지표를 통해 측정할 수 있다. 회사는 정기적으로 직원 피드백을 수집하여 직무 만족도, 개인적 성장 그리고 푸르나아의 지원 시스템의 전반적인 효율성을 평가한다. 또한, 푸르나아는 윤리적 관행과 공정한 대우에 대한 약속을 입증하기 위해 세계 공정 무역 기구(WFTO) 인증을 포함한 여러 인증을 획득하였다. 고객 만족도 조사는 사회적 및 환경적 사명을 준수하면서 고품질의 제품을 제공하는 푸르나아의 효율성을 평가하는 중요한 지표로 활용된다.

● **교훈**

푸르나아의 경험은 윤리적 비즈니스와 사회적 기업에 대한 두 가지 중요한 교훈을 제공한다. 첫째, 소외된 개인에게 기술과 기회를 제공함으로써 더 광범위한 사회적 변혁을 이끌어낼 수 있다. 푸르나아는 근로자들에게 성공할 수 있는 도구를 제공하고, 존엄성을 존중하는 환경을 조성하여 개인이 삶을 되찾고 더 밝은 미래를 구축할 수 있도록 돕고 있다. 이는 개인의 복지를 향상할 뿐만 아니라 지역사회의 긍정적인 변화에도 이바지한다.

또 다른 교훈은 품질과 윤리가 함께할 수 있다는 점이다. 공정 무역 원칙을 준수하면서 높은 제품 기준을 유지하면 브랜드에 대한 충성도와 신뢰도가 향상된다. 푸르나아의 성공은 소비자들이 윤리적 생산 관행을 점점 더 중요하게 여기고, 품질과 사회적 책임을 모두 중시하는 기업을 기꺼이 지원한다는 사실을 보여준다. 이러한 접근 방식은 푸르나아의 직원들에게도 이익이 될 뿐만 아니라, 윤리적 패션 브랜드와 고객 간의 강력한 관계를 구축하는 데 기여한다.

● 전망

앞으로 푸르나아는 사업 규모를 확장하고 사회적·환경적 책임을 강화할 계획이다. 이를 통해 지속적인 성장을 위한 탄탄한 기반을 마련하고 있다. 이 회사는 더 많은 현지 근로자가 글로벌 제조 기준을 충족할 수 있도록 필요한 기술을 습득할 만한 교육 프로그램을 확대하는 것을 목표로 하고 있다. 또한, 푸르나아는 제품에 친환경 소재를 더욱 많이 도입하여 친환경 패션에 대한 수요 증가에 맞춰 생산 공정을 조정할 계획이다.

또한, 향후에도 윤리적 패션 브랜드와의 전략적 협력은 푸르나아의 성장 전략에서 핵심적인 역할을 할 것이다. 지속 가능하고 윤리적으로 생산된 패션에 대한 세계 시장이 계속해서 확대됨에 따라, 푸르나아는 이 업계의 선도적인 기업으로 자리매김할 것이다. 생산 능력을 증대시키고, 인력을 확충하며, 사회적·환경적 책임에 대한 확고한 의지를 유지함으로써, 푸르나아는 소외된 개인들에게 힘을 실어주고 패션 산업 및 기타 분야에 긍정적인 영향을 미칠 것이다.

윤리적 패션에 대한 수요가 증가함에 따라, 고품질 생산과 사회적 가치를 결합한 푸르나아의 모델은 비즈니스가 긍정적인 변화를 이끌어낼 수 있는 강력한 사례로 자리 잡고 있다. 탄탄한 기반을 갖춘 푸르나아는 네팔의 경제 발전에 이바지할 뿐만 아니라, 윤리적 제조가 수익성과 혁신성을 동시에 갖출 수 있음을 입증하여 글로벌 패션의 미래를 형성하는 데 기여하고 있다.

사례 7: 탈란타(Talanta)[7]

탈란타는 1997년 티머시 조켄(Timothy Jokkene)에 의해 설립된 소액 금융 기관으로 우간다의 구루(Gulu) 지역 주민들이 빈곤의 악순환에서 영구히 벗어날 수 있도록 저렴한 대출을 제공하는 명확한 사명이 있다. 이러한 노력은 티머시가 겪었던 어려움, 특히 우간다 북부를 황폐화한 반군(LRA: Lord's Resistance Army)과의 분쟁으로 인해 가족의 재산을 잃은 경험에서 비롯되었다.

탈란타는 포괄적인 접근 방식의 필요성을 인식하고, 재정적 지원뿐만 아니라 중요한 비즈니스 교육과 역량 강화를 위한 프로그램도 제공한다. 이 기관의 주요 목표는 소액 대출, 맞춤형 금융 솔루션 그리고 역량 강화 개입을 통해 자본 접근성을 높이는 것이다.

탈란타는 주로 우간다 구루 지역의 소규모 농민과 사업가들에게 번영에 필요한 자원을 제공하며, 대출을 통해 도시 시장에서 재판매할 토마토와 같은 농산물을 구매하는 데 도움을 주는 것을 목표로 하고 있다. 이를 통해 빈곤과 영양실조를 완화할 수 있는 이윤을 창출하고 있다.

기독교적 가치에 뿌리를 둔 탈란타의 사업은 단순한 이윤 창출을 넘어서는 깊은 의미를 지니고 있다. 탈란타는 영세업자들이 비즈니스를 효과적으로 관리할 수 있도록 필요한 기술과 지식을 제공함으로써 개인에게 힘을 실어주고, 구루 지역사회 내에서 지속 가능한 경제 성장을 촉진하는 것을 기업의 사명으로 삼고 있다.

이 사업은 연민과 고통을 덜어주려는 열망을 강조하며, 지역사회에 봉사하겠다는 약속을 담고 있다. 또한, 실용적이고 사업 지향적인 해결책을 통해 하나님의 사랑을 전하고 있으며, 사회적 책임과 타인의 삶을 개선하려는 깊은 헌신을 바탕으로 성공적인 사업을 구축할 방법을 제시하고 있다.

● 도전 과제 극복

성공에도 불구하고, 탈란타는 특히 소액 대출과 관련된 위험 관리 및 운영의 무결성을 확보하는 데 많은 도전에 직면해 왔다. 조직 내 재정 관리 문제는 특히 어려운 과제로 여겨졌다. 안타깝게도 두 명의 신뢰할 수 있는 직원이 회사 자금을 횡령하는 사건이 발생했으며, 이들은 티머시가 멘토링 한 기독교인들이었기에 더욱 큰 충격을 주었다. 조사 결과

이들은 절도를 인정하였고, 이후 직무에서 해임되었다. 그럼에도 불구하고 티머시는 그들을 용서했다. 그는 그들이 훔친 돈을 갚지 못하는 이유가 가난 때문이라는 것을 알고 있었기 때문이다.

이 경험으로도 알 수 있듯이 소규모 조직은 사기 및 부실 관리 문제에 대한 취약성을 드러낸다. 또한, 견제와 균형을 위한 강력한 시스템 구축의 중요성을 강조하고 있다. 이에 대응하여 탈란타는 고위 직원의 현금 흐름을 정기적으로 모니터링하는 등 엄격한 감독 조치를 시행했다. 더불어, 티머시는 향후 재정 관리의 부실을 방지하기 위해 "당신을 믿지만, 확인은 하겠다(I trust you, but I'll check you)"라는 정책을 채택했다. 기도는 조직의 접근 방식에서 중요한 역할을 했다. 티머시는 어려운 시기에 조직을 위해 기도해 줄 현지 목회자들의 도움을 요청했다. 또한, 그는 사기 혐의를 조사할 때 추측을 피하고 철저한 사실 확인을 선택하는 것의 중요성을 배웠다.

탈란타가 직면한 도전을 계기로 시스템 개선에 대한 결의를 더욱 강화했으며, 가난한 사람들을 돕겠다는 사명을 지속적으로 추진할 수 있는 계기가 되었다.

● 확장 전략

탈란타는 영향력 확대를 위해 파트너십을 적극적으로 활용했다. 특히, 파트너스 월드와이드(Partners Worldwide)와의 협력을 통해 소액 대출 프로그램을 개선하고 그 범위를 확대했다. 이러한 협력을 통해 탈란타는 구루를 넘어 파티코, 팔라로, 파웰 마을 등 주변 지역으로 서비스 영역을 확장할 수 있었다. 이때 확장 전략은 제공되는 소액 대출의 수를 증가시키는 동시에 맞춤형 금융 솔루션과 역량 강화 프로그램을 통해 사업의 질을 향상하는 데 중점을 두었다.

탈란타의 성공 비결 중 하나는 지역사회 내에서 신뢰를 쌓는 능력이었다. 티머시는 전통적인 금융 기관으로부터 자본을 조달할 기회가 없는 기업가들에게 대출 프로그램을 통해 새로운 기회를 제공했다. 또한, 황소 견인(Oxen Traction) 프로그램을 통해 가축 산업으로 사업을 확장함으로써, 내부 실향민 캠프에 거주하는 농부들에게 삶을 변화시키는 이니셔티브가 될 수 있음을 입증했다. 탈란타는 이들 가족에게 소와 쟁기를 제공하여 그들이 토지를 더욱 효율적으로 경작할 수 있도록 지원함으로써 생산성과 소득 창출을 획기적으로 개선할 수 있었다.

탈란타는 앞으로 우간다 전역의 다양한 지역으로 서비스를 확대하여 궁극적으로, 전국적으로 확장하는 것을 목표로 하고 있다. 이를 위해 대출 규모를 늘리고, 기업가를 위한 금융 교육을 강화하며, 지역사회 지도자를 조직의 사명에 통합하는 접근 방식을 취할 예정이다. 탈란타는 고객의 기술과 역량에 지속적으로 투자함으로써 우간다 북부의 장기적인 경제 발전을 끌어낼 수 있는 소규모 사업의 자생적인 생태계를 구축할 계획이다.

● **영향과 성과**

탈란타의 활동은 구루와 그 주변 지역의 수천 명의 삶에 긍정적인 변화를 불러오고 있다. 설립 이후, 탈란타는 1,000개 이상의 소규모 사업체 창업을 지원했으며, 소규모 사업가들에게 평균 150달러의 대출을 제공했다. 이러한 대출은 즉각적인 재정적 지원을 제공할 뿐만 아니라, 개인이 자신과 가족을 빈곤에서 벗어날 기회를 창출하는 데 기여했다. 소액 대출을 통해 탈란타는 사업자들이 생산성을 높이고 생활 수준을 향상할 수 있는 상품과 서비스를 구매할 수 있도록 도와주었다.

직접적인 재정적 혜택 외에도, 탈란타의 역량 강화 노력은 소규모 사업주들이 기술을 향상하고 더 나은 경영 관행을 통해 지속 가능한 기업으로 성장할 수 있도록 지원했다. 비즈니스 교육의 제공은 큰 파급효과를 가져왔으며, 대출을 받은 사람들뿐만 아니라 그 이상의 범위에서 기업가 정신의 문화를 확산시키는 데 기여했다.

또한, "황소 견인" 프로그램은 IDP 캠프의 농부들에게 큰 영향을 미쳤다. 이 프로그램을 통해 가족들에게 황소와 쟁기를 기부함으로써, 땅을 경작하는 데 필요한 시간과 노력이 크게 줄어들었고, 그 결과 소득을 올릴 수 있는 잠재력이 많이 증가하였다. 많은 사람들에게 이 프로그램은 LRA의 공격으로 인한 파괴적인 상황 이후 삶을 재건하는 데 중요한 단계가 되었다.

● 교훈

탈란타의 성공은 다른 사회적 기업과 개발 이니셔티브에 몇 가지 중요한 교훈을 제공한다. 첫째, 개인적인 경험이 미치는 심오한 영향이 얼마나 결정적인지를 잘 보여준다. 티머시 조켄은 우간다의 구루에서 겪은 고난을 통해 빈곤에 대한 직접적인 이해를 얻었으며, 역경을 극복한 개인적인 여정은 그가 지역사회가 직면한 문제에 대한 깊은 통찰을 갖게 하고, 지속 가능한 해결책을 만들기 위한 열정을 불러일으켰다. 이는 영향력 있는 사회적 변화를 끌어내는 데 있어 개인적인 연결과 공감의 중요성을 강조한다.

둘째, 탈란타의 성공은 빈곤 완화를 위한 종합적인 접근 방식의 중요성을 강조한다. 이들은 재정적 지원과 함께 중요한 비즈니스 교육 및 역량 강화 프로그램을 결합하여 기업가들이 장기적으로 성공할 기술과 지식을 갖출 수 있도록 돕고 있다. 이는 빈곤의 증상뿐만 아니라 그 근본 원인을 해결하는 것이 중요하다는 점을 부각시킨다.

셋째, 탈란타의 성공은 공동체 중심의 접근 방식의 중요성을 강조한다. 탈란타가 구루 지역사회에 깊이 뿌리내리고 있다는 사실은 성공에 결정적인 역할을 한다. 지역적 맥락을 이해하고, 지역사회 구성원들과 긴밀한 관계를 구축함으로써 신뢰를 쌓고, 그들의 특정 요구에 맞춰 서비스를 조정하며 구체적인 필요에 적응함으로써 탈란타는 신뢰를 형성하고 지속 가능한 영향력을 위한 강력한 기반을 마련했다.

넷째, 파트너십의 중요성을 강조하고 있다. 탈란타가 파트너스 월드와이드와 협력하는 것은 더 큰 영향력을 달성하기 위해 파트너십의 가치가 크다는 것을 보여준다. 다른 조직의 전문 지식과 자원을 활용함으로써, 탈란타는 그 범위를 확장하고 서비스 제공을 개선할 수 있었다. 이는 복잡한 사회적·경제적 문제를 해결하는 데 있어 다양한 이해관계자 간의 협력의 중요성을 부각하고 있다.

다섯째, 탈란타는 믿음이 사회 변화를 끌어내는 강력한 동기가 될 수 있음을 보여준다. 가난한 사람들을 위한 연민·봉사·보살핌이라는 기독교적 가치를 비즈니스 모델에 통합함으로써, 탈란타는 믿음이 어떻게 영향력 있는 사회 활동을 촉진하고 끌어낼 수 있는지를 잘 보여주고 있다.

탈란타가 보여준 교훈은 지역사회 내에서 지속 가능하고 영향력 있는 사회 변화를 추구하는 다른 단체들에게 귀중한 통찰력을 제공한다. 개인적인 관계를 강조하고, 전체론적인 접근 방식을 채택하며, 강력한 커뮤니티 관계를 촉진하고, 파트너십을 활용함으로써, 이 조직은 빈곤 문제를 효과적으로 해결하고 지역사회 내에서 지속적인 긍정적인 변화를 창출할 수 있음을 입증한 사례이다.

● 전망

탈란타의 미래는 사업 확장과 접근 방식 개선을 통해 밝은 전망으로 가득 차 있다. 이 단체는 우간다의 더 많은 지역으로 서비스를 확대하기 위해 노력하고 있으며, 아프리카의 다른 지역에서도 적용 가능한 모델을 개발할 계획이다. 탈란타는 사업의 지속 가능성, 금융 교육, 지역사회 역량 강화를 중점적으로 추진하며, 소액 금융 및 빈곤 퇴치 분야에서 선도적인 역할을 목표로 하고 있다.

탈란타의 비전은 외부 지원 없이도 번창할 수 있는 자립적인 소규모 비즈니스 생태계를 구축하는 것이다. 기업가들에게 성공에 필요한 도구와 자본에 대한 접근성을 제공함으로써, 탈란타는 우간다 북부의 지속 가능한 경제 성장을 위한 기반을 마련하고 있다. 이러한 노력을 통해 탈란타는 빈곤 문제를 해결할 뿐만 아니라, 전체 공동체를 향상할 수 있는 기업가 정신의 문화를 육성하고 있다. 이 기업은 기독교적 가치, 신뢰 그리고 공동체 역량 강화를 중시하며, 우간다 및 그 외 지역에서 영향력을 확대해 나가면서 이러한 원칙을 바탕으로 사업을 지속적으로 발전시킬 것이다.

사례 8: THRIVE 파머스 커피(THRIVE Farmers Coffee)[8]

코스타리카의 커피 농장인 THRIVE 파머스 커피는 코스타리카의 커피 생산자(농부)를 진정한 이해관계자로 시스템에 통합하여 글로벌 커피 공급망을 혁신하는 것을 목표로 하는 BAM 기업이다. 5대째 커피 농장을 운영해 온 알레한드로 가르시아(Alejandro Garcia)는 가족 농장의 잠재적 손실을 경험한 후 THRIVE 파머스 커피를 시작하게 되었다. 이 기업은 커피 생산 과정을 수직적으로 통합하고 농부들에게 더 많은 이익을 분배함으로써 커피 재배의 경제성을 변화시키고, 보다 공정하고 지속 가능한 산업을 창출하는 것을 지향하고 있다.

이러한 커피 공급망 혁신을 통해 역사상 처음으로 커피 농부들은 기존 공급망에서 얻을 수 있던 수익의 5배에서 10배에 달하는 수익을 올릴 기회를 얻었다. 이 모델은 농부들이 자신의 노동을 통해 창출되는 가치를 보다 많이 통제할 수 있도록 하여 커피 재배의 경제를 효과적으로 변화시켰다.

THRIVE 파머스 커피는 인도네시아, 라틴 아메리카, 아프리카를 포함한 세계 주요 커피 재배 지역으로 사업 범위를 확장하며, 세 나라의 여섯 지역에서 파트너십을 강화하고 있다. 이 회사의 비전은, 커피가 널리 거래되는 상품이라는 점을 활용하여 상당한 경제적 영향을 창출하는 것이다. 이러한 이니셔티브는 여러 세대에 걸쳐 커피 농민들이 겪어온 체계적인 불평등을 해결함으로써 생산국들의 GDP 향상에 기여할 수 있는 잠재력을 가지고 있다.

THRIVE 파머스 커피의 사명에서 신앙의 통합은 핵심적인 요소이다. 공동 설립자 중 한 명인 마이클 존스(Michael Jones)는 복음주의 기독교 신앙에 기반하여 자신의 신념에 부합하는 사업을 찾고 있었다. 그러던 중, 그는 THRIVE의 다른 공동 설립자인 켄 랜더와 알레한드로 가르시아가 기독교 신앙을 바탕으로 커피 농민들의 빈곤 문제를 해결하기 위해 노력하고 있다는 사실을 알게 되었고, 이에 따라 THRIVE의 공동 창립자가 되었다.

THRIVE는 알레한드로의 커피 전문 지식과 켄의 사업 통찰력이 서로 보완적으로 결합한 두 사람의 협력과 마이클 존스의 성경적 원칙을 실천하려는 열정이 어우러져 탄생한 비즈니스이다. 이 사업은 봉사, 연민, 그리고 타인의 삶을 개선하려는 열망과 같은 기독교적 가치를 반영하고 있다.

● 도전 과제 극복

THRIVE의 여정에는 여러 도전이 있었다. 그중 하나의 중요한 장애물은 전통적인 커피 공급망 모델을 극복하는 것이었다. 이 모델은 세계에서 가장 수요가 많은 상품 중 하나를 생산하는 농민들을 대체로 저소득층으로 전락시키고 있었다. 공급망에서 농민들의 재정적 참여를 늘리겠다는 회사의 목표는 업계의 기존 규범에 대한 깊은 재고와 생산자보다 중개업자를 선호하는 관행을 극복해야 했다.

게다가 2000년대 초반부터 최근 몇 년 사이에 코스타리카의 커피 생산량이 35% 감소하는 등 기후 변화와 여러 장애물에 직면해 있었다. 이러한 생산량 감소와 전통적인 모델이 세대 농민을 유지할 수 없다는 점 때문에 많은 사람들이 이 사업에 계속 종사하기 어려워졌다.

THRIVE는 이러한 외부적인 도전 과제에 대응해야 할 뿐만 아니라, 초기 위험 부담과 신뢰가 필요한 새로운 모델을 농민들에게 받아들이도록 설득하는 등 내부적인 장애물도 해결해야 했다.

가치 사슬(Value Chain)의 각 단계에서 농민들과 이익을 공유하는 이 회사의 혁신적인 모델은 이러한 도전 과제에 대한 효과적인 해결책이었다. 농민들은 더 이상 노동의 혜택에서 소외되지 않고, 공정 거래의 진정한 파트너로서 생커피콩 가격의 최대 75% 또는 로스팅 가격의 50%를 수익으로 올릴 수 있게 되었다. 이러한 보상 구조 덕분에 농민들은 일반적으로 커피의 최종 소매 가격의 극히 일부만을 받는 업계 표준에 비해 훨씬 더 높은 수입을 올릴 수 있었다. THRIVE는 이 모델을 통해 빈곤이라는 체계적인 문제를 해결하고, 농민들이 지역사회에 재투자하며 생계를 개선할 수 있도록 지원하고자 하였다.

● 확장 전략

THRIVE의 확장 전략은 이니셔티브에 참여하는 농부의 수와 그들을 지원하는 소비자 기반을 확대하여 그 영향력을 강화하는 데 중점을 두고 있다. 이 회사는 전 세계적으로 실질적인 변화를 이루기 위해서는 스스로 상당한 규모를 달성해야 한다는 점을 인식하고 있다. THRIVE의 모델은 소비자와 농부 간의 직접적인 연결에 의존하며, 이를 통해 커피 공급망 전반에 걸쳐 보다 공정한 가치 분배를 가능하게 하고 있다.

효과적인 확장을 위해 THRIVE는 소규모 농민 네트워크의 확대에 주력하고 있다. 이 회사는 이미 코스타리카 · 온두라스 · 과테말라의 6개

지역에서 800명 이상의 농민과 협력하고 있으며, 팀은 아프리카와 인도네시아를 포함한 다른 주요 커피 재배 지역으로의 확장을 적극적으로 모색하고 있다.

THRIVE는 농민들과의 강력한 관계를 구축하고, 시장에 직접 진출할 경로를 제공함으로써 전 세계적으로 확장할 수 있는 지속 가능한 생태계를 만들기 위해 노력하고 있다. 각 참여 농민이 퇴비화, 물 절약, 살충제 및 제초제 미사용과 같은 환경친화적 관행을 준수하겠다고 약속함에 따라, 회사의 지속 가능성에 대한 헌신은 운영 전반에 걸쳐 깊이 뿌리내리고 있다.

사업 개발 측면에서 THRIVE는 Cuvee Coffee, Safehouse Coffee, Earth Fare 등 커피 산업의 주요 업체들과 협력 관계를 구축하였다. 이러한 파트너십은 THRIVE가 농민들을 지원하는 핵심 사명을 유지하면서 더 많은 고객에게 다가갈 수 있는 성장 기회를 제공하고 있다. 회사가 지속적으로 성장함에 따라, THRIVE는 복음을 전파하는 동시에 농민들에게 모범사례를 교육하기 위해 지역 부처와 협력하여 사역의 노력을 사업 전략에 통합할 계획이다.

● 영향과 성과

THRIVE의 영향력은 커피 산업의 뿌리 깊은 빈곤과 불평등 문제를 해결함으로써 사람들의 삶을 변화시키는 데 있다. THRIVE는 농부들에게 시장에 직접 진출할 기회를 제공하여, 그들이 노동의 대가로 공정한 보상을 받을 수 있도록 해준다. 이는 더 나은 임금과 삶의 질 향상으로 이어지며, 농장과 지역사회에 재투자할 능력을 키우는 데 기여하고 있다.

이 회사의 사명은 지역사회에 긍정적인 영향을 미치는 것으로, 농부들이 더 많은 수익을 올리면, 노동자들에게 더 나은 임금을 지급하고 지역사회 기반 시설에 재투자할 수 있게 된다. 이를 통해 전체 지역사회의 발전을 이끄는 선순환을 만들어내고 있다.

신앙에 기반한 사명에 따라, THRIVE는 농부들이 성공을 거두어 그들의 삶에 영적 변화를 불러오는 세상을 꿈꾼다. 이 회사는 경제적 성과를 향상하는 것뿐만 아니라, 복음의 메시지를 전파하여 농부와 그 가족에게 재정적 및 영적 힘을 부여하고 있다.

● **교훈**

THRIVE는 긍정적인 사회적·경제적 영향을 창출하고자 하는 기업들에게 몇 가지 귀중한 교훈을 제공한다. 첫째, 이 회사는 기존 공급망 내에서 체계적인 불평등을 인식하고 이를 해결하는 능력을 보여준다. THRIVE는 커피 농민들이 그들의 노동으로 창출한 이익을 불균형적으로 적게 받는 역사적 착취를 인정함으로써, 기존 모델에 도전하고 더 공정한 시스템을 만들기 위해 노력하고 있다. 이는 특정 산업 내에서 체계적인 문제를 파악하고 해결하는 것의 중요성을 강조하며, 보다 공정하고 평등한 가치 분배를 위한 혁신적인 해결책을 모색하는 것이 얼마나 중요한지를 잘 보여준다.

또한, THRIVE는 생산자에게 권한을 부여함으로써 변화의 가능성을 제시한다. 농민과 소비자를 직접 연결하고 농민에게 더 많은 이익을 분배함으로써, 농민들 스스로 생계를 개선하고, 지역사회에 투자하며 보다 지속 가능한 미래를 구축할 수 있도록 지원하고 있다. 이는 생산자를 가치 사슬의 중심에 두고, 농산물이나 소비재의 성공에 있어 생산자의 중요한 역할을 인식하는 것이 얼마나 중요한지를 보여준다.

마지막으로, THRIVE의 비즈니스 모델에 신앙을 통합한 것은 가치 중심의 기업가 정신이 어떻게 중요한 사회적 영향을 창출할 수 있는지를 보여주는 강력한 사례이다. 창업자들은 그들의 비즈니스 관행을 기독교 신앙에 맞추어 윤리적 고려와 사회 정의에 대한 헌신이 성공적이고 수익성 있는 비즈니스 모델에 어떻게 자연스럽게 통합될 수 있는지를 입증했다. 이는 그들의 가치를 통합하고 세상에 긍정적인 영향을 미치고자 하는 다른 기업들에게도 영감을 주고 있다.

● 전망

앞으로 THRIVE는 빠른 확장을 지속하며 전 세계 고객에게 다가가는 것을 목표로 하고 있다. 이 회사는 더 많은 커피 재배 지역의 농부들과 협력하고, 사회적 영향을 중시하는 정부 부처 및 조직과의 파트너십을 강화하기 위해 노력하고 있다.

THRIVE의 미래는 미션의 무결성을 유지하면서 비즈니스 모델을 확장할 수 있는 능력에 달려 있다. 윤리적으로 생산된 제품에 대한 소비자의 수요가 지속적으로 증가함에 따라, THRIVE는 커피 산업의 변화를 선도하며 농민들이 진정한 파트너로 대우받을 수 있도록 노력할 것이다.

장기적으로 THRIVE는 사람과 목적에 중점을 두고 산업을 혁신하며, 기업이 선을 위한 힘으로 작용할 수 있는 글로벌 모델이 되고자 한다.

회사의 성장은 농민과 소비자 간의 강력한 관계를 구축하여 전 세계적
으로 복제될 수 있는 지속 가능하고 영향력 있는 모델을 창출하는 능력
에 의해 이끌릴 것이다.

이러한 노력을 통해 THRIVE는 농민부터 소비자에 이르기까지 모든
이해관계자에게 혜택을 주는 보다 공정하고 지속 가능한 커피 산업을
실현하기 위한 여정을 순조롭게 진행하고 있다.

사례 9: 케이크 레스토랑[9]

이번 사례는 한 개인의 빵 굽는 취미가 본격적인 BAM 벤처로 발전하
여 성공을 거둔 이야기이다. 이 케이크 레스토랑은 2006년, 한 열정적
인 제빵사가 요리 취미를 의미 있는 사업으로 전환하고자 하는 열망에
서 시작되었다. 미국 매사추세츠주 출신의 창업자는 요리 세계에 뛰어
들기 전 다양한 전문 배경을 가지고 있었으며, 보석 감정사로 일하면서
직접 판매를 통해 사업 관리에 대한 귀중한 경험을 쌓았다.

또한, 예술가로서 프리랜서로 활동해서 비즈니스와 창의성에 대한
이해를 더욱 깊게 했다. 인증받은 보석 전문가인 그녀는 여러 제과 과
정을 수강하고, 어머니에게 전수한 요리법을 결합하여 케이크 만들기
에 대한 전문 지식을 쌓았다. 현재 그녀는 사업을 소유하고 관리하며,
요리와 영적 사명을 통해 사업을 이끌어가고 있다.

법적 요구 사항을 충족하며 초기의 어려움을 극복한 후, 이 사업은
꾸준히 성장하여 두 개의 카페와 번창하는 도매 사업으로 확장되었다.

우수한 고객 서비스와 직원 개발에 대한 헌신을 바탕으로 고품질 치즈케이크에 집중하여 충성 고객 기반을 구축하였고, 매년 상당한 성장을 이루었다. 이 사업은 매년 수익을 창출하며 대부분의 대출금을 상환할 수 있을 만큼 충분한 수익을 올렸고, 지역 여성 7명을 고용하였으며, 때때로 자원봉사자들의 도움도 받았다.

이 사업에서 사업주의 신앙은 핵심적인 역할을 하고 있다. 튀르키예 사회에 봉사하고 신앙을 나누고자 하는 열망을 바탕으로, 그녀는 케이크 레스토랑을 봉사 활동과 영적 영향력을 발휘할 수 있는 플랫폼으로 설립하였다.

이 사업의 가장 중요한 목표는 튀르키예 문화와 서양식 페이스트리를 결합하여 친근한 분위기 속에서 고품질의 제품을 제공하는 것이다. 이 사업주는 여성들이 안전하게 일할 수 있는 직장을 만들고, 직원들에게 아낌없는 지원을 제공하는 환경을 조성하는 것을 최우선으로 삼고 있다. 특히 비싼 요리 교육을 받을 수 없는 여성들에게 가치 있는 교육과 취업 기회를 제공하는 것을 사업의 핵심 사명으로 설정하고 있다.

사업의 성공 외에도, 이 사업주의 비전은 직원·지역사회·공급업체·고객 모두에게 영적인 영향을 미치려는 목표를 포함하고 있다. 사회적 책임과 윤리적 사업 관행에 중점을 두는 이러한 특징은 케이크 레스토랑을 일반적인 상업적 벤처와 차별화시키고 있다.

● 도전 과제 극복

이 사업은 특히 운영 규모를 확장하는 과정에서 여러 가지 어려움을 겪었다. 그중에서도 가장 두드러진 문제는 생산·보관 시설의 확장을 관리하는 것이었다. 이 시설 확장 프로젝트가 약 6개월 정도 지연되면서 기존의 생산 공정이 중단되고 물류에 차질이 발생했다.

사업주 본인은 회사의 이사회와 상의하지 않고 전략적 결정을 내린 적이 있다고 인정하며, 이에 따라 가끔 실수를 저지른 경우가 있었다고 인정했다. 또 다른 도전 과제는 문화적 차이를 극복하는 것이었는데, 사업주 본인은 때때로 튀르키예의 사회적 관습에 어려움을 겪었으며, 특히 미국인의 행동이 현지의 사회적 관습과 다른 상황에서는 이러한 어려움이 더욱 두드러졌다고 밝혔다.

이 사업은 뛰어난 탄력성을 발휘하여 다양한 도전 과제를 극복해 왔다. 여러 어려움에도 불구하고, 충성스러운 고객층과 견고한 커뮤니티 관계의 지원 덕분에 사업은 지속적으로 성장하고 있다. 예를 들어, 무슬림 이웃이 더 큰 카페를 사들이기 위해, 필요한 자본의 상당 부분을 소유주에게 빌려주었고, 2006년에 처음 카페를 폐쇄했던 지역 경찰은 나중에 재개장 파티에 참석하여 선물까지 가져왔다. 이러한 개인적인 관계는 지역사회 내에서 선의와 상호 지원을 촉진하는 데 중점을 둔 사업의 중요성을 잘 보여준다.

● 확장 전략

사업이 확장됨에 따라, 소유자는 유기적 성장과 전략적 파트너십을 통해 효과적으로 사업을 확장해야 한다는 필요성을 인식하게 되었다. 두 번째 카페를 열기로 한 결정은 향후 프랜차이즈 기회를 위한 기초를 마련하는 것으로, 광범위한 전략의 일환으로 진행되고 있었다. 두 번째 지점은 소유자의 브랜드로 운영되지만, 프랜차이즈 가능성은 새로운 지점의 성공과 품질을 평가한 후에 결정될 것이다.

프랜차이즈 운영에는 고유한 도전 과제가 존재한다. 창업자는 고품질의 재료와 제빵 장비를 찾는 데 어려움을 겪을 수 있으며, 따라서 위치 선정을 신중히 해야 한다. 전통적인 프랜차이즈 모델을 따르기보다는, 창업자는 '역방향 프랜차이징(backwards franchising)'이라는 새로운 확장 방식을 선택하였다. 이 방식은 먼저 성공적인 비즈니스 모델을 개발한 후, 프랜차이즈나 라이선스를 통한 확장을 고려하는 것으로, 이러한 신중한 접근은 지속 가능한 속도로 확장하면서 브랜드와 제품의 무결성을 유지하는 데 큰 도움이 된다.

● 영향과 성과

이 사업은 경제적 영향뿐만 아니라 사회적 및 정신적 영향력도 상당히 컸다. 경제적 측면에서는 7명의 여성에게 안정적인 일자리를 제공하고, 교육과 멘토링을 통해 그들에게 힘을 실어주었다. 창업자가 전문 요리 교육을 받기 어려운 여성들을 위해 안전하고 지원적인 직장을 만드는 데 중점을 둔 것은 지속적인 긍정적 영향을 미쳤다. 또한, 이 사업의 도매 부문은 기업 파트너십을 통해 지역 경제를 강화하는 데 이바지하였다.

이 사업은 지역사회 내에서 영적으로 믿음의 등대 역할을 하고 있다. 사업주는 고객, 직원, 공급업체와 개인 차원에서 소통하며 자신의 믿음을 나누고 존중과 상호 이해의 문화를 형성해 왔다. 믿음과 사업의 통합은 사람들이 직업적으로뿐만 아니라 영적으로도 변화할 수 있는 환경을 조성하고 있다.

● 교훈

케이크 레스토랑의 사례는 기업가 지망생들과 신앙을 사업 관행에 통합하고자 하는 이들에게 몇 가지 귀중한 교훈을 제공한다. 첫째, 역경에 직면했을 때 인내와 회복력의 중요성을 강조한다. 초기의 어려움으로 사업이 쉽게 탈선할 수 있는 상황이었지만, 주인의 결단력과 인내 덕분에 성공적으로 재개할 수 있었고 이후에도 지속적으로 성장할 수 있었다. 이는 장애물을 극복하고 장기적인 성공을 이루는 데 있어 회복력과 강한 기업가 정신이 얼마나 중요한지를 잘 보여준다.

케이크 레스토랑은 품질과 고객 서비스의 중요성을 잘 보여주고 있다. 이곳은 고품질 치즈케이크 생산을 최우선으로 하며, 뛰어난 고객 서비스를 제공함으로써 충성도 높은 고객층을 형성하고 지역사회에서 확고한 명성을 쌓아왔다. 이는 장기적인 사업 성공을 위해 고객 만족을 최우선으로 하고, 고객과의 강력한 관계를 구축하는 것이 얼마나 중요한지를 강조한다.

마지막으로, 케이크 레스토랑은 신앙과 가치의 통합이 비즈니스에 미치는 깊은 영향을 잘 보여준다. 튀르키예인 공동체에 봉사하고 사업을 통해 신앙을 나누고자 하는 창업자의 열망으로 독특하고 의미 있는 기업이 탄생했다.

직원 개발을 최우선으로 하며, 환영과 지원이 가득한 업무 환경을 제공하고, 사업의 모든 측면에 윤리적 고려를 통합함으로써, 케이크 레스토랑은 신앙이 어떻게 긍정적이고 영향력 있는 비즈니스를 창출하는 강력한 동기가 되어 공동체와 직원 모두에게 이익이 되는지를 잘 보여주고 있다.

케이크 레스토랑의 이러한 교훈은 성공적이고 의미 있는 비즈니스를 구축하는 데 있어 인내, 고객 중심, 가치 통합의 중요성을 강조하며, 야심 찬 기업가들에게 귀중한 통찰력을 제공한다.

● 전망

케이크 레스토랑의 창업자는 특히 두 번째 지점의 잠재적 성장을 통해 사업을 더욱 확장하는 데 집중하고 있다. 이 과정에서는 새로운 지점이 브랜드 기준을 충족하는지, 그리고 향후 프랜차이즈로 발전할 수 있는지에 대한 신중한 평가가 필요하다. 장기적으로, 창업자는 다른 BAM 기업가들이 튀르키예에서 치즈케이크 카페를 설립할 수 있도록 지원하는 방안을 구상하고 있다. 이를 위해서는 언어 능력과 카페 운영에 대한 깊은 이해를 포함한 철저한 교육과 사업 및 지역사회에 대한 투자가 필수적이다.

특히 새로운 지역으로 사업을 확장할 때, 사업의 미래 성장 가능성은 품질 유지 능력에 따라 결정된다. 확장이라는 도전에도 불구하고, 창업자가 지역사회에 초점을 맞추고 신중하게 접근함으로써 지속 가능한 성장과 영향력을 위한 사업이 가능해진다. 장기적인 비전은 우수한 제품을 제공하는 것뿐만 아니라, 지역 기업가들에게 힘을 실어주고 지역사회를 풍요롭게 하는 고품질의 신앙 중심 사업 네트워크를 구축하는 것이다.

사례 10: 이터널 스레드(Eternal Threads)[10]

이터널 스레드는 패션과 복음에 대한 열정을 가진 의류 디자이너에 의해 설립된 브랜드로, 기독교적 가치를 바탕으로 한 미션 중심의 기업이다. 이 회사는 소외된 장인과 지역사회의 삶을 변화시키는 데 헌신하고 있다. 2000년에 설립된 이후, 이터널 스레드는 옷이 복음을 전파하는 도구가 되어야 한다고 믿어왔다. 현대적인 스타일과 성경적 영감을 결합하여 의복을 통해 신앙을 표현하며, 모든 일에서 그리스도를 반영하는 정직, 사랑, 그리고 섬김의 마음으로 운영하기 위해 노력하는 BAM 기업이다.

이터널 스레드는 주로 인도에서 운영되지만, 글로벌 영향력이 점차 확대되고 있다. 그리고 빈곤과 착취에 취약한 여성 장인들을 국제 시장과 연결하고 있다. 이 기업은 장인들이 공정한 임금을 받을 수 있도록 지원하며, 동시에 깨끗한 물 프로젝트, 인신매매 방지 노력, 교육 프로그램 등 중요한 지역 사회 개발 이니셔티브에 수익을 재투자하고 있다. 이터널 스레드는 상거래와 연민을 결합할 가능성을 보여주며, 윤리적 무역이 어떻게 사회적 변화를 이끌어낼 수 있는지를 잘 나타내고 있다.

● 도전 과제 극복

이터널 스레드는 성공에도 불구하고 서비스가 부족한 지역에서 사업을 운영하며 지속 가능한 기업을 구축하는 데 여러 내재된 문제에 직면해 있다. 성장하는 장인 네트워크에서 일관된 제품 품질을 유지하는 것은 중요한 도전 과제가 되었다. 각 수공예품이 높은 기준을 충족하면서 생산 규모를 확대하기 위해서는 세심한 주의가 필요하다.

이를 해결하기 위해 이터널 스레드는 엄격한 품질 관리 조치를 시행하고, 장인들을 대상으로 개선된 기술과 모범사례에 대한 정기적인 교육 세션을 실시하며, 생산 공정에 대한 명확한 지침을 수립했다. 이러한 적극적인 접근 방식으로 제품의 무결성을 유지하면서 증가하는 수요를 충족하는 데 큰 도움이 되었다.

특히 초창기에는 재정적 지속 가능성이라는 또 다른 큰 과제가 있었다. 운영 비용을 충당하고, 지역사회 개발 프로젝트에 재투자하며, 장인들에게 공정한 임금을 보장하기 위해서는 신중한 재정 계획과 다양한 수익원이 필요했다. 이러한 문제를 극복하기 위해 이터널 스레드는 전자상거래를 통해 전략적으로 수익원을 다양화하고, 세계 시장으로의 진출을 확대하였다.

또한, 사회적 영향에 대한 그들의 약속을 공유하는 사명감 있는 투자자들과의 파트너십을 적극적으로 모색하여 중요한 자금 조달을 가능하게 하고 조직의 장기적인 지속 가능성을 지원했다.

문화적 민감성을 고려하고 그들이 봉사하는 지역사회 내에서 신뢰를 구축하는 것은 또 다른 도전 과제가 되었다. 종종 소외되는 다양한 배경을 지닌 지역사회에서 사업을 운영하기 위해서는 현지의 관습, 전통, 사회적 역학에 대한 깊은 이해가 필요하다. 이를 해결하기 위해 이터널 스레드는 지역 지도자들과의 강력한 관계 구축을 최우선으로 삼고, 장인들을 의사 결정 과정에 적극적으로 참여시켰다.

또한, 이터널 스레드는 열린 의사소통을 촉진하고, 현지 관습을 존중하며, 기업의 이익이 지역사회 내에서 공정하게 분배되도록 함으로써 장인들과 지역사회 간의 신뢰를 구축하고 관계를 강화했다.

이러한 문제를 적극적으로 해결함으로써 이터널 스레드는 사회적 기업 분야에서 장기적인 성공을 거두기 위한 회복력과 적응력을 입증했다. 그들의 경험은 어려운 환경 속에서도 긍정적인 사회적 · 경제적 영향을 창출하고자 하는 다른 기업들에게 귀중한 교훈이 된다.

● 확장 전략

이터널 스레드는 기술, 커뮤니티 네트워크, 그리고 투명한 영향 평가를 활용하여 지속 가능하고 확장할 수 있는 비즈니스 모델을 구축하기 위해 다양한 전략을 채택했다. 이 회사는 지리적 한계를 극복하고 글로벌 고객과 직접 연결하기 위해 전자상거래를 도입했다. 시각적으로 매력적이고 사용자 친화적인 온라인 매장을 통해 이터널 스레드는 수공예 제품을 국제 소비자에게 마케팅하여 매출과 가시성을 크게 향상할 수 있었다.

스토리텔링은 이 전략에서 핵심적인 역할을 하였으며, 기업이 장인의 삶과 그들의 투쟁, 승리에 대한 진정한 이야기를 공유함으로써 고객과의 감정적 연결을 강화하고 충성도를 높였다. 이러한 이야기는 고객이 구매 뒤에 숨겨진 사회적 영향에 대해 더 깊이 이해할 수 있도록 도와주었다.

이터널 스레드는 품질을 유지하면서도 확장성을 보장하기 위해 장인들이 협동조합을 구성할 수 있도록 지원했다. 이러한 협동조합은 장인들이 생산에 협력할 기반을 마련하여, 장인 기술을 훼손하지 않으면서도 대량 주문을 처리할 수 있게 한다.

이터널 스레드는 비즈니스 관리, 현대적 디자인 트렌드, 품질 관리 등 필수 분야에 대한 교육을 제공하여 장인들에게 필요한 기술을 전수하였다. 이를 통해 수공예 제품의 진정성을 유지하면서도 협동조합의 지속 가능성을 확보했다. 이러한 분산된 운영 방식을 통해 이터널 스레드는 대규모 기반 시설 없이도 생산을 효율적으로 확장하여 더 넓은 시장에 도달할 수 있었다.

● 영향과 성과

이터널 스레드는 투자자를 유치하고 이해관계자와의 신뢰를 구축하기 위해 사회적 투자 수익률(SROI) 지표를 채택하여 그 영향을 측정하고 전달했다. 이 접근 방식은 가계 소득 증가, 교육 접근성 개선, 착취 취약성 감소와 같은 결과를 정량화하였으며, 이러한 측정 가능한 이점을 투명하게 제시함으로써 영향에 중점을 둔 투자자와 기부자 간의 신뢰를 얻었다. 이를 통해 이 조직은 지속적인 성장을 위해 필요한 자원을 확보할 수 있었다.

이터널 스레드의 영향력은 사회적·환경적 분야로까지 확장되었다. 특히 공정한 임금을 제공함으로써, 이 기업은 장인들이 재정적 독립을 이루고 생활 수준을 향상할 수 있도록 지원하였다. 또한, 지역 개발 프로젝트에 수익을 재투자하여 깨끗한 물 사용, 교육 기회 개선, 인신매매 위험에 대한 인식 제고 등 혁신적인 사회적 혜택을 창출하였다.

조직의 노력은 소비자들의 윤리적 소비에 대한 태도를 변화시키는 데 기여하여 의식 있는 구매자 운동이 확산될 수 있도록 하였다. 이터널 스레드는 다른 사회적 기업들에게 길잡이 역할을 하며, 가치 중심의 운영 방식이 재정적 성공과 의미 있는 사회적 영향을 동시에 달성할 방법을 제시하였다.

● 교훈

이터널 스레드는 의미 있는 사회적 영향을 창출하고자 하는 야심 찬 사회적 기업가와 조직에 귀중한 통찰력을 제공한다. 이 조직은 전자상거래를 활용하여 도달 범위와 영향력을 성공적으로 확대하고 있다. 이터널 스레드는 온라인 플랫폼을 효과적으로 활용하여 전 세계 고객과 연결하고, 장인의 강력한 이야기를 전달함으로써 기술이 사회적 선을 위한 강력한 도구가 될 수 있음을 입증하고 있다.

이터널 스레드는 그들이 봉사하는 지역사회 내에서 강력하고 지속 가능한 관계를 구축하는 것의 중요성을 잘 보여준다. 협동조합을 통해 장인들에게 힘을 실어주고, 교육과 지원을 제공하며, 의사 결정 과정에 참여시킴으로써, 이 단체는 지역사회 내에서 주인의식을 키우고 신뢰를 쌓아왔다. 이는 장기적인 사회적 영향을 달성하는 데 있어 지역사회 참여와 협력의 중요성을 강조한다.

마지막으로, 이터널 스레드는 투명하고 측정할 수 있는 영향 평가의 중요성을 강조한다. 이 조직은 사회적 투자 수익률(SROI) 지표를 활용하여 사회적 영향을 수치화하고, 이해관계자들과의 신뢰를 구축하며, 영향력 중심의 투자자들을 성공적으로 유치하고 있다.

이는 책임감을 확보하고 추가적인 지원을 끌어내기 위해 사회적·환경적 영향을 효과적으로 전달하고 측정하는 것이 얼마나 중요한지를 보여준다.

결론적으로, 이터널 스레드는 윤리적 거래가 어떻게 사회 변화를 끌어낼 수 있는지를 잘 보여주는 강력한 사례이다. 이터널 스레드는 혁신적인 비즈니스 전략과 사회적 영향에 대한 깊은 헌신을 결합하여 기업이 긍정적인 변화를 끌어내는 강력한 원동력이 될 수 있음을 입증했다. 또한, 소외된 지역사회를 위한 지속 가능한 생계를 창출하고 의식 있는 소비자들의 증가하는 움직임에 영감을 주었다.

● 전망

이터널 스레드는 미래를 내다보며 새로운 시장을 탐색하고 제품 제공을 다양화하여 영향력을 더욱 강화할 계획이다. 이 기업은 가상 스토리텔링과 대화형 고객 경험과 같은 혁신적인 도구를 통합하여 디지털 존재감을 한층 더 강화할 예정이며, 대규모 조직과의 전략적 파트너십을 통해 커뮤니티 개발 이니셔티브를 확장하고자 한다.

이터널 스레드는 핵심 가치에 대한 헌신과 지속적인 혁신을 통해 영향력을 확대하고, 미래 세대의 사회적 기업가들에게 영감을 줄 준비가 되어 있다. 이 여정은 윤리적 무역의 변혁적 힘을 증명하며, 기업이 세계에서 가장 시급한 문제들을 해결하는 데 긍정적인 역할을 할 수 있음을 보여준다.

이곳에 소개된 열 가지 사례 연구는 비즈니스 선교(Business as Mission)를 통한 기업가적 혁신(ET) 벤처의 다양성과 그 깊은 영향을 조명한다. 각 사례는 혁신적이고 미션 중심의 기업가 정신이 시급한 사회적 문제를 해결하는 데 얼마나 강력한 역할을 하는지를 생생하게 보여준다.

이러한 벤처들은 비즈니스 통찰력을 활용하고 윤리적 의무를 준수함으로써 다양한 산업을 통해 지역사회를 발전시키고, 지속 가능성을 촉진하며, 공정한 성장을 끌어낼 수 있음을 입증하고 있다.

각 사례는 이 기업들이 다양한 산업 분야에서 보여주는 독창성, 헌신, 그리고 혁신적인 영향력에 대한 증거를 제시한다. 소외된 지역의 의료 기반 시설 문제 해결부터 금융 포용을 통한 개인 역량 강화에 이르기까지, ET 벤처는 지역사회를 발전시키고 보다 공정하고 지속 가능한 세상을 향한 길을 개척하고 있다.

각 사례는 사회적·환경적 영향에 대한 헌신과 기업가적 전문성을 결합한 놀라운 힘을 보여준다. 이러한 사례들은 가이드 역할을 하며, 현재와 미래의 기업가들이 비즈니스의 잠재력을 재발견하도록 초대한다. ET 벤처 기업들은 창의적이고 윤리적인 해결책을 통해 글로벌 과제를 해결함으로써, 선한 영향력을 지닌 비즈니스의 성공 가능성을 새롭게 정의하고 있다.

이러한 사례에서 영감을 얻고 자신의 기업가 정신을 발휘한다면, 더 밝은 미래에 기여할 수 있는 기회를 가질 수 있다. 전 세계적으로 미션 중심의 기업가들이 활발히 활동하고 있는 것을 보면, 이러한 통합은 실제로 이룰 수 있는 목표임을 알 수 있다. 재정적 목표를 더 넓은 사회적·환경적 이익과 연결함으로써 기업은 발전과 혁신을 촉진할 수 있다.

ET가 그리는 미래는 성공이 사회적·환경적·영적 영향력과 본질적으로 연결되어 있으며, 서로를 발전시키는 공간이다. 기업은 사회적 복지, 지속 가능성, 공동 번영을 관리하는 역할을 맡게 될 것이다. 이러한 환경에서 도전과 기회는 더욱 많아질 것이며, 기업이 세상을 위해 선한 힘으로 활동하는 미션 중심의 벤처를 만드는 데 기여할 것이다.

ET 사역의 여정은 모든 비즈니스가 영적·경제적·사회적·환경적 웰빙을 위한 청지기 임무를 수행하는 미래를 향한 공동의 진전을 의미한다. 이는 더 밝고 공정한 미래를 추구하는 과정에서 이익과 선교의 사명을 기념하는 이야기이다. 이러한 사례들이 지속적인 ET 여정에 기여할 수 있기를 바란다.

ET의 부르심,
이제 응답할 시간입니다

이 책은 크리스천으로서의 믿음과 사업을 통합하여 세상 속에서 기업가 정신과 하나님의 구속 사명을 결합하는 '기업가적 비즈니스 선교(ET)'의 깊은 의미를 탐구하는 데서 시작되었습니다. 이제 이 역동적인 ET의 세계로 나아가는 여정을, 하나님께서 아브라함에게 말씀하신 창세기 12장 1~5절을 통해 마무리하고자 합니다.

"여호와께서 아브람에게 이르시되 너는 너의 고향과 친척과 아버지의 집을 떠나 내가 네게 보여줄 땅으로 가라. ……. 이에 아브람이 여호와의 말씀을 따라갔고 롯도 그와 함께 갔으며……. 아브람이 그의 아내 사래와 조카 롯과 하란에서 모은 모든 소유와 얻은 사람들을 이끌고 가나안 땅으로 가려고 떠나서 마침내 가나안 땅에 들어갔더라."

ET 사역은 아브라함이 하나님의 말씀에 순종하여 보이지 않는 미지의 땅으로 나아갔던 것처럼, 도전과 불확실한 미래를 향해 나아가는 여정입니다. 그러나 이 여정을 시작하는 여러분은 결코 혼자가 아닙니다. 하나님께서 항상 여러분과 함께하시며(마태복음 28:20), 사도 바울과 함께했던 디모데와 에바브로디도(빌립보서 2:19-20), 아굴라와 브리스길라(사도행전 18:1)와 같은 동역자들이 여러분을 위해 보내어질 것입니다. 이 점을 잊지 마십시오.

'기업가적 비즈니스 선교'는 이윤을 추구하는 기업과 복음의 소명인 섬김과 변화의 사명을 통합하여, 기업이 단순한 비즈니스를 넘어 선교의 도구로서 경제적 기회, 영적 봉사, 사회 회복을 통해 지역사회에 포괄적인 영향을 미치는 사역입니다. 기독교적 가치를 실현하는 비즈니스를 통해 종종 간과되거나 소외된 지역사회에 희망, 존엄성, 그리고 변화를 제공하는 것은 신성한 소명이자 하나님의 사랑을 드러내는 증거입니다.

ET 사역의 핵심은 크리스천 기업가, 선교사 그리고 전문가들이 자신의 직업적 재능을 더 고귀한 목적에 헌신하도록 초대하는 것입니다. ET 사역에 참여하기 위해서는 흔들리지 않는 믿음과 열정, 소명 의식, 회복력, 그리고 시장에서 하나님의 사랑을 실천하겠다는 굳건한 결단이 필요합니다. ET의 길에는 어려움이 따르겠지만, 그 보상은 헤아릴 수 없을 만큼 클 것입니다. 지금까지 살펴본 바와 같이, 변화를 이끌어내는 ET 사역의 잠재력은 매우 큽니다. 이는 빈곤에 대한 지속 가능한 해결책을 제시하고, 경제 발전을 촉진하며, 지역사회와 세계 교회의 영적 갱신에 기여할 것입니다.

저는 창업을 꿈꾸는 이들, 경험이 풍부한 기업가들, 선교사 지망생들, 그리고 전문 선교사들이 현지의 차세대 크리스천 비즈니스 리더로서 이 운동에 참여하도록 영감을 주고, ET 사역을 수행하는 데 필요한 기본적인 지식과 역량을 갖추도록 돕는 것을 목표로 합니다. ET의 역사적·성경적 토대, 실제 적용 방법, 그리고 구체적인 성과를 이해함으로써, 여러분은 기업을 통해 복음을 전파하는 자신의 역할을 깨닫고 실천하도록 격려받게 될 것입니다. "행함이 없는 믿음은 그 자체가 죽은 것"(야고보서 2:17)이라는 말씀처럼, 실행 없는 ET는 단순한 이상에 그칠 뿐입니다. 그러나 이를 행동으로 옮길 때, 개인의 삶은 물론 지역사회와 국가를 변화시키는 강력한 힘을 발휘할 것입니다.

전 세계의 수많은 ET 기업이 희망의 등불처럼 빛나며 일자리를 창출하고, 생활 수준을 향상시키며, 복음을 널리 전파하는 세상을 상상해 보십시오. 이러한 ET 비즈니스는 소외된 지역의 경제를 재건하고 빈곤을 완화하는 동시에 영적 부흥을 끌어낼 것입니다.

"이르시되 추수할 것은 많되 일꾼이 적으니 그러므로 추수하는 주인에게 청하여 추수할 일꾼들을 보내 주소서 하라. 갈지어다. 내가 너희를 보냄이 어린 양을 이리 가운데로 보냄과 같도다." (누가복음 10:2-3)

누가복음의 말씀처럼, 주님께서는 우리 모두를 비즈니스라는 선교의 현장으로 보내셨습니다. 오늘날 비즈니스 세계는 선교의 중요한 개척지이며, ET는 다음 세대를 향한 하나님의 계획에서 필수적인 전략입니다. 비즈니스에 부름을 받은 헌신적인 크리스천에게 이는 결코 놓칠 수 없는 기회이며, 그 과정에서 하나님께 영광을 돌리고 영원한 기쁨을 발견할 수 있는 소중한 소명입니다.

지난 몇 년간 여러 나라에서 ET 포럼을 진행하며 쌓은 개인적인 경험을 돌아보면, ET 사역의 활력과 풍성한 열매에서 오는 기쁨은 그 어떤 것과도 비교할 수 없습니다. 수많은 어려움 속에서도 영적, 정서적 그리고 공동체적인 보상은 정말로 풍성했습니다. ET 포럼의 소중한 결실 중 하나는 바로 'Hopes & Wonders'라는 선교 단체의 탄생입니다. 미국 메릴랜드주에 본부를 둔 이 단체는 ET 포럼 훈련을 수료한 크리스천들이 설립하였으며, 현재 여러 선교사가 이 단체를 통해 ET 벤처를 시작하고 필요한 창업 자금을 지원받고 있습니다. 'Hopes & Wonders'는 ET 사역을 시작하는 모든 선교사와 사역자들에게 매우 귀중한 동역자입니다.

ET 여정을 시작하려는 모든 분께 말씀드립니다. 이 길이 절대 쉽지 않을 것임을 염두에 두시기를 바랍니다. 그러나 성경의 말씀에 굳건히 서고, 꾸준히 기도하며, 어떤 어려움에도 굴하지 않고 그리스도께 모든 것을 맡기시기를 진심으로 권장합니다.

이제 이 책의 여정을 행동으로 옮기라는 간절한 권면으로 마무리하고자 합니다. 하나님께서 우리에게 주신 재능을 활용하여 그리스도를 영화롭게 하는 사업을 세우고 성장시킬 책임은 바로 우리 세대에 있습니다. 다시 한번 강조하지만, ET는 비즈니스 영역에서 믿음을 실천하고, 다른 사람들의 삶에 실질적인 변화를 불러오며, 하나님의 구속 계회에 동참할 귀한 기회이자 특권이며, 거룩한 소명입니다. 이에 대한 하나님의 보상은 영원하며, 그 영향력은 헤아릴 수 없고, 그 사명은 인류를 향한 하나님의 변함없는 사랑을 반영할 것입니다.

ET의 유산이 지속적으로 영감을 주어, 미래 세대가 영원한 의미를 지닌 삶을 살아가고 신앙과 비즈니스의 힘을 결합하여 세상을 구원하고 변화시키는 사명에 헌신할 수 있기를 바랍니다. 그렇게 함으로써 여러분은 ET의 찬란한 다음 장을 써 내려가게 될 것입니다.

참고 문헌

1장

1 Tunehag, J., McGee, T., and Plummer, J., eds. "Business as Mission: Lausanne Occasional Paper No. 59." Lausanne Committee for World Evangelization, Produced by the Issue Group at the Forum for World Evangelization, Pattaya, Thailand, 29 September − 5 October, 2004, 2005.

2 Tunehag, Mats. "God Means Business! An Introduction to Business as Mission, BAM.", Unpublished monograph, 2008.

3 Gort, Gea, and Mats Tunehag. *Business as Mission, A Biblical Perspective*. BAM Global Movement, Hendrickson Publishers, 2018, p. 99.

4 Global Partners. Global Partners Website, https://www.gpinternational.org/. Accessed 11 Nov. 2024.

5 Myers, W. David. *A Biblical Vision for Business as Mission*. William Carey Library, 2012.

6 Walsh, Bill. *Called to the Marketplace*. Zondervan, 2016.

7 Sharp, Larry. *Missions Disrupted: From Professional Missionaries to Missional Professionals*. Hendrickson Publishers, 2022.

8 Baer, Michael, *Business as Mission: The Power of Business in the Kingdom of God*, YWAM Publishing, 2006, pp. 13−22

2장

1 Sherman, Amy L. *Kingdom Calling: Vocational Stewardship for Common Good*. InterVarsity Press, 2011.

2 Osborn, Robert. *Inner Excellence: Spiritual Principles of Life-Driven Business*. BenBella Books, 2015.

3 Johnson, Neal. *Business as Mission: A Comprehensive Guide to Theory and Practice*. IVP Academic, 2009.

4 Guinness, Os. *The Call: Finding and Fulfilling the Central Purpose of Your Life*, Thomas Nelson, 2018.

5 Stanley, Charles. Sermon. "In Touch Ministries." KTTV 11, Los Angeles, 7 July 2002.

6 Veith Jr., Gene Edward. *God at Work*. Crossway Books, 2002.

7 Stevens, R. Paul. *Doing God's Business*. William B. Eerdmans Publishing Company, 2006, pp. 22−23.

8 Russell, Mark L. *The Missional Entrepreneur: Principles and Practices for Business as Mission*. New Hope Publisher, 2010, pp. 149−153.

3장

1 Russell, Mark L. *The Missional Entrepreneur: Principles and Practices for Business as Mission*. New Hope Publisher, 2010.

2 Sidibe, Myriam. *Brands on a Mission: How to Achieve Social Impact and Business Growth Through Purpose*. Routledge, 2020.

3 Partners Worldwide. https://www.partnersworldwide.org/. Accessed 2 October, 2024.

4 CURE International. https://cure.org/. Accessed 4 October, 2024.

5 Edify. https://www.edify.org/. Accessed 4 October, 2024.

6 Hope International. https://www.hopeinternational.org/. Accessed 4 October, 2024.

7 International Justice Mission. https://www.ijm.org/. Accessed 5 October,

2024.

8   Ten Thousand Villages. https://www.tenthousandvillages.com/. Accessed 5 October, 2024.

9   Thrive Farmers. https://thrivefarmers.com/. Accessed 5 October, 2024.

10   Paradigm Shift. https://www.shiftingparadigms.org/. Accessed 2 October, 2024.

11   Kiva. https://www.kiva.org/. Accessed 2 October, 2024.

12   Engineering Ministries International. https://emiworld.org/. Accessed 6 October, 2024.

13   Yamamori, Tetsunao, and Kenneth A. Eldred, eds. *On Kingdom Business: Transforming Missions Through Entrepreneurial Strategies*. Crossway Books, 2003.

14   Eden Reforestation Projects. https://www.edenprojects.org/. Accessed 6 October, 2024.

15   A Rocha International. https://www.arocha.org/. Accessed 2 October, 2024.

16   Lapa Rios Ecolodge. https://www.laparios.com/. Accessed 6 October, 2024.

17   Costa, Ken. Blessed *Business: How Faith Impacts Your Bottom Line*. HarperCollins Leadership, 2016.

18   Osborn, Carol. *Inner Excellence: Spiritual Principles of Life-Driven Business*. New World Library, 1992.

19   Hobby Lobby. https://www.hobbylobby.com/. Accessed 6 October, 2024.

20   Chick-fil-A. https://www.chick-fil-a.com/. Accessed 6 October, 2024.

21   World Vision. https://www.worldvision.org/. Accessed 7 October, 2024.

4장

1 Tunehag, Mats. "Wall Street versus BAM Street." *BAM Global Movement: Business as Mission Concepts & Stories*, edited by Gea Gort and Mats Tunehag, Hendrickson Publishers, 2018, pp. 176−177.

2 Johnson, Neal. *Business as Mission: A Comprehensive Guide to Theory and Practice*. IVP Academic, 2009.

3 Stephens, Don, and Lynda Rutledge Stephenson. *Ships of Mercy: The Remarkable Fleet Bringing Hope to the World's Forgotten Poor*. Thomas Nelson, 2005.

4 Mycoskie, Blake. *Start Something That Matters*. Virgin Publishing, 2012.

5장

1 Eldred, Ken. *God Is at Work: Transforming People and Nations Through Business*. Regal Books, 2005.

2 Johnson, Neal, and Steve Rundle. "The Distinctives and Challenges of Business as Mission." *Business as Mission: From Impoverished to Empowered*, edited by Tom Steffen and Mike Barnett, William Carey Library, 2006, https://businessasmission.com/resources/distinctives−challenges−bam/. Accessed 15 Oct. 2024.

3 Bugg−Levine, Antony, and Jed Emerson. *Impact Investing: The Art and Science of Making a Difference*. Jossey−Bass, 2011.

4 Artesian Global. https://www.artesianinvest.com/. Accessed 23 Oct. 2024.

5 Harnish, Verne. *Scaling Up: How a Few Companies Make It...and Why the Rest Don't* (Rockefeller Habits 2.0 Revised Edition). ForbesBooks, 2022.

6 Johnson, Claire Hughes. *Scaling People: Tactics for Management and Company Building*. Stripe Press, 2023.

7 Van Wert, Chet. "Case Study: Greystone Bakery." *NYU Stern Center for*

Sustainable Business, Aug. 2018.

8   One Acre Fund. https://oneacrefund.org/. Accessed 20 Oct. 2024.

9   Yamamori, Ted, and K. A. Eldred, editors. *On Kingdom Business: Transforming Mission Through Entrepreneurial Strategies*. Crossway Books, 2003.

10   Savitz, Andrew, and Karl Weber. *The Triple Bottom Line: How Today's Best-Run Companies Are Achieving Economic, Social and Environmental Success-and How You Can Too*. Jossey-Bass, 2006.

11   Biblical Business Training. https://b-b-t.org/. Accessed 22 Oct. 2024

12   Cafe 1040. https://www.cafe1040.com/. Accessed 22 Oct. 2024.

13   Jars of Clay Coffee Shop. https://jarsofclay.asia/. Accessed 22 Oct. 2024.

14   Waters, James. "How Can We Measure an Organisation's Kingdom Impact?" *Business as Mission*, 13 June 2022, https://businessasmission.com/how-can-we-measure-an-organisations-kingdom-impact/. Accessed 20 Oct. 2024.

15   Schoemaker, P.J.H. "Scenareo Planning: A Tool for Strategic Thinking." *In Sloan Management Review* 36 (1995): pp. 25-40.

16   Foster, William Landes, Peter Kim, and Barbara Christiansen. "Ten Nonprofit Funding Models." *Stanford Social Innovation Review*, Spring 2009.

17   Terzioglu, Atilla, et al. "The Product Shift: Rewiring the Organization to Maximize Business Value." CIO Inside, *Deloitte Insights*, 16 Nov. 2020, https://www2.deloitte.com/us/en/insights/focus/cio-insider-business-insights/three-keys-to-building-organizational-agility.html. Accessed 16 Oct. 2024.

18   Teece, David J., Gary Pisano, and Amy Shuen. "Dynamic Capabilities and Strategic Management." *Strategic Management Journal 18*, no. 7 (1997): 509 - 533.

19 Barney, Jay. "Firm Resources and Sustained Competitive Advantage." *Journal of Management 17*, no. 1 (1991)：99 - 120.

6장

1 Smith, Rebecca E., and Jonathan T. Parker. "Strategic Alliances and Partnerships in Business as Mission：Case Studies and Best Practices." *Internal Journal of Business and Globalisation*, vol. 18, no. 1, 2017, pp. 101-120.

2 Gort, Gea, and Mats Tunehag, editors. *BAM Global Movement: Business as Mission Concepts and Stories*. YWAM Publishing, 2018.

3 "Future BAM Challenges：Keeping Momentum in the Right Direction." Business as Mission, 2020. https：//businessasmission.com/. Accessed 25 Oct. 2024.

4 Murdock, Justin P., and David A. Reid. "Collaborative Strategies for Small and Medium-Sized Enterprises in Business as Mission." *Journal of Business Ethics*, vol. 146, no. 2, 2017, pp. 263-280.

7장

1 Prahalad, C. K. *The Fortune at the Bottom of the Pyramid: Eradicating Poverty Through Profits*. Wharton School Publishing, 2004.

2 African Mission Healthcare. African Mission Healthcare Official Website, www.africanmissionhealthcare.org. Accessed 25 Oct 2024.

3 Economic Research Institute for ASEAN and East Asia (ERIA). "Chapter 2：Current Status of Automobile Recycling in the Targeted Countries." *RPR_FY2017_16*, 2018, pp. 7 - 57, https：//www.eria.org/uploads/media/7.RPR_FY2017_16_Chapter_2.pdf.

4   Compassion Tea Company. Compassion Tea Company Official Website, www.compassionteacompany.com. Accessed 25 Oct. 2024.

5   Cambodia Development Resource Institute. "Social Enterprises in Cambodia: A Case Study of Jars of Clay." Phnom Penh: Cambodia Development Resource Institute, June 2015.

6   "WFTO Inside View: Purnaa." Common Objective, https://www. commonobjective.co/article/wfto-inside-view-purnaa. Accessed 25 Oct 2024.

7   Talanta Finance Ltd. *Business as Mission at the Base of the Pyramid Report* - October 2013, pp. 35 - 37.

8   THRIVE Farmers Coffee. *Business as Mission at the Base of the Pyramid Report* - October 2013, pp. 30 - 34.

9   Cake Restaurant. *BAM in a Box Issue Group Report* - October 2013, pp. 59 - 61.

10   Eternal Threads. Eternal Threads Official Website, https://eternaloothreads. com/. Accessed 25 Oct. 2024.